助動詞の活用と接続

種類	語	未然形	連用形	終止形	連体形	已然形	命令形	活用型	接続	意味
受身 尊敬 自発 可能	る	れ	れ	る	るる	るれ	れよ	下二段型	四段・ナ変・ラ変型の未然形	受身・尊敬 自発・可能
	らる	られ	られ	らる	らるる	らるれ	られよ		右以外の動詞型活用の未然形	
使役 尊敬	[illegible]	せ	せ	す	する	すれ	せよ	下二段型	四段・ナ変・ラ変型の未然形	使役・尊敬
	[illegible]	せ	させ	さす	さする	さすれ	させよ		右以外の動詞型活用の未然形	
	[illegible]	[illegible]	しめ	しむ	しむる	しむれ	しめよ		未然形	
打消	ず	[illegible]	ず ざり	ず ○	ぬ ざる	ね ざれ	○ ざれ	特殊型	未然形	打消
推量	む	[illegible]	○	む (ん)	む (ん)	め	○	四段型	未然形	推量・意志・可能・当然・適当・命令・仮定婉曲
	むず	[illegible]	○	むず (んず)	むずる (んずる)	むずれ (んずれ)	○	サ変型		
	らむ(らん)	○	○	らむ (らん)	らむ (らん)	らめ	○	四段型	終止形（ラ変型は連体形）	現在推量・現在婉曲・現在伝聞・現在原因推量
	けむ(けん)	○	○	けむ (けん)	けむ (けん)	けめ	○		連用形	過去推量・過去婉曲・過去伝聞・過去原因推量
	めり	○	(めり)	めり	める	めれ	○	ラ変型	終止形（ラ変型は連体形）	婉曲・推定
	らし	○	○	らし	らし	らし	○	無変化型	終止形（ラ変型は連体形）	推定
	べし	(べく) べから	べく べかり	べし ○	べき べかる	べけれ ○	○ ○	形容詞型	終止形（ラ変型は連体形）	推量・意志・可能・当然・適当・命令
	まし	ましか (ませ)	○	まし	まし	ましか	○	特殊型	未然形	反実仮想・実現不可能な願望・ためらいの意志や推量

MADONNAKOBUN

マドンナ古文

PERFECT EDITION
madonna kobun
パーフェクト版

荻野文子 著

Gakken

はじめに

参考書・問題集は山ほどあるけれど……

「さあ、ガンバルぞ！」と決意も新たに、たくさんの学習書を買い漁《あさ》った三日坊主《みっかぼうず》くん。文法書は用語がチンプンカンプンで、覚える先から忘れます。とにかく眠い！　「長文にしよう」と気分を変えて問題集を開いてみましたが、５行目でお話が見えなくなって、ヤーメタ！　今度は、「訳も文法も詳しい」注釈書に挑戦することにしました。が、開けるや否《いな》や、目が☆☆☆《チカチカチカ》。細かい品詞分解に気が遠くなって、ふぅっとため息 —— いったい何から始めればよいのかなあ？

文法と読解は“ 二人三脚 ”

文法は、どんな項目も大切です。でも、品詞順に覚えようとしても、退屈なだけで頭に入りません。では、先に「読む」訓練を……と思っても、文法知識0《ゼロ》では文章はほとんど読めません。「文法が覚えられない⇒文が読めない⇒文法がわからない」という《悪夢のトライアングル》をぐるぐるまわっていませんか？　要するに、文法と読解は同時進行で学ぶのが一番よいのです。

読めるから楽しい！　楽しいから覚える！

切り離せない「文法と読解」は、どこでどうからみ合っているのか —— それを教えたくて、この本を書きました。“ 自力で読める ”ようになる文法を教えるのが目的です。読めるようになると、古文が楽しくなります。楽しくなると、文法を覚える気にもなります。

すらすら読める日の喜びを目指して、さあ講義を始めましょう。

荻野文子

本書の特長

“自力で訳す”野性的な勉強法

カナヅチはなぜ泳げないのか？——水がコワイから。古文が読めないのも同じです。全訳をしようとし、品詞分解をしようとし、できない恐怖心が古文ギライを作ります。

全訳と品詞分解は今日からサヨナラ。本書は、読めるところを拾い読みするピックアップ方式で、“自力で訳す”訓練をします。

文法書も辞書も訳も見られない入試に備えて、野性的な勉強をしましょう。

> **入試古文は全訳しない！**
> **訳せる箇所をつないで、時間をかけずに拾い読みするピックアップ方式。実戦で使える古文の力を身につけよう！**

読解のための文法

すべての文法書が最初に教えるのは品詞の分類と活用ですが、品詞や活用を覚えたからといって、訳せるようになるわけではありません。「なんのために覚えるのか」がわからない勉強は、途中でイヤになってしまいます。

本書は、品詞順を無視して“読むための文法”から教えます。「読める⇒文法がわかる⇒文法を覚える」という《楽勝トライアングル》を作りましょう。

> **文法と読解を同時進行で学び、“読むための文法”をマスターしよう！**
> **品詞の役割や必要性が理解できるから、文法の知識も定着しやすいよ。**

文法のための読解

“読むための文法”が本書の目的ですが、文法問題も解けるようになります。入試の文法問題の大半は、同じ音で品詞が違う「紛らわしい語の識別」と複数の意味を持つ語の「訳し分け」に集中していて、読めないと区別できない場合もあります。これらは“読むため”にも“文法問題を解くため”にも重要なので、入試頻度の高いものは本書で取り上げています。

知識0《ゼロ》から始めてステップアップ

単語も知らない、文法も覚えていない、まったく読めない —— 悲劇の三重苦を抱える人も、大丈夫！　本書は、中学生でも理解できるところから始めます。少しずつ知識を増やして、無理なくステップアップする階段方式。１つの章で学んだことが、次の章へと活《い》かされて、だんだん高いレベルに昇っていけるように編集しています。

一気に読み流そうとせず、じっくりと、１章ずつ丁寧に読んでいこう！

難関をにらんだ基礎作り

さらには、難関への橋渡しの工夫もしました。全レベルの大学に必要な原則を説明したあとで、難関大学だけがねらう例外や特殊な用法も載せています。

本書は、くり返しくり返し通読すると、より効果的。初めは原則を学ぶことに専念し、回を重ねるごとに応用力を身につけていってください。

第 15 章の入試問題は、少なくとも 2 度の通読をしたあとで挑戦するのが理想的です。答えの当否よりも、解説を理解することに力を注いでください。

別冊「早わかりチャート」を手に受験場へ!!

入試頻出の「紛らわしい語の識別」「訳し分け」「敬意の方向」は、早わかりチャートを別冊にしました。日ごろの学習に使えるのはもちろん、そのまま受験場にも携帯できます。

古文ギライにもぴったり。すらすら読める、横書きスタイル

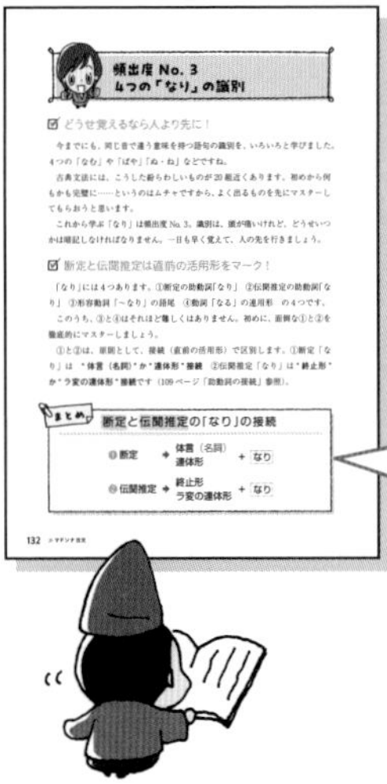

本書は、古文の文法書なのに、オールカラー＆横書き。マドンナ先生の授業を受けているような気分で、すらすら読める１冊になっています。古文が苦手な人でも大丈夫！　しっかりと取り組めば、入試の得点力が着実につくように作られています。

「まとめ」コーナーはしっかり暗記！
各章の重要な文法のポイントが記されています。このコーナーをしっかりと覚えながら学習を進めていきましょう。（ページを探したいときは、11 ページの「まとめ」コーナーの一覧を活用しましょう）

「問題文」コーナーで、初心者のうちから長文に慣れよう！

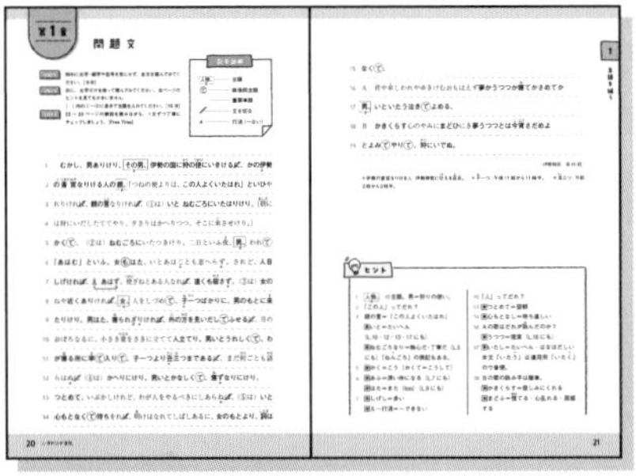

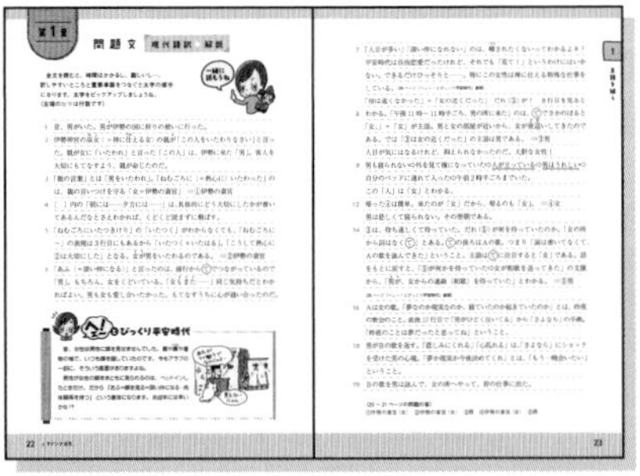

本書では、“読むための文法”をマスターするために、知識のない段階から、いきなり長文にチャレンジします。拾い読みをしながら、その章のテーマを克服。章が進むごとに読める箇所が増えていきます。問題文コーナーの step1 ～ step3 の指示をよく読み、丁寧に取り組んでみてください。問題文の各行の数字は、ヒントや次ページの解説の数字と対応しているので、照らし合わせながらチェックしてみましょう。

「この章の重要単語」コーナーで、単語も暗記！

各章に登場した重要単語の訳を、章末の一覧表にまとめています。姉妹書『マドンナ古文単語 230』の見出し番号にも対応しているので、本書と併用すると、もっと効果的です。

また、解説の必要に応じて、時代背景を知る古文常識は「へェ～！とびっくり平安時代」、文学史は「ミニミニ文学史」のコーナーにまとめています。こちらも、姉妹書『マドンナ古文常識 217』と併用すると、より効果的に学ぶことができます。

「へェ～！とびっくり平安時代」

「ミニミニ文学史」

『マドンナ古文単語 230』

『マドンナ古文常識 217』

「入試問題」の章で、実戦をイメージしながら総復習

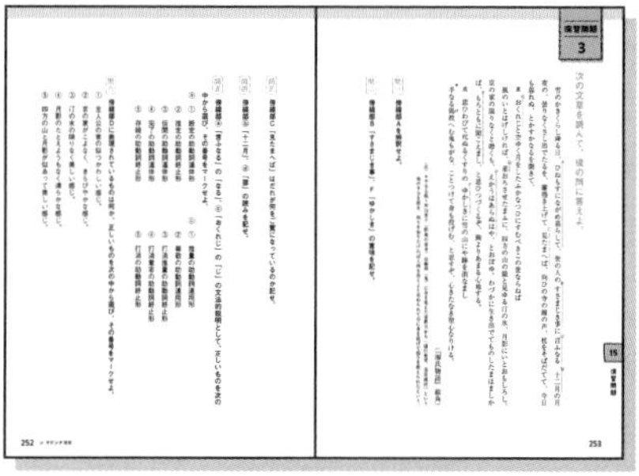

第 15 章の入試問題で総仕上げ！この章は、少なくとも 2 度の通読をしたあとで挑戦するのが理想的。答えの当否よりも、解説を理解することに力を注いでください。

ほかにも、各章の中に、短い古文例文を使った問題やゴロ暗記など、文法をマスターするためのいろいろなコーナーが出てくるよ。じっくり取り組むことが、合格への近道。一緒にがんばろう！

CONTENTS

第11章

第12章

第13章

第14章

第15章

まとめ

第1章

主語を補う

「わからない!」は、みんな同じ
今日から一緒にがんばろう!!

ねらい

単語や文法を辞書で調べまくっても、
やっぱり読めない古文。
ヘトヘトになって3行しかできないなんてもうイヤ！
全文訳は今日からサヨナラ。
こうすれば「自力」で訳せる。

高校の授業で入試はイケる!?

高校の授業だけでは、間に合わない！

高校の時間割は、情報や探究やコミュニケーション英語など、新たな課題が加わりました。その分、みなさんの古文の学習はあとまわしになりがち。ところが、受験古文は、共通テストになって、ますます読解力が問われるようになりました。このギャップを埋めるには、じょうずな学習が必要です。

英語や理数社など、100 ～ 200 点満点の科目をゆっくりじっくりやるためにも、古文は短時間で８割は完成させたいですね。

古文は 30 ～ 50 点。低配点ですが、手がまわらないまま受験する現役生がとても多くて、入試で 2000 ～ 3000 番の順位を失います。この 30 ～ 50 点は大きい!! 浪人する大きな原因の１つになっているのですよ。「ボクは大丈夫！ 高校の授業はマジメに聞いてるもン」と言うあなた、高校の授業で入試はイケるかな !?

ツマラナイ・ジジクサイ・ワカラナイの三重苦

先生が眠たい全文訳をしてくださって、黙々とそれを書き写し、テスト直前に丸暗記。ツマラナイ・ジジクサイ・ワカラナイの三重苦――これが高校のころの私の勉強でした。「どうせ日本語、どうせ低配点、なんとかなる!!」と受験して大ショック。３行目あたりで訳せなくなり、頭はグチャグチャ、結果は全滅でした。もし、今あなたが私と同じような勉強をしているなら、とっても危険です。

見たこともない文章を“自力で訳す”

入試問題は“落とすため”に作られています。高校のテキストに載っている文章は、まず出ないと思ったほうがいい。本番で、見たこともない文章と向き合ったとき、そばでだれも全訳はしてくれません。“自力で訳す”しかないのです。

この講座の第一の目的は、“自分で訳せる”ようになることです。ガイドブックや先生の全訳に頼るのは、今日からさっそくやめてください。

参考書や問題集を何冊こなそうと、全訳片手のひ弱な勉強では、５年かかっても入試問題は解けないのです。今日から私と、野性的な勉強をしていきましょう。

日本語なのに なぜ読めないの？

"全訳恐怖症"にストップ！

なぜ古文はこんなに読みにくいのでしょう。原因は大きく分けて３つ。単語や文法などの基礎知識の不足。主語・目的語・補語の省かれている文が多いこと。そして、"全訳恐怖症"という心理的なもの。しかも厄介なことに、この３つはからみ合っています。

単語と文法は、英語と同じく暗記するしかありません。現代の用法とまったく違うのですから、今の私たちにとっては「外国語」です。ただ、暗記するといっても、機械的に覚えただけでは効果がない！

そこで、文章の中で確認することになるのですが、このとき「主語がわからない！」「全訳できない！」で、勉強を投げ出してしまうのです。文章に入り込めないので、結局、単語や文法も不完全なままに終わり、"恐怖症"がじゃまをして、どんどん悪循環のドロ沼に入っていきます。

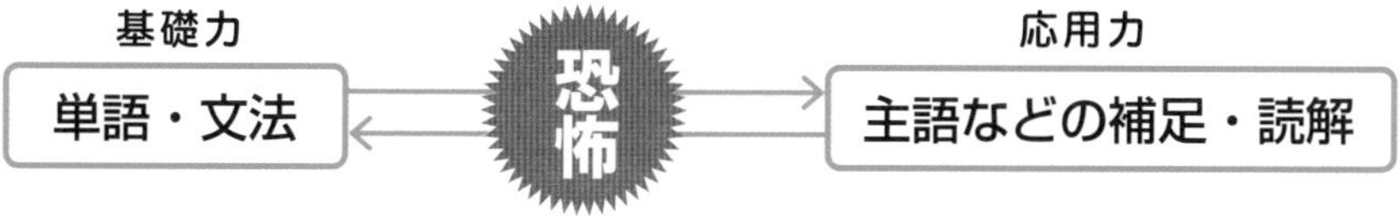

今日はまず、その悪循環に歯止めをかけることから始めます。

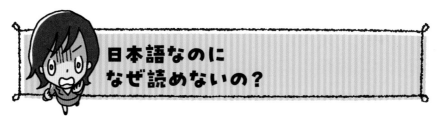

主語を補う 2つのテクニック

☑ これで、主語は98％見つけられる

主語を補うのは本当はとても難しくて、きちんとできるようになるには1年はかかります。でも知識の丸暗記ばかりではイヤになってくる……。そこで、とりあえず「読む」きっかけを作るため、今日は簡単な2つの方法を教えます。

(1)「人物」の直後に読点（、）があるとき98％主語になる

下の文章の［　］s は、すべて主語になります。今はほかの部分の訳など考えずに、機械的に**「は・が」を補って主語にする**のだと覚えてください。

●むかし、［男、］s 陸奥《みち》の国《くに》にすずろにゆきいたりにけり。
そこなる［女、］s 京の人はめづらかにやおぼえけむ、せちに
思へる心なむありける。さてかの［女、］s …　（伊勢物語）

(2) 接続助詞「て」の前後は98％同一人物が主語になる

この「て」は今でも使っています。「彼は、朝起き(て)顔を洗っ(て)歯をみがい(て)……」の「て」です。難しくないでしょう？　「……そして……そして……そして」と文をつなぐので、文と文を接続する言葉、「接続助詞」というのです。**この「て」の前後は主語が同じ**。上の文なら「朝起きる」のも「顔を洗う」のも「歯をみがく」のも「彼」が主語。

●おなじ［少将、］s 病《やまひ》にいといたうわづらひ①(て)、すこしおこ
たり②(て)内にまゐり③たりけり。［近江《あふみ》の守《かみ》公忠《きんただ》の君《きみ》、］s 掃部《かもん》の
助《すけ》④に(て)蔵人《くらうど》⑤なりけるころなりけり。(　？　が) その掃
部の助にあひ⑥(て)いひ⑦ける。　（大和物語）

［　］s は、(1) で教えた「人物、＝主語」です。「少将」と「近江の守公忠の君」

▶「人物」の直後に読点「、」があるとき、その人物は98%主語になる。「て・で」の前後は98%同一主語。

(以下「公忠」) の２人が登場人物ですね。１文目は「①わづらふ」「②おこたる」「③内にまゐる」が「て」でつながっているから、全部「少将」が主語。２文目の「④掃部の助」で「⑤蔵人」である人物は、「て」でつながっている「公忠」が主語です。ということは、３文目の波線「掃部の助」とは「公忠」のこと。これで⑥⑦の主語はだれなのか、もうわかります。「掃部の助（＝公忠）に会う」人物は「少将」しかいません。そこで「⑥あふ」「⑦いふ」は「少将」が主語。簡単ですね。(て)の前後をヒントに文脈判断です。

１つ注意事項を言います。「て」の前後の主語は同一ですが、「て」が途切れたら、もう効力はありません。

●「……」と詠《よ》み①(て)出《い》だし②たりける を 返事せ③む…。　（十訓抄）

上の文の①②は「て」の前後で同一人物が主語ですが、②の後ろは「を」ですから、③の主語は改めて考え直すことになります。とりあえず、今のところは①②が同主語とわかればよいのです。

(2)の応用編「で」「とて」

「〜しないで」と訳す**打消の接続助詞「で」**も、同様に**前後の主語は同じ**です。この「で」は、「ず(て)」のなまったもので、「て」が含まれているからです。

また、「と言っ(て)・と思っ(て)」を略した「とて」もキャッチしましょう。

まとめ　主語を補うテクニック

❶ 人物、《テン》	➡	主語になる（98%）
❷ (て)・(で)・と(て)の前後	➡	主語が同じ（98%）

私は「98%」と言いました。「残る２%は？」と聞きたいでしょうが、第12章で敬語を学ぶとわかります。それまでは気にしないでください。どんな法則にも例外はあります。例外は原則を使いこなせるようになってからです。

入試古文は全訳しちゃダメ！

☑ わかるから、好きになる！

さて、これから受験向きの勉強をしていくに当たって、私たちの最大の敵は“全訳恐怖症”です。３行目まで読めたのに、４行目で頭ボリボリ、５行目で心イライラ、６行目でお尻《しり》ムズムズ、７行目でプッツン……もうヤ～メタ！　あなたも覚えがありませんか？　古文なんて大キライという生徒はたくさんいます。

古文ギライをなおすために、いろんな工夫がされてきました。楽しいお話ばかり読ませるとか、ストーリーをマンガにするとか、フィーリングで読もうとか、単語を全部ゴロ暗記するとか……。どれもきっかけとしてはよいものです。

でも、それだけでは合格はムリ。入試は退屈な文章がほとんどだし、マンガなんて絶対ないし、フィーリングは当たりはずれがあり、単語をゴロでつなぐと文章が速読できません。好きになれば成績が上がると思っていませんか？　本当は逆。わかるから、成績が上がるから、好きになるのです。

☑ 全訳なんて、できてたまるか！

そこで私があなたにあげる特効薬は「全訳するな！」という大胆な提案。入試本番で、見たこともない文章をスラスラ全訳できるなんてことは、ありえません。全訳をするためには、何千語の単語を覚え、文法を細かく頭に叩《たた》き込み、出典の特徴を知り、時代背景を知り、それらを秒単位で判読する訓練をし……。

ネッ！　ため息が出るでしょう？　私たちは学者になるわけではありません。入試の30～50点が取れればよいのです。なるべく時間はかけたくない。だから、

▶設問に関わる重要単語は、せいぜい230語。現代と意味が違うもの、現代語にはないものは正確に覚える。

訳せる箇所をつないで拾い読みするピックアップ方式をとりましょう。そのほうがわかりやすく速く読めて、実戦向きです。

☑ 拾い読みなら、重要単語はせいぜい230語!

さて、どこを訳してどこを飛ばせばよいのか、その目安になるのが「重要単語」です。重要単語とは、「①現代まったく使っていない語」「②現代語とは違う意味の語」のこと。暗記してきちんと訳さないと、お話が見えなくなります。

重要単語は設問にも必ず関わりますから、どのみち覚えないといけません。私の言う重要単語は、せいぜい230語。姉妹書『マドンナ古文単語230』で覚えてください。この講座でも、各章末に出題頻度と単語集の見出し番号を明確にして示しますから、出てくる順に覚えてね。

では逆に、重要単語以外の部分は何かというと、「①現代語と同じ意味」「②古語だけれど入試に出ない」のどちらかです。①は今と同じように訳せばよいし、②は無視して飛ばしてしまうのです。

重要単語 ＋ 古今同意語 － 非重要単語 ＝ 大意

重要単語	古今同意語	非重要単語	大意
↓	↓	↓	↓
暗記して訳す	そのまま訳す	訳さない	安心

そして、最後にもう1つ。やたらと長い文は、一気に訳そうとしないで、途中でプツプツ切ってしまいましょう。ではレッスンです。

第1章

問題文

記号説明

人物、(S) …… 主語
㋢ …… 前後同主語
…… 重要単語
// …… 文を切る
▲ …… 打消（〜ない）

STEP 1　初めに太字・細字や記号を気にせず、全文を読んでみてください。［5分］

STEP 2　次に、太字だけを拾って読んでみてください。右ページのヒントを見てもかまいません。
（　）内の①〜⑤に自分で主語を入れてください。［15分］

STEP 3　22〜23ページの解説を読みながら、1文ずつ丁寧にチェックしましょう。［Free Time］

むかし、男ありけり。その男、伊勢の国に狩《かり》の使《つかひ》にいきけるに、かの伊勢の斎宮《いつきのみや》なりける人の親、「つねの使よりは、**この人よくいたはれ」といひや**れりければ、**親の言《こと》**なりければ、（①は）**いと ねむごろにいたはりけり。**〔朝《あした》には狩にいだしたててやり、夕さりはかへりつつ、そこに来《こ》させけり。〕**かくて、**（②は）**ねむごろに**いたつきけり。二日といふ夜《よ》、**男、**われて「**あはむ」といふ。女もはた、**いとあはじとも思へらず。されど、**人目しげければ、え あはず。**使《つかひ》ざねとある人なれば、**遠くも宿《やど》さず。**（③は）**女の**ねや**近くあり**ければ、**女、**人をしづめて、**子《ね》一《ひと》つばかりに、男のもとに来《き》たりけり。男はた、寝《ね》られざりければ、外《と》の方《かた》を見いだしてふせるに、**月のおぼろなるに、小さき童《わらは》をさきに立てて**人立てり。男いとうれしくて、わが寝《ぬ》る所に率《ゐ》て入りて、子一つより丑三《うしみ》つまであるに、**まだ何《なに》ごとも語《かた》らはぬに（④は）**かへりにけり。男いとかなしくて、寝《ね》ずなりにけり。**
つとめて、いぶかしけれど、わが人をやるべきにしあらねば、（⑤は）**いと心もとなくて待ち**をれば、明《あ》けはなれてしばしあるに、**女のもとより、詞《ことば》は**

なくて、

A　君や来《こ》しわれやゆきけむおもほえず**夢かうつつか寝《ね》てかさめてか**

男、S **いといたう泣きてよめる、**

B　**かきくらす**心のやみに**まどひ**にき**夢うつつとは今宵《こよひ》さだめよ**

とよみてやりて、狩《かり》にいでぬ。

（伊勢物語　第69段）

＊伊勢の斎宮なりける人：伊勢神宮に仕《つか》える巫女《みこ》。　＊子《ね》一つ：午後11時から11時半。　＊丑《うし》三つ：午前2時から2時半。

ヒント

1　人物、S　⇨主語。男＝狩りの使い。
2　「この人」ってだれ？
3　親の言＝「この人よくいたはれ」
単いと＝たいへん
（L.10・12・13・17にも）
単ねむごろなり＝熱心だ・丁寧だ（L.5にも）「ねんごろ」の表記もある。
5　単かく＝こう（かくて＝こうして）
6　単あふ＝深い仲になる（L.7にも）
単はた＝また（too）（L.9にも）
7　単しげし＝多い
単え～打消＝～できない

10　「人」ってだれ？
13　単つとめて＝翌朝
14　単心もとなし＝待ち遠しい
16　Aの歌はだれが詠《よ》んだのか？
単うつつ＝現実（L.18にも）
17　単いたし＝たいへん・はなはだしい
本文「いたう」は連用形「いたく」のウ音便。
18　Bの歌の詠み手は簡単。
単かきくらす＝悲しみにくれる
単まどふ＝慌《あわ》てる・心乱れる・困惑する

問題文 現代語訳＋解説

一緒に
読もうね

全文を読むと、時間はかかるし、難しいし…。訳しやすいところと重要単語をつなぐと太字の部分になります。太字をピックアップしましょうね。
（左端の数字は行数です）

1 昔、男がいた。男が伊勢の国に狩りの使いに行った。

2 伊勢神宮の巫女《みこ》（＝神に仕《つか》える女）の親が「この人をいたわりなさい」と言った。親が女に「いたわれ」と言った「この人」は、伊勢に来た「男」。客人を大切にもてなすよう、親が命じたのだ。

3 「親の言葉」とは「男をいたわれ」。「ねむごろに（＝熱心に）いたわった」のは、親の言いつけを守る「女＝伊勢の斎宮」 ⇒①伊勢の斎宮

4 〔 〕内の「朝には……夕方には……」は、具体的にどう大切にしたかが書いてあるんだなとさえわかれば、くどくど読まずに飛ばす。

5 「ねむごろにいたつきけり」の「いたつく」がわからなくても、「ねむごろに～」の表現は3行目にもあるから「いたつく≒いたはる」。「こうして熱心に②は大切にした」となる。女が男をいたわるのである。 ⇒②伊勢の斎宮

6 「あふ（＝深い仲になる）」と言ったのは、前行から㋢でつながっているので「男」。もちろん、女をくどいている。「女もまた……」同じ気持ちだとわかればよい。男も女も愛し合いたかった。もてなすうちに心が通い合ったのだ。

へぇ～とびっくり平安時代

昔、女性は男性に顔を見せませんでした。扇や簾《すだれ》や着物の袖で、いつも顔を隠していたのです。今もアラブの一部に、そういう風習がありますよね。

男性が女性の顔をまともに見られるのは、ベッドインしたときだけ。だから「あふ＝顔を見る＝深い仲になる・肉体関係を持つ」という意味になります。未成年には早いかな!?

あれが
マイ♥ラブ
なのじゃよ…
見えない
にゃん…

7 「人目が多い」「深い仲になれない」のは、噂《うわさ》されたくないってわかるよネ？平安時代は自由恋愛だったけれど、それでも「見て！」というわけにはいかない。できるだけひっそりと……。特にこの女性は神に仕える特殊な仕事をしている。（24ページ「へェー！とびっくり平安時代」参照）

「宿は遠くなかった」＝「女の近くだった」 だれ（③）が？ 8行目を見ると
8 わかる。「午後11時～11時半ごろ、男の所に来た」のは、(て)でさかのぼると「女、」＝「女」が主語。男と女の部屋が近いから、女が夜《よ》這《ば》いしてきたのである。では「③は女の近くだった」の主語は男である。 ⇒③男

人目が気にはなるけれど、抑えられなかったのだ。大胆な女性！
9 男も寝られない⇨外を見て横になっていた⇨人が立っている⇨男はうれしい⇨自分のベッドに連れて入った⇨午前２時半ごろまでいた。

この「人」は「女」とわかる。
12 帰った④は簡単。来たのが「女」だから、帰るのも「女」。 ⇒④女

男は悲しくて寝られない。その翌朝である。
14 ⑤は、待ち遠しくて待っていた。だれ（⑤）が何を待っていたのか。「女の所から詞はなく(て)」とある。(て)の後ろはＡの歌。つまり「詞は書いてなくて、Ａの歌を詠んできた」ということ。主語は(て)に注目すると「女」である。話をもとに戻すと、「⑤が何かを待っていた⇨女が和歌を送ってきた」の文脈から、「男が、女からの連絡（和歌）を待っていた」とわかる。 ⇒⑤男

（25ページ「へェー！とびっくり平安時代」参照）

16 Ａは女の歌。「夢なのか現実なのか、寝ていたのか起きていたのか」とは、昨夜の密会のこと。直後17行目で「男がひどく泣いてる」から「さよなら」の手紙。「昨夜のことは夢だったと思ってね」ということ。

18 男がＢの歌を返す。「悲しみにくれる」「心乱れる」は、「さよなら」にショックを受けた男の心境。「夢か現実か今夜決めてくれ」とは、「もう一晩会いたい」ということ。

19 Ｂの歌を男は詠んで、女の所へやって、狩の仕事に出た。

〈20～21ページの問題の答〉
①伊勢の斎宮（女） ②伊勢の斎宮（女） ③男 ④伊勢の斎宮（女） ⑤男

ヘェ～とびっくり平安時代

神社の巫女《みこ》さんは、今では女子学生のアルバイトもいますが、昔は神聖な女性が選ばれました。特に天皇家と関わりの深い伊勢神宮と賀茂《かも》神社では、「①天皇の血筋の女性 ②未婚」が条件でした。「神の妻」として身を捧げるので、人間の男性と交際してはいけないのです。今の「シスター」と同じ。人に見つかったらたいへん!!

だまされたと思ってついてきて!

最後まで同じ記号を使います

受験生には、ちょっと刺激が強すぎる文章だったかな!? でも、全文を細かく訳すより、ピックアップしたほうが、お話がよく見えるでしょ？ 今日は初めてだから大変だったかもしれませんが、だんだん要領がわかってくると、ラクになります。

この章で勉強した①「人物、」②接続助詞の「て」「で」「とて」は、本書の最後まで同じ記号でマークしますから、ずっと使い続けてください。そして、毎章少しずつ文法や単語を増やして、自分で訳せる箇所を増やしていきます。

この訓練を初めのうちにしておけば、あとは楽勝です。私の講義は決しておもしろくはないけれど、思考力が必ずつきますから、だまされたと思ってついてきてください。

重要単語をコピーして貼るミニ単語ノート!

26ページに、この章に出てきた重要単語をまとめておきます。1つの単語にいくつかの意味がある場合は、全部覚えて、文脈判断します。

問題のヒントには、この問題文に適した意味しか書いていませんが、入試に出るほかの意味も、ついでに暗記しておきましょう。

▼重要単語はフィーリングではなく、暗記してきちんと訳すこと。ノートにまとめ、何度もくり返して覚えよう。単語集を併用すると、さらに効果的。

★★★★は最重要語、★★★は設問によく出る語、★★は読解上必要で設問にもときどき出る語、★は覚えられたら覚えてほしい語です。

毎章こうしてまとめますから、コピーして貼っていくとミニ単語ノートになりますよ。何度もくり返して覚えましょう。

もっときちんと単語を勉強したい人のために、『マドンナ古文単語230』と併用《へいよう》できるよう、単語集の見出し番号も各章末に載せています。単語集には、かわいいイラスト単語カードもついていますので、どんどん活用してください。

また、古文常識語については、この本では、問題文に関連する「ヘェ〜！とびっくり平安時代」で少し触れますが、きちんとした勉強のためには、『マドンナ古文常識217』を使ってください。

ヘェ〜とびっくり平安時代

平安時代の手紙のほとんどは、和歌形式でした。一方が和歌を送ってくると、もう一方も必ず返事の歌を書くのがマナー。

男女間で交わされる和歌は、ラブレターですよ！

この章の重要単語 ①

記号説明

★★★★ ････ 最重要語
★★★ ･･････ 設問によく出る語
★★ ･･･････ 読解上必要であり、設問にもときどき出る語
★ ･････････ 覚えられたら覚えてほしい語
◆ ･････････ 敬語
番号 ････『マドンナ古文単語 230』の見出し番号。′《ダッシュ》つきは関連語

番号	出題頻度	単語と現代語訳		
141	★★	**いと**	＝	たいへん・はなはだしい
69	★★★	**ねむ《(ん)》ごろなり** [懇ろなり]	＝	①熱心だ・丁寧だ ②親しくする
156	★★	**かく**	＝	こう・これ・このように
28	★★	**あふ** [逢ふ]	＝	結婚する・深い仲になる
192	★	**はた**	＝	また
68	★★	**しげし** [繁し]	＝	多い
114	★★★	**え～打消**	＝	～できない
78	★★★	**つとめて**	＝	①早朝　②翌朝 ＊“前日の記述”のある場合のみ②の訳。
101	★★★	**こころもとなし** [心許無し]	＝	①はっきりしない ②不安だ・気がかりだ ③待ち遠しい
187	★★	**うつつ** [現]	＝	現実
141	★★	**いたし** [甚し]	＝	たいへん・はなはだしい
21	★★	**かきくらす** [掻き暗す]	＝	悲しみにくれる
183	★★	**まどふ** [惑ふ]	＝	慌《あわ》てる・心乱れる・困惑する

第2章

逆接と仮定

な〜んだ簡単！
どんどん前へ…

ねらい

文法には、“文法問題のための文法”と
“読むための文法”があります。
先に“読む文法”をやっておけば、
細かい規則は入試直前でも十分。
マドンナ式でがんばって！

読むための マドンナ式文法

☑ 出題頻度の高い“読む文法”を先に教えます

高校の古文のレッスンの多くは、品詞別に順々に説明するというのがふつうのやり方で、短文練習をしてから読解へと導きます。でも私は逆行して、前章で“長文読解”から始めました。泳げない子をいきなり海の中に放り込んだようなもの。みなさんは面くらったと思います。

誤解のないように言っておきますが、文法書に載っている文法は、どれも入試に出る大切な知識で、いずれはすべて覚えなければいけません。

ただ、ドリル練習のような形式で出る“文法問題のための文法”と、読解とからんだ形式で出る“読むための文法”や“読めないと解けない文法”は、区別して訓練しないと点は上がりません。

“文法のための文法”は必死になれば1か月でできますが、“読む文法”の訓練は数か月かかります。また、“読む文法”のほうが、共通テストを含め圧倒的に入試の出題頻度は高い！　だから私は“読む文法”を先に教えます。

☑ 読めるようになると、グッとラクよ

ある程度読めてこそ、品詞の役割も、文法がどれほど大切かも見えてきます。必要を感じてこそ知識は定着するし、応用もきくのです。

土壌《どじょう》を耕して耕して、たっぷり時間をかけて肥やしておけば、あとはだれがどんな方法で種を蒔《ま》いても育ちます。つまり、先に“自力で読む”習慣をつけておけば、こまごまとした文法の知識や項目は、どの先生に教わろうと独学しようと大差はない、ということです。

☑ “マドンナ式”で、何万人もが合格!

私は毎年、こうして何万人もの合格者を生み出してきました。せっかくの受験参考書に、高校と同じ講義を載せても意味がありません。

▶まずは“読むための文法”をマスター。時間はかかるが、長い目で見れば合格への近道。逃げずにガンバレ！

私は必ず教える前に「なぜこの知識が必要なのか」を説明します。納得してする学習は、身につくからです。とても理屈っぽいですが、対象が高１生であれ浪人生であれ、基礎コースであれ難関コースであれ、私はこのスタイルを変えません。じっくり腰をすえた学習が、かえって近道と知っているからです。合格日から逆算して最短コースを割り出すのが“マドンナ式”です。途中で投げ出さないでガンバって！

逆接に会ったらラッキー！

☑ 古文は小さくまとめると読みやすい

前章で私は、長い文は続けて訳さず、プツプツ切るといいよと言いました。古文は一文がやたらと長く、また英語のような論理性もないので、長く訳すとわからなくてイライラするからです。

読める分ずつ小さくまとめて、一呼吸おくほうがずっと読みやすい。ただし、**逆接**と**仮定**だけは別。きちんと覚えて、きちんと訳します。**文脈上とても大切**だからです。

☑ 単純な仕組みを見のがすな！

逆接とは、その名のとおり、前後の文脈が正反対ということ。現代語で言う

「しかし・けれど・けれども・のに・が・ものの」などが逆接ですね。「古文は苦手だったけれど、得意になった」の「けれど」の前後は、“苦手”という⊖《マイナス》の意味と“得意”という⊕《プラス》の意味でサンドイッチされています。

当たり前のことですが、**逆接の前後は正反対**というこの単純な仕組みを、意外と多くの生徒が見逃しています。

逆接は、読めない箇所を助ける大きな手がかり。もし**前半が読めなければ後半をひっくり返し**、逆に**後半が読めなければ前半をひっくり返し**、相互に補い合う形で類推しましょう。つまり、逆接の前後どちらか一方が読めれば、およその大意は文脈判断できるということです。

「苦手だったけれど……」とくれば、「……」は「得意」とか「好きになった」など“よい結果に終わった”という大意は取れますね。「……けれど得意になった」とくれば、「……」は「得意ではなかった」ことくらいはわかります。

☑ 逆接の後半は、何がなんでも意味を拾え！

逆接に会ったらLucky《ラッキー》です。半分しか読めない力でも、倍の効果をもたらします。ヘタにわからない部分にこだわって、誤訳をしたり、時間をロスするくらいなら、わかりやすい一方から他方を類推したほうが速くてズレがありません。

それから、もう１つの利用法は、**逆接は後半が主張**だということ。つまり、「苦手だった」のと「得意になった」のと、どちらに比重がかかっているかというと、「得意になった」のほうなのです。

だから、逆接の後半は、何がなんでも意味を拾わないといけません。初めから後半が読めたときはそれでよし。もし読めなかったら、前半をひっくり返して、なんとか後半を類推してください。

まとめ

逆接を利用するテクニック

❶ 逆接の前後は正反対 ➡ 相互に補える
❷ 逆接は後半が主張

とりあえず7コの逆接をマークせよ!

「けれど・のに・が」などと訳す古文の逆接は10コ近くあります。単純なものと注意を要するものがあり、学年ごとの目安も一緒に下にまとめました。

「を・に・が・ながら」は逆接以外の用法もあるので、今のところ無視してかまいません。頻度の高い「に」は、第10章で詳しく説明します。また、高2生の「こそ―已然形、《テン》」は、第3章で取り上げます。第2章の現時点ではとりあえず、下の表に太字で示した7つを覚え、これらの逆接を見つけたら、◯《マル》で囲むクセをつけましょう。

▶逆接が出てきたらマルで囲んで目立たせる。また逆接は、特に文の後半に注目し、その文の主張をつかむこと。

逆接のいろいろ

- 高1生……………… **ど・ども・されど・しかれども**
- 高2生……………… **ものの・ものを・ものから**
  「こそ―已然形、《テン》」（第3章）
- 受験生……………… を・に・が・ながら（逆接以外の用法もある。「に」は第10章）

逆接のひっくり返しチャレンジしよう!

落ち着いて◯の前後の読める部分を探《さが》しましょう。スラスラ読めれば言うことなし。もし難しくても、諦めないで！　読めるほうから迫って、逆接の前後で意味をひっくり返しましょう。特に後半が大切なのでしたよ。

さあ、文章でレッスンです。初めは自力で挑戦してください。

問題

次の傍線の意味を選びなさい。

1 おほかた、**この所に住みはじめし時は、**あからさまと**思ひしか**(ども)**、今すでに、五年を経たり。**（方丈記）

ア．急のことと
イ．ほんのしばらくの間のことと
ウ．はっきりしたことと
エ．ろこつなことと

〈近畿大〉

2 **黒鳥といふ鳥、岩の上に集まり居《を》り。その岩のもとに、波白く打ち寄す。楫《かぢ》取りのいふやう、「黒鳥のもとに、白き波を寄す」とぞいふ。この言葉、何とにはなけれ**(ども)、物いふやうにぞ聞こえたる。（土佐日記）

ア．文句をいっているように聞こえた
イ．しゃれたことをいっているように聞こえた
ウ．鳥が物をいっているように聞こえた
エ．つまらぬことをいっているように聞こえた

〈近畿大〉

【考え方】

訳せそうなところ（太字）を拾って考えてみましょう。

1 住み始めたときは＿?＿と思っていた(けれど)、もうすでに五年が経《た》った。

↳逆接の後半は「五年が経過した」と書いてある。では、ひっくり返し、前半の大意は「五年も住まないと思っていた」ということだ。“短い期間”を示す選択肢が正解。

〈答：イ〉

2 黒鳥という鳥が岩の上に集まっている。その岩に白い波が寄せる。船頭さんが言う。「黒鳥のところに白い波が寄せる」と言う。この言葉は何ということはない(けれど)、＿?＿。

↳この文章はほとんど訳せるはず。船頭さんは目の前の景色をそのまま口にしただけ。「この言葉」とは「黒鳥のところに白い波が寄せる」という船頭さんのセリフのことである。「なんということはない言葉」とは、「どうということない言葉」のことだから、⊖《マイナス》の意味。逆接して答は⊕《プラス》の意味。

〈答：イ〉

3 **帝《みかど》、重くわづらは**せ給ひて、**さまざまの御祈り**ども、御修法、**御読経など**、よろづにせらるれど、さらにえおこたらせ給はず。

（宇治拾遺物語）

ア．なまけることができなさらない
イ．いいかげんにはできなさらない
ウ．病気をなおすことができなさらない
エ．続けることができなさらない

〈専修大〉

4 又、**男**、**＊忍びて知れる人ありけり**。**＊人しげきところ**なれば、**夜も明けぬ▲さきに**、**人のしづまれる折に**とて、**帰り出で**たるに、**まだ暗き**ほどなれば、「いかでかへらむ」**と思へど**、いと（帰ることが）**難《かた》かりければ**、門の前の橋の上に立ちて……。

（平中物語）

＊忍びて知れる人：こっそり深い仲になっている女。
＊人しげきところ：人目の多い場所。

ア．どうにも帰れない
イ．どうして帰るのだろう
ウ．なんとかして帰ろう
エ．なんとしても帰ってほしい

〈甲南大〉

（▲印は否定語。「～ない」と訳すこと）

3 天皇が重病／いろいろのお祈りや読経／けれど、＿？＿。
↳「わづらふ」は今も「○○病を患《わずら》う」と使う。天皇が重病で「お祈り・読経」とくれば、病気がなおることを祈願していることは明らか。なおってほしいと思って祈っている→けれど（逆接）→なおらない。

〈答：ウ〉

4 男がこっそり深い仲になった女がいた。人目が多い／夜の明けないうちに／人の静まっているときに／帰り出た。まだ暗い／＿？＿と思うけれど、帰るのが難しかった。
↳平安時代は、男が女の所へ通う“通い婚”だから、「帰り出た」のは「男」のほう。暗いうちに人に見られないように帰るのである。
「帰るのが難しい」の主語も「男」とわかる。逆接の後ろが「帰れない」だから、ひっくり返し、前半は、「帰ろうとしている」のである。答はウ。エは、紛らわしいが、今「帰ろう」としているのは「男」であって、「女」が「帰ってくれ」と言っている場面ではない。

〈答：ウ〉

仮定文＝未然形＋ば

☑ 仮定はきちんと訳さないと大失敗

さて、ここから仮定の説明に移ります。頭を切り換えてくださいね。

仮定も、読むときに無視できない項目です。長い文章をプツリプツリ切って読むときも、仮定文だけはきちんと訳してください。というのは、仮定とは「もし～なら……だろう」という想像の世界、つまり現実ではないからです。「もし雨が降ったら、運動会は中止です」という文から、「もし～なら」を取ると、「雨が降る／運動会は中止」となり、まるで今起こっている事実に思えてしまうでしょ!?　でも実際は、雨は降るかどうかわからないのですから、仮定を見落とすと、とんでもない誤解が生じます。事実描写はプツリプツリと切って並べても意味はわかりますが、仮定は必ず目をとめてね。

☑ 文頭に「もし」をつけて訳せばOK!

さて、古文の**仮定文**は［活用語の**未然形＋ば**］が目印です。たとえば「書く」（四段動詞）の未然形は「書か」で、「書かば」となると、「もし書いたなら」と訳すのです。

長い文でも、**「もし」を文頭につける**だけ。「我、母に別れの文《ふみ》書かば」なら、「もし私が母に別れの手紙を書いたなら」と訳すのです。簡単ですね。

問題は、「ば」の直前が“未然形”であることを判断する力があるかどうかです。文法書には、だから、動詞・形容詞・形容動詞・助動詞のすべての活用を覚えるように表が載せてあるのです。本来は高1で覚えるはずですが、まだの人は大急ぎで暗記しましょう。活用を知らないなんて、受験生とは言えませんよ。本書では、表紙ウラや巻末に一覧表があります。

☑ 未然形は打消の「ズ」をつけると確認できる!

今日のところは、とりあえず未然形の判別に話を絞ります。

未然形かどうかの確認は、打消の「ズ」をつけてみるとわかりますよ。「書かズ」「走らズ」「寝《ね》ズ」の「書か」「走ら」「寝」が未然形です。今は「書かナイ」「走らナイ」「寝ナイ」と私たちは言いますね。

「ズ」（古語）でも「ナイ」（現代語）でも、ほぼ同じように未然形の音を出せますが、例外もあるので、できるだけ「ズ」をつける習慣をつけてください。

未然形に「ば」がつくと、「もし～なら」と訳します。確認しましょう。

❶御夢にもまぼろしにも御覧《ごらん》ぜ（未）ば、さとは知らせ給《たま》へ。 （宇治拾遺物語）

重要単語　さ＝そう

（もし夢にでも幻にでも御覧になったなら、そうと知らせてください）

❷春まで命あら（未）ば、必ず来む。 （更級日記）

（もし春まで命があったら、必ず来よう）

仮定逆接「とも」も手がかり

たとえ～であっても

ところで、仮定文の中にも逆接があります。「たとえ～であっても」と訳す「**とも**」という語が、古文の**仮定逆接**です。「雨が降るとも、運動会は行う」の「雨が降る」はあくまで予測。つまり、現実ではない仮定です。

ふつう「雨が降る⇨運動会中止」が自然の結果ですが、「とも」をはさんで、後ろは逆に「運動会決行」になっています。**仮定逆接の「とも」も逆接の一種**ですから、前後の文脈の手がかりにしてください。

まとめ

仮定と仮定逆接

❶ 仮定 ➡ 未然形＋ば（もし～なら）
❷ 仮定逆接 ➡ とも（たとえ～であっても）

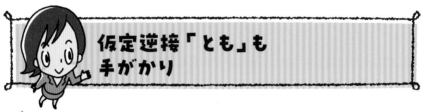

第2章

問題文

記号説明

- 人物、(S) ……… 主語
- □ ……… 登場人物
- ㋢ ………… 前後同主語
- （網掛け） ………… 重要単語
- // ………… 文を切る
- ▲ …………… 打消（～ない）

STEP 1 初めに太字・細字や記号を気にせず、全文を読んでみてください。［5分］

STEP 2 次に、太字だけを拾って読んでみてください。右ページのヒントを見てもかまいません。①～⑧の仮定と逆接の訳に特に力を注いでください。［15 分］

STEP 3 38 ～ 39 ページの解説を読みながら、1文ずつ丁寧にチェックしましょう。［Free Time］

※問題文の（ ）内の主語は、第1章のテクニックを使って、確認してください。

『竹取物語』の一節です。月の使者がかぐや姫を迎えに来る、と聞いて、翁《おきな》（＝おじいさん）と嫗《おうな》（＝おばあさん）がかぐや姫を月に帰すまいと守っています。また、天皇の命令で、家のまわりを、何千人の兵士が取り囲み、月の使者を殺そうと待ち受けている場面です。

嫗《おうな》、塗籠《ぬりごめ》の内《うち》に、かぐや姫を抱《いだ》かへてをり。翁《おきな》も、塗籠の戸鎖《さ》して、戸口にをり。翁のいはく、「かばかりまもる所に、天の人にも負けむや」といひて、屋《や》の上にをる人々に（翁が）いはく、「つゆも、物《もの》、空に駆《か》けら①ば、ふと射殺《いころ》したまへ」。守る人々のいはく、「かばかりして守る所にかはほり一つだにあら②ば、まず射殺して外にさらさむと思ひはべる」といふ。

翁、これを聞きてたのもしがりをり。（かぐや姫は）これを聞きて、かぐや姫いふ、「鎖《さ》し籠《こ》めて、守り戦《たたか》ふべきしたぐみをしたり③とも、あの国の人をえ戦はぬなり。弓矢して射られじ。かく鎖し籠めてあり④とも、かの国の人来《こ》⑤ば、みなあきなむとす。あひ戦はむとす⑥とも、かの国の人来《き》な⑦ば、猛《たけ》き心つかふ人も、よもあらじ」。翁のいふやう、「御迎《むか》へに来《こ》む人をば、長き爪《つめ》して、眼《まなこ》をつかみつぶさむ。さが髪《かみ》をとりて、かなぐり落とさむ。さが尻《しり》をかきいでて、ここらの朝廷人《おほやけびと》に見せて、恥《はぢ》を見せむ」と腹立ちをり。かぐや姫のいはく、「声高《こわだか》になのたまひそ。屋の上にをる人どもの聞くに、いとまさなし。いますがりつる心ざしどもを、思ひも知らで、まかりなむとすることの口惜《くちを》しうはべりけり。長き契《ちぎ》りのなかりければ、ほどなくまかりぬべきなめりと思ひ、悲しくはべるなり。親たちのかへりみを、いささかだに仕《つか》うまつらでまからむ道もやすくもあるまじきに、日頃《ひごろ》も、いでゐて、今年《ことし》ばかりの暇《いとま》を申しつれど、さらにゆるされぬによりてなむ、（私は）かく思ひ嘆《なげ》きはべる。御心《みこころ》をのみ惑《まど》はして去りなむことの、（私は）悲しく堪《た》へ難《がた》くはべるなり」

（竹取物語）

＊塗籠：壁で四方を塗り籠《こ》めた物置部屋。　＊屋の上にをる人々：ここは、天皇の命令により屋根の上で警護している兵士のこと。　＊かはほり：こうもり。

ヒント

1 嫗、⇨主語。
3 「駆けらズ」で㊍と判断。㊍＋ば⇨仮定。
4 「たまへ」は命令形。「〜してください」の意。
5 「あらズ」で㊍と判断。㊍＋ば⇨仮定。
7 とも⇨仮定逆接（L.8・9にも）。「たとえ守り戦っても…」の後半は「え戦はぬ」。
8 「あの国の人」とは「月の使者」のこと。
単え〜打消＝〜できない
単かく＝こう・このように（L.19にも）
「たとえ閉じ籠《こ》めても…」の後半を類推。
9 「かの国の人」とは「月の使者」のこと。
「たとえ戦っても…」の後半を類推。
10 「来なば」の「な」は完了「ぬ」の㊍。
㊍＋ば⇨仮定。
13 単な〜そ＝〜しないでほしい
14 単いと＝たいへん
単まさなし＝よくない
15 敬まかる＝謙退出する（L.16・17にも）
〔「出る・去る」の謙譲語〕
単口惜し＝残念だ
単契《ちぎ》り＝宿命・宿縁
16 「まかる」ことが「悲しい」のはだれ？
18 「今年だけの休暇」とは？　ど⇨逆接。
後半の文脈を裏返して類推する。
単さらに〜打消＝決して〜ない

第2章

問題文 現代語訳＋解説

細かいことにこだわらないで、何が言いたいのかを考えて読みましょう。
（左端の数字は行数です）

1 嫗は物置部屋の中で、翁も戸口で、かぐや姫を守っている。

2 翁は「これほど守っている場所」と言う。守れるはずだということ。

3 屋根の兵士に「もし何物かが空を駆けたなら、射殺してください」と言う。

4 守る兵士たちが言う。「これほどまでして守っている場所に、もしこうもり1つでもいたなら射殺す」。こうもりも入るスキがないほどの万全の警備に自信満々。

6 翁は聞いて頼もしく思う。これを聞いたのは、「て」でつながるかぐや姫。

7 かぐや姫が「たとえ閉じ籠《こ》めて守り戦っても……」と言う。逆接の後半は「勝てない」とわかる。8行目「え戦はぬ（＝戦うことができない）」に一致。

8 「あの国の人を戦うことはできない」という変な直訳は、「あの国の人には勝てない」でよい。「たとえこのように閉じ籠めていても……」の逆接の後半は、「閉じ籠められない」と類推できる。9行目の「みなあきなむとす」がこれで訳せる！　「戸がみな開く」という意味。

9 「もしあの国の人（＝月の使者）が来たなら」と仮定して、「たとえ戦おうとしても……」の逆接の後半は、「戦えない」のだと類推できる。

10 9行目と同様に、「もしあの国の人が来たなら」と仮定している。要するに「戦えない」ということだから、「猛き心を使う人もいない」は、「戦う気力のある兵士もいない」ということだとわかるでしょ⁉ ―― 結局、7～9行目までの3つの仮定逆接「とも」の後半を類推すると、主張は「戦えない・守れない」ということ。ムダな抵抗だと、かぐや姫はくり返して言っている。

11 翁が「迎えに来る月の人を、長い爪で目をつぶし、髪をつかんで引きずり落とし、尻を掻《か》いて恥をかかせ」て撃退すると立腹している。

13 かぐや姫が言う。「高い声で言わないでください。屋根の上の兵士が聞いている。たいへんよくないわ」。ここから最後まで、長々とかぐや姫のセリフ。

15 出ていくことは残念です。長い宿縁ではなかった……。「出ていく」のは、月に帰るかぐや姫。「残念だ」もかぐや姫の思い。

16 同じように「出ていくと思い、悲しい」も、かぐや姫の思いとわかる。

17 「親たちのかへりみ」とは、「親をかえりみること」つまり「親孝行」。「で」で打消して「親不孝だ」という意味。「まかる道もない」を続けると、「親孝行をしないで出てはいけない」ということになる。

18 「今年だけの休暇を申した」の意味がわかりにくい。逆接の「ど」があるので後半を見ると、「決して許されないことによって嘆いている」とある。「嘆く」は、前出の「口惜し（＝残念だ）」「悲しい」と同意なので、主語はかぐや姫。「出ていくこと」が「残念だ・悲しい・嘆く」のだから、「許されない」とは「とどまることを許されない」のである。逆接でひっくり返して前半を類推すると、「とどまりたい・出たくない」ということ。「休暇」とは、「月に帰らず翁嫗のそばにとどまること」である。あと一年の猶予《ゆうよ》を願ったのだ。

19 翁嫗の心を困惑させて月に去ることが、かぐや姫は悲しくて耐えられない。

〈36 ～ 37 ページの問題の答〉
①もし駆けたなら　②もしいたなら　③たとえ（戦いを）しても　④たとえ閉じ籠めていても
⑤もし来たなら　⑥たとえ戦おうとしても　⑦もし来たなら　⑧申し上げたけれど

この章の重要単語 2

記号説明

★★★★ ････ 最重要語
★★★ ･･････ 設問によく出る語
★★ ･･･････ 読解上必要であり、設問にもときどき出る語
★ ････････････ 覚えられたら覚えてほしい語
◆ ････････････ 敬語
番号 ････『マドンナ古文単語 230』の見出し番号。′《ダッシュ》つきは関連語

番号	出題頻度	単語と現代語訳		
155	★★	さ	=	そう・それ・そのように
114	★★★	え〜打消	=	〜できない
156	★★	かく	=	こう・これ・このように
165	★★★	な〜そ	=	〜しないでほしい・〜してはいけない
141	★★	いと	=	たいへん・はなはだしい
225	★★	まさなし［正無し］	=	よくない
55	★★	くちをし［口惜し］	=	残念だ
104	★★★	ちぎり［契り］	=	①約束 ②親しい仲・(男女の)深い仲 ③宿命
116	★★★	さらに〜打消	=	まったく〜ない
敬語	◆	まかる	=	［謙譲語］①退出する　②参上する

第3章

疑問と反語

読めるところが増えていくよ！

ねらい

「あなたはいくつになったの？」って、
疑問か反語かわかるかな？
入試のねらい目、受験生の苦手な疑問・反語の訳し分けと、
その他の「係助詞」を学びましょう。

あなた、いくつになったの？ 疑問か反語か考えよう

☑ 場面や状況で、疑問にも反語にもなる!?

あなたはいくつになったの――これって、疑問か反語かわかるかな？

私は毎年予備校で、このいじわるな質問を生徒に投げかけます。何がいじわるかというと、ワカラナイが正解なのです。「あなたはいくつになったの」は、場面や状況で、疑問にも反語にもなりえます。

☑ 答を要求するのは「疑問」

〈場面Ａ〉

４月に予備校が始まって、いろんな生徒と会いますが、１浪もいれば現役もいる、働いてから受験にカムバックしたおじさんも主婦も混じっています。生徒Ａくんに私が言いました――あなたはいくつになったの？

これは、年齢や何浪生かを知りたくて出した言葉。相手に答を要求するから疑問です。Ａくんは、「18歳」などと答えてくれるでしょう。

もちろん、自分に問いかける疑問もあります。「俺って、いくつになったっけ？」ですね。自問自答であっても、答を求めていることに変わりはありません。

さて、まったく場面を変えてみましょう。

☑ 主張がある場合は「反語」

〈場面Ｂ〉

「お母さん、一所懸命勉強するから、『マドンナ古文』買って！」と猫なで声のＢ子ちゃん。初めはきちんと勉強していましたが、ひと月が経つと放り出して、スマホばかりいじっています。ずいぶん我慢して見ていたお母さんも、ついに爆発してしまいました――あなたはいくつになったの!?

ここで、Ｂ子ちゃんが「18歳」と返事をしたら、お母さんはさらに激怒す

あなた は
いくつですか?
18です
先生
ごめん
パパ
お前いくつなんだ?

▶「あなた、いくつ?」は、文脈によって疑問にも反語にも訳すことができる。前後のつながり具合から判断。

るでしょうね。お母さんは、娘の歳は知っています。そんなことを尋ねたいのではありません。裏返しに「もういいかげん、大人《おとな》になってちょうだい !! 」と怒っているのです。こういうとき、B子ちゃんは、ヘタにしゃべらず静かにしているべきです。お母さんの小言はエンエンと続くでしょうけれど……。

場面Bのお母さんは、B子ちゃんに答を要求したのではなく、お母さん自身に言いたい主張があったのですね。これが反語の世界なのです。

まとめ

疑問と反語の文脈判断

❶ **疑問 ➡ 答を求める（～か）**
❷ **反語 ➡ 主張がある（～か、いや～ない）**

とりあえず疑問の訳をしてみよう

同じセリフも、前後の文脈で疑問になったり反語になったりします。ということは、前後のつながり具合がキーポイント。**文脈判断をして訳し分け**をしないといけません。

とりあえず、**いったんは疑問の訳**をしてから、前後をよく見て判断します。そのままで通じたら疑問。おかしいナと思ったら反語です。**反語**は原則として、**疑問の訳の後ろに「いや～ない」を補う**だけです。

たとえば、春がもうすぐという場面では、「花はいつ咲くのだろうか」は疑問ですね。今日か明日《あす》かと心待ちにして、咲く日を知りたいのです。でも、砂漠の中で同じセリフを言ったときは反語です。「花はいつ咲くのだろうか、いや咲かない」となる。簡単ですね。

係助詞の や(は)・か(は)

どこにあっても訳は文末にまわす

古文の疑問・反語の最もスタンダードなものは、**係助詞の「や」と「か」**です。「か」は今でも「食べますか」と使っています。「や」のほうは、関西では「いくらや」などに残っています。

この「や」と「か」、今と違うのは、文末だけでなく、文中にも割って入ることがある点です。たとえば「花や咲かむ」と使ったりします。

でも、どの位置にあろうと、**訳は文末にまわして「〜か」**と訳してください。つまり「花や咲かむ」も「花咲かむや」も、同じく「花が咲くだろうか」と訳すのです。

また、「は」がついて「やは」「かは」になったりもしますが、**「は」があってもなくても訳は同じ**です。「花やは咲かむ」も「花が咲くだろうか」と訳します。

こうして、とりあえず疑問の訳を作り、ゆっくり文脈判断して疑問か反語か決めてください。

まとめ

「や(は)」「か(は)」の訳し方

1. どの位置にあっても、訳は文末にまわす
2. とりあえず疑問の訳をし、落ち着いて疑問か反語かを文脈判断する

疑問詞も少しずつ覚えてネ

さて、係助詞の「や」「か」以外にも、疑問文や反語文を作る単語があります。ちょうど英語の疑問詞５Ｗ１Ｈに当たるもので、下表にまとめました。

でも、このような疑問詞は、こんな表ではなかなか覚えられません。文章の中で確認しながらそのたびに身につけるのがよいでしょう。疑問詞も同様に、**疑問・反語は文脈**で決めてください。

古文の5W1H

- **WHO**（だれ）………………………… 誰《た》・何者《なにもの》 etc.
- **WHICH**（どれ）……………………… いづれ etc.
- **WHAT**（何・どんな）……………… 何・いかなる etc.
- **WHERE**（どこ）……………………… いづこ・いづく・いづら・いづち etc.
- **WHY**（なぜ・どうして）………… なぞ・など・いかで（第８章） etc.
- **HOW**（どのように）……………… いかに・いかが etc.

文末に推量の助動詞を連れているかな？

最後にもう１つだけ言わせてね。「や」「か」も疑問詞も、多くの場合、文末に推量の助動詞を連れています。そのときは「だろうか」と訳してください。

推量の助動詞は、次の第４・５章でまとめます。本章では、私がヒントとして教えますから、それを助けに訳しましょう。では長文でレッスンです。疲れた人はここでひと息ついてね。

▶「わかったの?」と答を要求している場合は疑問。主張が含まれている場合は反語。（詠嘆の場合は P.51 参照）

第3章 問題文

STEP 1 初めに太字・細字や記号を気にせず、全文を読んでみてください。［5分］

STEP 2 次に、太字だけを拾って読んでみてください。右ページのヒントを見てもかまいません。①～⑥の疑問と反語の判断に特に力を注いでください。［15分］

STEP 3 48～50ページの解説を読みながら、1文ずつ丁寧にチェックしましょう。［Free Time］

※問題文の（　）内の主語は第1章のテクニックを使って確認してください。日記・随筆など自分の身辺を書いた文章の場面は、作者（＝私）も登場人物に加えて考えます。

記号説明

- 人物、（S）……… 主語
- ㋢ ………… 前後同主語
- ………… 重要単語
- // ………… 文を切る
- ▲ ………… 打消（～ない）

かくて、この間に事多かり。今日《けふ》、A破子《わりご》持たせて来たる人、その名などぞ①や。今思ひ出《い》でむ。この人、歌よまむと思ふ心ありてなりけり。（Aは）とかくいひいひて、「波の立つなること」とうるへいひて、よめる歌、

甲　ゆく先に立つ白波《しらなみ》の声よりも後《おく》れて泣かむわれ②やまさらむ

とぞよめる。いと大声《おほごゑ》なるべし。持て来《き》たる物よりは、歌は③いかがあらむ。この歌を、これかれあはれがれども一人《ひとり》も返《かへ》しせず。しつべき人もまじれれど、これをのみいたがり、物をのみ食ひて、夜《よ》ふけぬ。この歌主《うたぬし》、「まだ罷《まか》らず」といひて立ちぬ。或《ある》人の子の童《わらは》なる、ひそかにいふ。「まろ、この歌の返しせむ」といふ。（私は）驚きて、「いと をかしきことかな。よみてむ④やは。よみつべくは、早いへかし」といふ。（童は）「『罷らず』とて立ちぬる人を待ちてよまむ」とて、求めけるを、「夜《よ》ふけぬ」とに⑤やありけむ、（Aは）やがて去《い》にけり。「そもそもいかがよんだる」と、（私は）いぶかしが

りて問ふ。この童、さすがに恥ぢていはず。強《し》ひて（私が）問へば、いへる歌、

乙　ゆく人もとまるも袖《そで》の涙川《なみだがは》みぎはのみこそ濡《ぬ》れまさりけれ

となむよめる。かくはいふもの⑥か。

（土佐日記）

＊破子：弁当箱。折詰料理を入れる器。　＊などぞや：「なにとぞや」の略。　＊しつべき人：うまく返歌のできる人。　＊まろ：私。

ヒント

1 破子…人、⇨主語。仮にＡさんとする。「その名などぞや」は疑問 or 反語。直後の「今思ひ出でむ」がヒント。

2 この人、⇨主語＝Ａさんは

3 L.2の「この人は歌を詠《よ》もうと思う心がある」をヒントに、L.3～5まで「て」でつながって歌を詠んだ主語はＡさん。
単と＝あれ・ああ
単かく＝これ・こう（L.15にも）

4 甲の歌の作者はＡさん。
単後《おく》る＝後《あと》に残る
「われやまさらむ」は疑問 or 反語。直後の「大声」がヒント。

5 「持ってきた物」とは「破子（＝お弁当）」のこと。
歌と比較してどうなのか。L.6～7の人々の反応がヒント。
単いと＝たいへん（L.9にも）

6 単あはれがる＝感心する・感動する
「一人も返しせず」とはどういうこと？

7 「物をばかり食った」とはどういうこと？
いずれも逆接の「ども」「ど」を使って裏返すとわかる（第２章参照）。
この歌主、⇨主語＝Ａさんは

8 敬まかる＝㊙退出する（L.10にも）

9 単をかし＝興味深い

10 「やは」は疑問 or 反語。「早く言え」がヒント。
「『罷らず』と言って立った人」はだれ？

11 「や」は疑問 or 反語。後文とL.8がヒント。

12 単やがて＝そのまま
「いかが」は後文「問ふ」により疑問。

13 単さすがに＝そうは言ってもやはり

14 乙の歌の作者は童《わらわ》。

第3章

問題文 現代語訳＋解説

疑問と反語に力を入れてね。特に後文を見落としがちだから、先にしっかり読むのですよ。
（左端の数字は行数です）

1 この間にいろんなことがあった。今日、お弁当箱を（供人《ともびと》に）持たせて来た人〔Aさん〕は、その名を何といったか？　今思い出そう。
⇒「その名を何といったか、いや名はない」なんてことはありえない。一応「思い出す」と続けているから、答（名前）を出そうとしているのである。つまり①は疑問。

2 この人〔Aさん〕は歌を詠《よ》みたいと思う気持ちがあった。

3 あれこれ言っ㋢、「波が立つ」と言っ㋢、詠んだ歌。詠みたい人はAさんだから、「て」の前後はすべてAさんが主語。よって甲の歌はAさんの歌。

4「白波の声」よりも「後《あと》に残って泣く私」のほうがまさっているだろうか。
⇒“波の音”と比較するのだから、正確には“私の泣き声”のこと。反語にすると「まさってない」、つまり泣き声は小さいことになるが、5行目に「大声」とあるので、反語（小さい）はおかしい。つまり②は疑問。

5「持って来たもの（弁当）」よりは「歌」はどうであろう。
⇒弁当と歌を比較するなんてヒドイ話。さらに6・7行目がポイントになる。

6 この歌を感心するけれど1人も返歌しない。逆接は後半が主張。昔、返歌は礼儀だったから、「だれも返歌しない」のは“無視している”ということ。甲の歌はヘタだったみたい。
「うまく返歌のできる人も混じっているけれど……」の逆接の後半を類推すると、「返歌しない」と補える。

7 その目で後文を見ると「物ばっかり食って夜が更けた」とある。つまり、歌は無視して料理に夢中。料理より歌はウマくなかったのである。
⇒そこで5行目に戻ると、「弁当よりは歌はどうであろう。いやどうということもなかった」ということになり、③は反語とわかる。

8 この歌主〔Aさん〕は「まだ出ていかないよ」と言って席を立った。みなに無視されてバツが悪かったのだ。ある人の子の童《わらわ》が「私が返歌する」と言う。

9 「驚いた」のは、だれか。〔Aさん〕は、どこかへ中座してしまったので違う。ほかに人物がいなければ、日記の場合「作者」である。童は“小さな子”で、しかも身分の低い“召使《めしつかい》”。その子が歌を詠むというので、作者は驚いたのである。「たいへん興味深い」と興味津々《しんしん》。

10 作者（＝私）は驚いて「詠むのか、早く言え」と言う。

⇒「詠めるのか」と聞いたなら疑問だし、「いや詠めない」と決めつけたなら反語になる。前文「驚いた」はあまり決め手にならない。後文がポイント。「早く言え」と一応うながしているから「詠めない」はダメ。つまり④は疑問。ただし、ここは「本当に詠めるのかなあ」とかなり心配している感じ。

「『罷《まか》らず』と言って立った人」とは、8行目を参考に〔Aさん〕のこと。

11 その〔Aさん〕を待って詠む、と言っているのは「返歌する」と公言した童。そう「言って求めた」。つまり、童が〔Aさん〕を捜《さが》したのである。せっかく返歌するなら、甲の歌主〔Aさん〕に聞いてほしかったのだろう。

「夜が更けた」というのだろうか、そのまま去ってしまった。

⇒Aさんを捜している場面なので、「去った」とは〔Aさん〕がいないこと。8行目で中座すると言ったまま、帰ってしまったのである。「歌が無視されたから」か「夜が更けたから」か、本人〔Aさん〕に聞くしかわからない。だから、「『夜更けぬ』とにやありけむ」の「⑤や」は疑問。

次ページに続く

へェ～！とびっくり平安時代

「童（わらは）」は、単なる幼児のことではなく「召使《めしつかい》」のことです。「召使童」と覚えましょう。身分の低い人の子は小さいうちからバイトしたのですよ。ついでに言うと、「児（ちご）」は、大人に対して“幼児”。「子（こ）」は、親に対して“子ども”のことをさします。

12「どのように詠んだのか」と作者は童に尋ねた。もう〔Aさん〕は見つからないので、〔Aさん〕抜きで返歌を聞こうとしているのだ。

13 この童は、そうは言ってもやはり（＝返歌すると自分で言ったもののやはり）恥ずかしがって言わない。強引に作者が問うと、童は乙の歌を詠んだ。

14「ゆく人」とは“旅立つ人”。「とまる」とは“とどまる人”で、見送りの人のこと。袖の涙が濡《ぬ》れる、つまり互いに別れが悲しいという歌。

『土佐日記』は、作者が任地（土佐）から京都へ帰るまでの船旅日記。“旅立つ人”とは作者たち一行《いっこう》。“見送る人”とは、甲の歌で「後に残って大声で泣く」と言った〔Aさん〕のこと。お別れはどちらにとっても悲しいものと、童は詠んだ。

15「こんなふうに言うものか」とは、童が乙の歌を詠んだことを言っている。⇒「こんな歌を詠むか？」と今さら尋ねても、実際に詠んだのだから質問する意味がない。「いや詠まない」と否定したところで、詠んだのは事実だからおかしい。疑問でもない反語でもないって、いったいどういうこと？じつは⑥は詠嘆。

〈46～47ページの問題の答〉

①疑問　②疑問　③反語　④疑問　⑤疑問　⑥詠嘆

へェ～とびっくり平安時代

昔は、「身分が高い＝教養が高い」「身分が低い＝教養がない」と考えていました。教養とは、おもに次の３つの素養を備えていることを言います。

①和歌・漢詩をよく知っていて自分も作れること
②管弦《かんげん》楽器が弾《ひ》けること
③身だしなみと会話がおしゃれなこと

疑問・反語がダメなら詠嘆を思い出そう！

難関大学がねらい撃ち！

さて、最後の仕上げです。疑問・反語の形の文は、場面によっては、ナント詠嘆にもなるのです！　ちょうど、英語の what や how が疑問詞でありながら、詠嘆（感嘆文）になるのと同じです。頻度はあまり高くありませんが、上智大・中央大・同志社大・関西大・甲南大など、難関大がねらったことがあります。

ビックリマーク（！）の気持ちで訳をする

疑問の訳をしても、反語の訳をしても、話がうまく通らないときは、詠嘆を思い出してください。15 行目は疑問も反語も変でした。英語なら、「こんなふうに詠めるものか！」とビックリマーク（！）の訳をするところです。

もともと作者は、童《わらわ》が“小さな子”で“召使《めしつかい》”だから、あまり期待はしていませんでした（9 ～ 10 行目）。ところが、驚くようなうまい歌を詠んだのですね。入試ではビックリマークは使えませんから、「こんなにもうまく詠んだものだなあ」などと訳すときれいですよ。

ついでに言うと、「や」にも詠嘆の用法があります。文法学では、詠嘆の場合は、「か」は終助詞、「や」は間投助詞に分類されることが多いのですが、品詞名は入試にあまり出ません。「～なあ」の訳を覚えておきましょう。

係助詞のいろいろ

疑問・反語に使うのは「や・か」だけ

さてここで、疑問・反語・詠嘆から離れて、係助詞という品詞をまとめてみようと思います。テーマがすっかり変わりますから、ここからの分は、日を改めて勉強するほうがスッキリするかもしれません。疲れた人は明日にしましょう。

係助詞には、**「や・か」**のほかに、**「は・も・ぞ・なむ・こそ」**という５つの語があります。疑問・反語に使うのは「や・か」だけで、そのほかは別の意味です。

「は」「も」はそのまま訳す

「は」「も」は文法的には**強調**と分類しますが、今もそのまま使っています。

「私はコーヒーは飲まない」の「は」ですね。みんなはコーヒーが好きだが“私”は飲まない、紅茶は飲むが“コーヒー”は苦手というニュアンスで、直前の語を強める働きをします。

同じく、「10円も持っていない」の「も」も、直前の語“10円”を強め、わずかのお金さえないことを強調していますね。また、「も」には**並列**の用法もありますが、これも「英語も国語も……」などと今でも使っています。

だから、**訳はそのまま「は」「も」**です。ただ、そのまま訳すと変だナというときは、**訳さなくても**かまいません。無視してください。ちなみに、44ページで学んだ「やは」「かは」の「は」は訳をしませんでした。「や」「か」の訳だけで、「は」は無視していいのです。

「ぞ」「なむ」「こそ」は上から×

「ぞ」「なむ」「こそ」は**強意**。強調も強意も、たいした違いはないのですが、強意のほうが程度が強いのです。いったい何を強めるかというと、やはり直前の語です。

「オイ、行くぞ」の「ぞ」は“行く”を強めているし、「こちらこそありがとう」の「こそ」は、「あなたではなく、こちら（＝私）のほうが……」と“こちら”を強める働きをするのです。「なむ」は現代語には残っていませんが、強める働きは同じです。「なむ」は「なん」と表記する場合もありますよ。

訳のほうですが、文学者はいろいろ工夫して美しい訳をひねり出しますが、受験生は訳す必要はありません。私はいつも、「ぞ」「なむ」「こそ」は上から×をして消させます。たとえば「花~~ぞ~~散る→花が散る」でよいのです。

１つ注意があります。「なむ」は係助詞以外の品詞にも同音の語があります。だから、すべての「なむ」が係助詞というわけではありません。第６章で説明しますので、そのとき勉強しましょう。

とりあえず、今後、文章中の係助詞「ぞ」「なむ」「こそ」は、私が×印をつけておきます。**訳さなくてよい**のだと思ってください。

係助詞　文法的意味と訳

は	強調	①そのまま訳す ②訳さなくてもよい
も	強調・並列	
ぞ なむ こそ	強意	訳さなくてよい
や か	疑問・反語	〈疑〉～か。 〈反〉～か、いや、～ない。

＊疑問か反語かは文脈判断する。

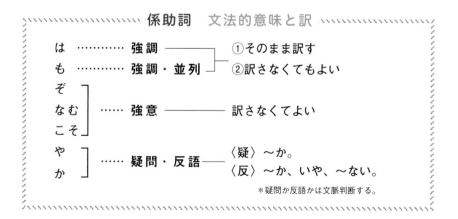

係助詞の特殊な用法

☑ 特殊な訳をする係助詞は入試によく出る

53ページにまとめた表が係助詞の訳の原則ですが、いくつか特殊な訳をするケースや、他の語とセットで使う用法などがあります。これらは入試によく出ますので、原則が使えるようになったら、いずれ覚えてください。

(1) こそ —— 已然形、《テン》　⇒ 逆接（けれど）

文中の「こそ — 已然形、」は「、」のところに「けれど」を補って訳します。第2章31ページ「逆接のいろいろ」の高2生の項目にあったのは、これです。

●**中垣こそあれ、ひとつ家のやうなり。**（源氏物語）
（中垣はあるけれど、一軒家のようだ）

(2) 文末の「ぞかし」　⇒ 念押し（〜だよ）

「ぞ」はふつう訳さなくてもよいのですが、念押しの終助詞「かし」を伴うときは、「〜ぞかし」のセットで「〜だよ」と訳しましょう。相手に念を押すときの表現です。

●**そがわろき ぞ かし。**（枕草子）
（それが悪いのだよ）

(3)「もぞ・もこそ」　⇒ 〜したら大変だ・〜したら困る

「も」に「ぞ」「こそ」がつくと、「〜したら大変だ・〜したら困る」と訳します。「もぞ」「もこそ」は、文中に位置することが多いですが、訳は文末にまわします。

●**雨 も ぞ 降る。**（徒然草）
（雨が降ったら大変だ）

▶係助詞の訳は53ページの表を原則とするが、特殊な訳をするケースも多いので、見落とさないように注意すること。

(4) 呼びかけの「こそ」　⇒ ～さんよ

人に呼びかける「こそ」は、「～さんよ」と訳します。次の4つの条件を同時に満たすとき、この用法です。

①会話文中

②直前に人物を表す語

③直後が「、」「。」で切れている

④後文に命令・願望・疑問が多い

● 「**少納言の君こそ。出《い》でて見給《たま》へ**(命)」　（堤中納言物語）
（「少納言の君よ。出てご覧なさい」）

(5)「しぞ・しも」　⇒ 強意　＊訳さなくてもよい

強意や強調の係助詞「ぞ」「も」は、強意の副助詞「し」と一緒に「しぞ・しも」の形で使い、さらに意味を強める働きをする場合があります。学者はさまざま美しい訳をしますが、受験生は訳さなくてもかまいません。ただ、副助詞「し」とセットで使われる用法があることだけは覚えておきましょう。

● **今日しも端におはしましけるかな。**　（源氏物語）
（今日に限って縁側近くにいらっしゃったね）

この章の重要単語 ❸

記号説明

★★★★ ···· 最重要語
★★★ ······· 設問によく出る語
★★ ········ 読解上必要であり、設問にもときどき出る語
★ ··········· 覚えられたら覚えてほしい語
◆ ··········· 敬語
番号 ····『マドンナ古文単語 230』の見出し番号。´《ダッシュ》つきは関連語

番号	出題頻度	単語と現代語訳		
157	★	と	＝	ああ・あれ・あのように
156	★★	かく	＝	こう・これ・このように
202	★★	おくる［後る］	＝	後《あと》に残る・取り残される
141	★★	いと	＝	たいへん・はなはだしい
106´	★	あはれがる	＝	感心する・感動する・感慨《かんがい》深く思う
97	★★★★	をかし［招し］	＝	①興味がある・興味深い ②美しい・かわいい ③趣《おもむき》深い・風流だ ④おかしい・滑稽《こっけい》だ
74	★★★	やがて	＝	①そのまま ②すぐに
45	★★★	さすがに	＝	そうは言ってもやはり
敬語	◆	まかる	＝	［謙譲語］①退出する　②参上する

第4章

推量の助動詞(1)

テキトーにすますと、あとで困る
だから初めにきちんとネ!!

ねらい

「べし」は、推量の助動詞の親分です。
親分をやっつければ、子分はヘナチョコよ。
助動詞の中で、最もイヤな「べし」の６つの訳に挑戦です。
フィーリング訳をやめて、論理的にネ！

推量の助動詞って ゲッ、10コもあるの!?

「イヤだ～!」と思うところが入試に出る!

推量の助動詞は、助動詞の中で一番よく入試に出ます。理由は、①10語もある　②訳が難しい　からです。「エ～!!　面倒くさ～い」と思うでしょうが、「イヤだなぁ」と思うことから順に入試はねらってきます。

高校の試験と大学入試の大きな違いは、ひと言《こと》で言えば、生徒に対して“やさしい”か“いじわる”かということ。高校の先生はなるべくみなさんに点数をあげて無事に卒業してほしいと思っていますが、大学入試の出題者はなるべくみなさんに失敗してもらおうと思って問題を作っています。

たとえば、倍率10倍の大学なら、9割の生徒には失敗してもらわないと選別できませんね。“落とす”ために作るのが入試問題です。ということは、大半の生徒が「イヤだ～！」と思って怠けるところを出すということです。

入試に勝ちたければ、どの科目も「やりたくないナ」と思うところでがんばることです。10語もある推量の助動詞は、みなさんが一番イヤがって「ゲッ！」と吐いてしまう助動詞です。人が怠けることをやって差をつけましょう。

「べし」がわかれば、7コはクリア

さて、推量の助動詞10語とは、「む・らむ・けむ・じ・べし・まじ・らし・めり・まし・むず」ですが、これを1語1語バラバラに覚えるのは、時間ばかりかかって効果がありません。この10語のうち、「べし」が理解できれば、7語はクリアできます。

60～61ページの表を見てください。「む」と「べし」は、「婉曲《えんきょく》」を除くとまったく同じです。「む」は「推量・意志」の頻度が高く、「可能・当然・命令・適当」は文章中に使用例を見ることはまれですが、もともと「む＝べし」なのです。

また、「むず」は「むとす」のつづまったもので、もとをただせば「む」ですね。

つまり、**「む＝むず＝べし」**と理解しましょう。

さて「まじ」は表で見ると、「べし」の打消です。「べし」の訳に「〜ない」をつけ加えるだけです。

次に「じ」を見てください。「む」の中で頻度の高い「推量・意志」の打消です。「らむ」と「けむ」は「む」と時制が違うだけ。「む」がわかれば簡単です。

これで7語まとめて覚えられます。

結局、**「べし」を征服すればよい**とわかりましたね。残る「めり・らし」は訳が1つなので丸暗記。「まし」は第14章で丁寧に取り上げます。

「べし」はテストメィカイ

☑「べし」には6つの意味が

「推量の助動詞」とひと言で言いますが、本当は、「べし」は「推量・意志・可能・当然・命令・適当」の助動詞です。「べし」が出てくるたびに全部の意味を言ったり書いたりするのが大変なので、代表で「推量の助動詞」と言っているだけなのです。そこで、まず、この6つの意味が、すぐに頭の中に並べられるようにならないといけません。文法的な意味と訳を暗記しましょう。訳が2つあるものは、どちらか好きなほうを覚えてください。[約10分]

「べし」 文法的意味と訳

① **推量** …………… 〜だろう・〜にちがいない
② **意志** …………… 〜するつもりだ・〜しよう
③ **可能** …………… 〜できる
④ **当然** …………… 〜するはずだ・〜しなければならない
⑤ **命令** …………… 〜しなさい
⑥ **適当** …………… 〜するのがよい

べし

テ	ス	ト	メィ	カ	イ
適当	推量	当然	命令	可能	意志
～するのがよい。	～だろう。～にちがいない。	～するはずだ。～しなければならない。	～しなさい。	～できる。	～するつもりだ。～しよう。

まじ

打消				
推量	意志	可能	当然	命令適当
～しないだろう。	～しないつもりだ。	～できない。（不可能）	～するはずがない。	～してはいけない。（禁止）

《その他の推量》

らし

推定
～らしい。

めり

推定	婉曲
～（である）ようだ。	

まし

推量	意志	反実仮想
～だろうかな。	～しようかな。	（もし…なら）～だろうに。

推量の助動詞

むず＊ ＝ む（未来（現在も含む））

推量	意志	（仮定）婉曲	可能 当然 命令 適当
～だろう。	～するつもりだ。～しよう。	（もし～するとしたら）そのような 文中の㊡のとき（90%）	～できる。 ～するはずだ。 ～しなさい。 ～するのがよい。 使用頻度は低い

＊「むず」は「むとす」のつづまった形。意味は「む」と同じ。

じ

打消	
推量	意志
～しないだろう。	～しないつもりだ。

らむ（現在）

推量	婉曲
～しているだろう。 ～しているらしい。	～しているような

けむ（過去）

推量	婉曲
～しただろう。 ～したらしい。	～したような

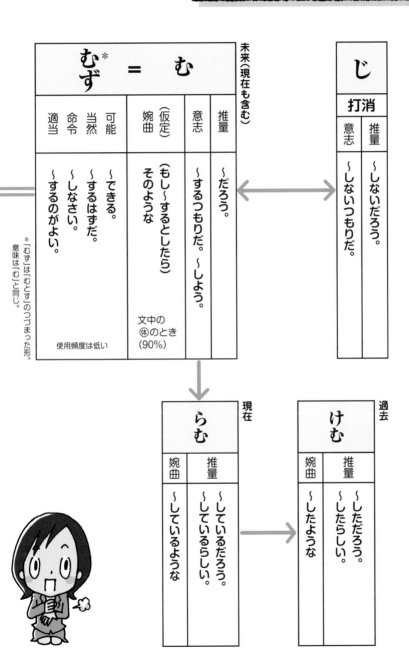

「当然」と「適当」は must と had better

59ページで覚えた「べし」の6つの意味のうち、みなさんにピンとこないのは「当然」と「適当」です。

「当然」とは、**“当たり前”**ということ。つまり、100人の人に聞くと、99人が賛成するようなことです。たとえば「受験生は何をすべきか」と100人に聞けば、99人が「勉強」と言うでしょう。そこで「勉強しなければならない」「勉強するはずだ」という訳をするのです。英語で言う must ですね。

「適当」は「AとBのうち、Aのほうが適切で妥当《だとう》です」という**“比較選択”**で、「〜するのがよい」と訳します。英語で言う had better です。

テストは明解に！

こうして、6つの意味を覚えてしまうことが、まずは第一です。ただ、覚えたつもりでも、うっかり忘れることもあります。5つまで思い出せたのに、あと1つが「え〜と？」となるかもしれません。

そこで、「適当」の“テ”・「推量」の“ス”・「当然」の“ト”・「命令」の“メィ”・「可能」の“カ”・「意志」の“イ”というふうに、それぞれの頭出しの音を並べて**「テストメィカイ」**と覚えましょう。テストで古文解釈ス〜ラスラというイメージです。頭の音が出れば「テ・テ・テ……えっと……適当！」と出てきます。

二重人格で「べし」を征服!?

入試に最も よく出る「べし」

「べし」は、推量の助動詞の中でも最も入試によく出ます。6つもある意味のどの訳を選ぶか、その判断がまた「面倒くさ〜い！」から出るのですね。

でも、本当のことを言うと、厳密な訳し分けはできません。せっかくガンバロウと思っているのに、水を差すようですが、「べし」は「べし」なのです。

えっ！ 何それ？ と思うでしょうが、昔の人は6つの意味を意識して使ってはいません。「べし」は「べし」で1語でした。だから、本当は「〜すべきだ」でよいのです。6つに訳し分けろというのがムチャなのです。

もしも、私が文部科学省のエライお役人なら、まずまっ先に、古文の入試から「べし」の訳し分けをはずします。こんなことを質問するのは愚問《ぐもん》だからです。

つまり、「推量」にも「可能」にも訳せる場合もあるし、「当然」でも「命令」でもいい場合もあるのです。そんな微妙なニュアンスを、1つの訳に限定しろというのがムリな話。文部科学省に向かって「バカ、バカ、バカ……」と言いたいくらいです。

☑ 理屈で割り切っちゃうしかない

それでも、現実に「べし」は入試に出ます。腹が立つけど、しかたがありません。そこで、どうするか。

訳をいちいち1つずつ当てはめると迷うので、入試向きに、理屈で割り切ることにします。訳が文学的に美しいかどうかではなく、理屈に合うか合わないかで決めます。

右向いて、文部科学省に「バカ！」と言いながら、左向いて、きっちり入試に合格する……。この二重人格が「べし」を征服します。

▶もとは1語の「べし」を6つの意味に訳し分けるのは難しい。受験用の理屈に合うかで割り切る。

「べし」の6つの訳の理屈チェック

☑ 最初に「可能」を当てはめる

文章に「べし」が出てきたら、とりあえずは「〜べきだ」とおおざっぱに訳しておいて、周辺の文脈を先に訳し出し、判断材料を集めます。文脈が見えてから訳の区別をするのですが、**最初に「可能（〜できる）」を当てはめて**ください。「可能」は、文脈に合わないときには、「変だナ」と簡単にわかるからです。

ただし、もし「〜できる」と訳して美しく見えても、理屈でチェックすることは忘れないで‼

☑ 大目に見てもらう場合が“許容”

「可能」の訳は、**“能力・許容”**の場合のみＯＫです。“能力”は「英語を話すことができる」など、みなさんにも簡単に理解できます。

“許容”がピンとこないでしょうが、本当はしてはいけないこと、しないほうがよいことを、大目に見てもらう場合です。「この書店は立ち読みができる」「この先生の授業は早弁ができる」などですね。

「可能」は“能力・許容”の文脈かどうかがチェックポイントです。その理屈に当てはまれば「〜できる」と訳してください。

☑ “強い意味”か“弱い意味”か

さて、「可能」がダメだったときは、その「べし」が、文脈上、**“強い意味”**か**“弱い意味”**か、まずは大きく２つに分けます。

会話文なら話している人が、会話以外の文（地《じ》の文）なら作者が、その「べし」を使っているわけですが、話し手や作者がその文を強く主張したがっているか、それほどでもないか……を判断するのです。

たとえば、サボッてばかりいる生徒に「しっかり勉強すべきよ」と私が言えば、これは“強”ですね。予備校講師としては、受験生が勉強するのは第一の大事と考えるからです。逆に、勉強ばかりして青白い顔をしている生徒に「たまには散歩すべきよ」と私が言ったときは、どうでしょう。勉強が第一で、散歩は第二のものですから、「絶対しないといけない」というほどの強制力はありません。「たまには……」という言い方じたい、消極的ですね。「できればしたほうがベター」というだけです。こういうときは“弱”と判断します。

☑「推量・適当」は“弱”、「意志・当然・命令」は“強”

ここで「可能」以外の５つの意味を見てみましょう。

「推量（〜だろう）」「適当（〜するのがよい）」は“弱”ですね。「ぼくは夏から勉強するだろう」は、あくまでも予定で、もしかしたらナマケてしまうかもしれません。「学校へ行ったほうがよいよ」も、「絶対行け」という強さはないですね。文脈上、“弱”と判断した「べし」には、「推量」と「適当」の２つの訳を入れてみてください。「適当」は“**比較選択**”の文脈でしたよ。

逆に“**強**”の場合は、**「意志（〜するつもりだ）」「当然（〜しなければならない）」「命令（〜しなさい）」**です。この中で、みなさんが迷うのは「当然」だけです。

☑「当然」とは“当たり前”のこと

先ほども言ったように、「当然」とは、100 人中 99 人が賛成するようなことです。当たり前の“**常識**”や、みなが認める“**真理**”を表す文脈に当てはめてください。「人をだますべきではない」「受験生は勉強すべきだ」「老人や子どもには親切にすべきだ」などが「当然」ですね。

こうして“弱”“強”の目安をつけたあとに細分化すると、判断ミスも少なく、時間もかかりません。

▶「べし」は、文脈上の意味の強弱を見きわめてから、該当する意味を考えるようにすると判別しやすくなる。

「べし」の訳し分けチャレンジしよう!

フィーリングは当てにならない

さあ、うまくできるかどうか、一緒にやってみましょう。初めに断わっておきますが、慣れるまではかなり根気がいります。もともとムリを承知で強引に割り切ろうというのですから、論理的に詰めていく作業をイヤがってはいけません。

それから、国語力のすぐれた生徒の中には、「こんな面倒なことをしなくてもフィーリングでいけるもんネ」という人がいます。その国語力、そのフィーリングは大切な能力です。でも、フィーリングははずれることもあります。特に入試で緊張しているときは、必ず迷いが生じます。そういう“万一”のために、ふだんから論理的な逃げ道も訓練しておくべきです。

まとめ

「べし」の訳し分け

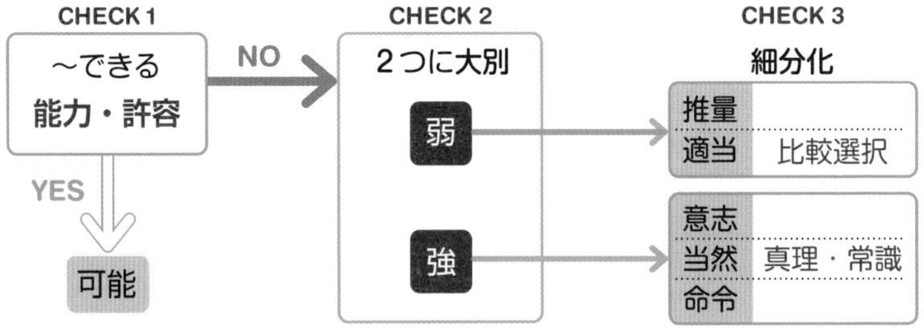

「べし」に集中してください

ここから、中くらいの長さの文章を使って練習します。「べし」以外の訳は、私が助けます。みなさんは「べし」に集中してください。とりあえず、「～べきだ」と訳しておきますから、解説を読む前に自分で挑戦してください。

問題

◎ 次の「べし」の文法的意味を答えなさい。

1 人、窮《きは》まりて盗みす。世治まらずして、凍餒《とうたい》の苦しみあらば、科《とが》の者絶ゆべからず。

（徒然草）

重要単語　とが＝罪・責任

人は、困窮し（困りきっ）て盗みをする。世が治まらなく（政治が悪く）て、もし寒さや飢えの苦しみがあるなら、犯罪者がなくなるべくもない。

自分で考えよう …… 10分

解説

❶「可能」かどうかチェック

「犯罪者がいなくならない」のは“能力”の問題ではない。「寒さ・飢え＝困窮」の結果である。また、「犯罪者がいなくなることを許せない」というのも変。つまり“許容”もおかしい。よって「可能」は×。

❷“強”“弱”を決める

「寒さや飢えの苦しみ」があると、「犯罪者がいなくならない」ケースが多いかどうかで決まる。前文の「人は困ると盗みをするものだ」という一般論を前提に判断すると、「犯罪者がいなくならない」ケースが圧倒的に多いと言いたいのである。よって“強”。

❸「意志」「当然」「命令」を当てはめる

［意］　犯罪者がいなくなるつもりもない

➡ 気持ちの問題ではなく、悪政の結果としてそうなるのだから、×。

［当］　犯罪者がいなくなるはずがない

➡ 「寒さや飢えに苦しむ⇨犯罪者が絶えない」は、だれもが常識的に納得する当然の結果。これが正解。

［命］　犯罪者がなくならないようにしなさい（なくなってはいけない）

➡ そんなバカな！　犯罪者はいないに越したことはない。×。

〈答：当然〉

2 父におはせし人のその年七十五になり給ひし時に、傷*感をうれへ(て)、事*《こと》切《き》れ給ひなむとする~~に~~、医の来たり(て)「独*《どく》参湯《じんとう》を~~なむ~~すすむ[べし]」といふなり。

（折《をり》たく柴《しば》の記《き》）

＊傷感：熱病。　＊事切る：死ぬ。　＊独参湯：煎《せん》じ薬。

父でいらっしゃった人が、その年、75 歳になりなさったときに、熱病を患《わずら》って、今にも死になさろうとするときに、医者が来て（医者が）「独参湯という薬を飲ます[べきだ]」と言うのであった。

自分で考えよう …… 10 分

解説

❶「可能」かどうかチェック

「薬を飲ますことができる」は変。医者が自分の“能力”を自慢していることになる。もちろん、悪いことを大目に見る“許容”では絶対にない。「可能」は×。

❷“強”“弱”を決める

医者がどの薬が効くかを診断するときに“弱々しい”発言はおかしい。この薬と判断したのだから“強”。

❸「意志」「当然」「命令」を当てはめる

［意］ この薬を飲ませるつもりだ

➡ 医者の気持ち(主観)ではなく、客観的診断なので、×。

［当］ この薬を飲ませるはずだ

➡ 100 人中 99 人が「そうだ」と言うような一般的真理ではない。プロである医者にしかわからないので、×。

［命］ この薬を飲ませなさい

➡ 病人の子であり、看病している作者に命じて、瀕死《ひんし》の父に飲ませるよう指示しているのである。これが正解。

〈答：命令〉

3 *大斎院《だいさいゐん》より*上東門院《じゃうとうもんゐん》「つれづれ慰みぬ[べき]物語(や)さぶらふ」と尋ね参らせ給へりけるに、*紫式部を召し(て)「何を(か)参らす[べき]」と仰せられけり。

（無名草子）

＊大斎院・上東門院：両方とも位の高い女性。上東門院は中宮《ちゅうぐう》・藤原彰子《しょうし》。
＊紫式部：『源氏物語』の作者。天皇の妻である中宮・彰子に仕《つか》えた女房の１人。

重要単語　つれづれ（なり）＝退屈（だ）

大斎院から上東門院へ「退屈を慰める [A べき] 物語はありますか」と尋ね申し上げなさったので、（きかれた上東門院は）紫式部をお呼びになって「何をさし上げる [B べき] か」とおっしゃった。

自分で考えよう …… 15 分

解説

A❶「可能」かどうかチェック

「退屈を慰めることのできる物語」となる。物語の“能力”とは、言い換えれば、その物語を書いた作者の“能力・力量”のこと。「退屈さを慰める（文才のある作者の）物語」と考えれば○。

㊂「適当」にした人がいるかもしれないが、「退屈を慰めるのがよい物語」は日本語として変。「推量」の「慰めるだろう物語」も美しい訳ではない。

B❶「可能」かどうかチェック

「何をさし上げることができるか」と紫式部の“能力”を尋ねていることになるが、もともと依頼者・大斎院は、紫式部を指名したのではなく、上東門院に「物語はあるか」と言ったのである。本来なら上東門院が答えるべきところ、思いつかなかったので、紫式部にいい本があるか相談を持ちかけたのである。「おまえはできるか」はおかしい。「可能」は×。

❷“強”“弱”を決める

「何をさし上げるべき」かよくわからないので尋ねている場面。上東門院は自分の判断に自信がないのだから“弱”。

❸「推量」「適当」を当てはめる

［推］何をさし上げるのだろうか

➡「さし上げる」主語は、上東門院自身。「私は何をさし上げるのだろうか」という質問はおかしい。「ここはどこ？　私はだれ？」のタリラリランの世界になるよ。

［適］何をさし上げるのがよいか

➡いろいろある物語の中で、どれが一番よいか迷うから、文学に詳しい紫式部に尋ねているのである。よりよい物語を比較して選択する文脈。これが正解。

〈答：A可能　B適当〉

あなたの疑問に答えます

ドリルより教科書が最適

「べし」のレッスンはどうでしたか。なかなか大変でしたが、よくがんばりましたね。自分でスイスイできるようになるには、まだまだです。でも、考える目安ができましたね。早いうちにこういうテクニックを知っておくと、これから先も、「べし」を見つけるたびに練習しようという意識が生まれます。受験直前まで訓練しましょう。別冊「早わかりチャート」を片手に、たくさんの「べし」にチャレンジしてネ！

ドリル形式の問題集での練習は、私は勧めません。「べし」は結局は文脈判断なので、ドリルの短文ではよくわからないからです。

むしろ、高校の読解の教科書で、復習のときにこだわることを勧めます。周辺の訳やストーリーは先生が説明してくださっているでしょうから、「べし」だけに集中してみてください。選んだ答が正しいかどうかは、ガイドブックや授業時の先生の訳を見て確認するのです。

「まじ」「じ」も「べし」の手順が使える

さて、「べし＝む＝むず」ですから、これで３語ができました。また、「まじ」は「～べきではない」と打消を加え、あとは「べし」と同じ手順で考えます。「じ」も、「打消推量・打消意志」の区別は、文脈の“強・弱”で決定です。合計５語ができるようになったのですよ。これらは、次の第５章で長文で確認します。

受験生は「む＝べしの6つ+婉曲 」と覚えよう

ところで、みなさんの持っている文法書には、「む」は「推量・意志・婉曲《えんきょく》」しかないかもしれません。それは、文章中に見られる頻度の高いものだけが書いてあるからなのです。高１・２生のうちはその３つでもかまいませんが、受験生はやはり「べしの６つ＋《プラス》婉曲」と覚えておくべきです。

入試問題は落とすために作られると言いました。「頻度が低いから、まあいいや」と油断して手を抜いたものが出るのです。とりあえず、頻度の高い「推量・意志」で迫ってみて、ダメだったら「可能・適当・当然・命令」の可能性を、「べし」と同じ手順で改めて考えましょう。「む」については、第５章で丁寧に説明します。安心して待っていてください。

ほとんどの大学の選択肢は6つだけ

もう１つ、今の段階で、みなさんの胸にひっかかっているモヤモヤに答えます。古文が好きで文法をちょっとかじっている人に言います。もしかしたら、みなさんの持っている文法書の「べし」には、私の教えた６つの訳以外にたくさんの意味が載っているかもしれません。「義務・運命・予定・勧誘」などです。

最初に言いましたが、「べし」は「べし」で１語であって、もともと細かく分けることじたいがおかしいのです。つまり、いくつに分けなければならないという規則はなく、細かく分けたがる先生は10くらいの訳に分類します。でも、私は６つの訳を主張します。

理由は２つ。１つは、大学のほとんどが選択肢をこの６つにしているから。もう１つの理由は、少ないほうがラクだから。単純明快でしょ⁉　安心してもらうために詳しく説明します。

「義務」とは「当然しなければならない」こと、つまり「当然」の中に入ります。「運命」も、神がこうと決めて動かせない「そうなるはず」の真理だから、「当然」でよいのです。「予定」は「～だろう」で「推量」。「勧誘」は「こうするのがいいよ」と勧めるのだから、「適当」に含まれます。ごくまれですが、万一このように細かい選択肢が出ても、その場で置き換えるのは難しくありません。

▶「む」「むず」は「べし」と同じ手順で意味を見つける。また「まじ」は「べし」に「～ない」をつけるだけ。

この章の重要単語 ❹

記号説明

★★★★ …… 最重要語
★★★ ……… 設問によく出る語
★★ ………… 読解上必要であり、設問にもときどき出る語
★ …………… 覚えられたら覚えてほしい語
◆ …………… 敬語
番号 ……『マドンナ古文単語 230』の見出し番号。´《ダッシュ》つきは関連語

番号	出題頻度	単語と現代語訳
215	★	**とが**［咎・科］ ＝ 罪・責任
91	★★★★	**つれづれなり**［徒然なり］ ＝ ①長く続く ②所在《しょざい》ない・手持ち無沙汰《ぶさた》だ・退屈だ

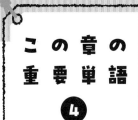

第5章

推量の助動詞(2)

バラバラに覚えるより、
まとめて一気にやるのがコツ!

ねらい

前章の「べし」を応用して、
ほかの「推量の助動詞」を学びましょう。
「べし」に出てこなかったのは、「婉曲」だけ。
これをマスターしたら長文で総合演習です。がんばってね。

「婉曲」ってなぁに？

エンキョクは、ボカした表現

ワンキョクと読まないでね。エンキョクです。ピンとこない言葉、ふだんあまり使わない言葉ですね。ストレートに言わず、ちょっと遠まわしな言い方、柔らかい表現を**「婉曲《えんきょく》」**といいます。訳は簡単、**「〜ような」**と訳します。

「ぼくはあなたのような人が好きだ」などと言いますね。「あなたが好き！」とハッキリ言うと、相手が身構えて「イヤよ」と言うかもしれない。「あなたのような」とボカせば、「あなたのタイプ」ということで、少し範囲が広くなり、柔らかい迫り方になるでしょう？　これが「婉曲」というわけなのです。

連体形の「む」を見抜けるかがポイント

古文では「む・らむ・けむ・めり」に「婉曲」の用法があります。このうち、「む・らむ・けむ」の３語は、もともと「む」の音が共通しているとおり、同じ使い方をします。違うのは時制だけ。時制はあとで丁寧に説明します。

とりあえず、３語の代表として「む」を使って説明しましょう。

「む」を「婉曲」で使うのは、ほとんどが連体形のときです。文脈を考えるより、［**連体形の「む」＝婉曲**］と丸暗記し、形で判断したほうがよいと思います。

問題は、みなさんが、文章中の「む」の形を判断できるかどうかです。連体形であることを判断するには、本当はすべての文法事項が頭に入っていないといけません。が、今はそんな理想論をブッてる暇はありませんので、100％確実ではないけれど、おおざっぱな連体形「む」の見抜き方を教えましょう。

文中の「む」はほとんどが「婉曲」

「む」という音は終止形と連体形に出てきます。文末、つまり句点（。）やカギカッコ閉じ（」）の直前は終止形ですから、［連体形の「む」＝婉曲］の用法は文末にはありえません。

▶連体形の「む」はほとんど「婉曲」。文中に多い。訳はただ「〜ような（こと・とき）」とすればよい。

まれに、文末が連体形になる特殊な用法もありますが、文末の「む」が「婉曲」で使われることはありません。

逆に言うと、**文中の「む」はほとんどが連体形で「婉曲」**です。特に、直後に「名詞」（古典文法では「体言《たいげん》」という）があるときは、絶対に連体形です。もともと、連体形とは“体言に連なる形”（体言に続いていく形）という意味だからです。“体言の直前は連体形”と覚えます。

また、「を・に・が・は・も」の直前の「む」も、大半が連体形です。こうして、文中の「む」、特に**「体言」の直前や「を・に・が・は・も」の直前の「む」**を見つけたら「〜ような」と訳してください。例をあげます。

❶花咲か▼む[婉]時には、帰り給《たま》へ。　（更級日記）

（花が咲くような時には、帰ってきてください）

↳「時」という体言の直前の「む」は連体形。よって「婉曲」。

❷二人して打た▼む[婉]には生きなむや。　（枕草子）

（二人で打ちたたくような場合には、生きているだろうか、いやきっと生きてはいない）

↳「に」の直前の「む」は連体形。よって「婉曲」。

84ページの問題文中の▼印の「む(ん)」は「婉曲」です。ページをめくって、その箇所だけ確認してください。

さて、ここで、訳のちょっとした注意です。上の❶のように、直後が体言（名詞）のときは、「ような」だけでいいのですが、❷のように体言に続かない場合は、「ような」だけでは言葉足らずになります。そこで「ようなこと」「ようなとき（場合）」など少し工夫して訳を整えます。

まとめ

婉曲の「む」

連体形の「む」 ➡ 婉曲（〜ような）

❶ **文中** に多い（文末はない）

❷ **体言の直前**

❸ **「を・に・が・は・も」の直前**

「〜ような」と訳すだけで点がもらえる

ところで、ちょっと気になることがあります。みなさんの持っている文法書には「仮定婉曲」という文法用語が使われているかもしれません。これは、私が今説明したものと同じもの、同じ用法です。厳密には「もし〜なら、そのような（こと・とき）」と訳すのですが、あまりに長いので、これを省略して「ような」と訳し、面倒なので俗に「婉曲」としているだけのことです。本当は「仮定婉曲」というのが正式なのですが、多くの入試問題は「婉曲」ですませています。

また、「訳せ」と言われたときも、「ような」だけで点数がもらえますから大丈夫。77ページの例文で言うと、厳密な訳は「❶もし花が咲いたならそのようなとき」「❷もし二人で打ちたたいたならそのようなとき」となります。でも、たった1文字の小さな語ですから、「〜ような」だけで十分です。

「む」を無視しないでね

もう1つ、気になることがあります。多くの注釈書《ちゅうしゃくしょ》（訳本）やガイドの訳には、この「婉曲」の「む」が訳されていない場合があります。例文で言うと、「❶花が咲くとき」「❷二人で打ちたたくとき」というふうに、「む」を完全に無視していることが多いのです。

これは、訳しても訳さなくても文学的な意味においてはたいした影響がないからなのですが、入試には「婉曲」は出ますから、受験生はきちんと訳す習慣をつけてください。

▶「めり」は「婉曲」「推定」ともに、また活用形にかかわらず、「〜ような・〜ようだ」と訳す。

「めり」はいつでも同じ訳

ところで、「婉曲」の助動詞には、「む・らむ・けむ」のほかに「めり」もあると言いましたね。じつは、「めり」にはほかに「推定」の意味もあるのですが、訳は同じ。だから、「婉曲」でも「推定」でも、活用形が何であろうと関係なく、**「めり」は「〜ような・〜ようだ」**と訳してください。

仲よし親子「む・らむ・けむ」

時制の違いを意識して！

「む・らむ・けむ」は「ム音」が共通しているように、血のつながった親子です。父親が「む」で「らむ・けむ」は母親違いの兄弟。「らし（〜らしい）」を母に持つのが「らむ」で、「けり（〜した）」を母に持つのが「けむ」です。

つまり「らむ＝らし＋む」「けむ＝けり＋む」なのです。そこで、「らむ」は「今ごろ〜しているだろう」と訳す「現在推量」、「けむ」は「〜しただろう」と訳す「過去推量」。お母さんの違いを受け継いでいるので、**“現在”“過去”の時制を意識**してください。

さて、お父さんの「む」が**[連体形＝婉曲]**であるのと同じく、兄弟「らむ・けむ」も、連体形のときは「婉曲」の訳をします。「らむ」は「現在婉曲」で「〜しているような」、「けむ」は「過去婉曲」で「〜したような」と訳してください。「らむ・けむ」には**「推量」「婉曲」の２用法**しかありません。

7つの意味を持つ助動詞「む」

さて、お父さんの「む」は、前章で言ったように、もともとは多くの意味用法を持っています。子どもである「らむ・けむ」よりも、やっぱり“父は偉大”なのですよ。

第4章のおさらいとして、もう一度まとめておくと、[む＝むず＝べし]でしたね。「推量・意志・可能・当然・命令・適当」という6つの意味があるのでした。テストメィカイと覚えるのでしたね。

これに、今勉強した「婉曲」が加わり、「む」は合計7つの意味を持つマルチ助動詞です。英語の may・will・can・shall・must などの助動詞の全部を、古文では「む」や「べし」の1語ですませたのですから、日本人てよく言えば頭が柔らか、悪く言えば曖昧《あいまい》のごまかし屋。国民性は今も昔も変わらないですね。

古文の難しい大学では特例のほうが出る！

第4章にも書いたけれど、「む」は「推量・意志」と「婉曲」が圧倒的に多いので、「べし」ほど神経質に総チェックしなくてもかまいません。[連体形＝婉曲]は形ですぐに判断できるし、それ以外のときは「推量」か「意志」かをまっ先に確かめてください。

その3つの意味がどうしても文脈上おかしいときに、残る「可能・当然・命令・適当」もあったナ……と思い出せればよいのです。

もしも、早稲田大・上智大・青山学院大・立教大・立命館大・関西学院大・京都産業大・東京大・京都大・お茶の水女子大など、特に古文が難しい超難関大学を志望するなら、この頻度の少ない特例のほうが設問にあがってきます。2年生までは「推量・意志・婉曲」の訓練だけで十分ですが、受験生は特例も今から意識してください。どのみち、「べし」ができれば、「む」もできますからね。

打消の「ず」と勘違いしないで！

ちょっと難しいほうへ話が進んだので、話を戻しましょう。

[む＝むず＝べし]の「むず」のことを説明します。この「むず」は「む」と双《ふた》子《ご》だと思ってください。これも第4章でチラッと書きましたが、「むず」はも

▶「む」の意味は「適当・推量・当然・命令・可能・意志（=テストメイカイ）」の6つに「婉曲」が加わり7つ。

とは「むとす」でした。「～とす」は「～とする」という意味ですが、ほとんどたいした影響のない言葉です。「大学に行こう」も「行こうとする」もあまり違いはないですね。だから［**む＝むず**］と簡略化しましょう。

気をつけてほしいのは、「むず」を「む」に打消の「ず」がくっついたものと勘違いしないでほしいということです。「むとす」がなまって「むず」になっただけ。打消の「ず」では絶対にありません。ムズムズっというカユそうな音は、まとめて○で囲んで、横に「＝《イコール》む」と書くクセをつけてください。

「むず」も、**連体形「むずる」**の場合は、同じように**「婉曲」**になります。

まとめ

「む・らむ・けむ」の時制

❶ **む ＝ むず** ＝ べし　（注）「むず」は、打消の「ず」ではない。

➡ **6つ*の意味 ＋ 婉曲**

＊ただし「推量・意志」が圧倒的に多い。

❷ **らむ** ➡ 1. **現在推量**（～しているだろう）

2. **現在婉曲**（～しているような）

❸ **けむ** ➡ 1. **過去推量**（～しただろう）

2. **過去婉曲**（～したような）

注「む・むず・らむ・けむ」ともに、**「婉曲」は文中の連体形**の場合である

じ⇔む
まじ⇔べし

用法は２つだけ！

「じ・まじ」は、「む・べし」のそれぞれに「打消（〜ない）」をつけ加えるだけです。ただ、**「じ」は99.9%「打消推量・打消意志」の２用法**ですので、「婉曲」もその他のいろいろの意味も意識する必要はありません。「打消推量（〜しないだろう）」と「打消意志（〜しないつもりだ）」を覚えておけば十分です。文脈に２つを当てはめて判断してください。

たとえば「花咲かじ」は「打消推量」です。花に意志はないからね。「我、食はじ」は人物が主語なので、前後の文脈を見ないとわかりません。ダイエット中の人なら強い決心なので「打消意志」、「時間がないからたぶん昼メシ抜きになるなあ」と予測しているだけなら、確定的ではないので「打消推量」です。

１つにまとめて「禁止」に分類

「まじ」は「べし」の６つの意味の打消と覚えます。「打消推量・打消意志・不可能・打消当然・禁止」ですね。

エッ！「べし」は６つなのに、「まじ」は５つ!? 計算が合わな〜い!! と思うかもしれませんが、「打消命令（〜してはいけない）」と「打消適当（〜しないのがよい）」を１つにまとめて「禁止」に分類するからです。「べし」と同じ要領で、初めに「不可能」を当てはめ、その後、文脈の“強”“弱”で決めましょう。

これで推量の助動詞のほとんどが終わりました。改めて第４章の60〜61ページの一覧表を見ると、よくわかりますよ。もう一度すべての推量を表で確認しておいてくださいね。結局、「べし」ができれば全部ＯＫです。

さて、第４章の一覧表の《その他の推量》「めり・らし・まし」のうち、「めり」「らし」は話のついでに出てきました。「めり」は「〜ような・〜ようだ」と訳し、「らし」はその音のとおり「〜らしい」と訳してください。

「まし」については、第14章でゆっくりタップリ説明します。

☑「ん」にビックリしないでね

推量の助動詞は、たくさんあって大変です。１語１語がじょうずに訳せるようになるには、やっぱり時間がかかります。だからこそ、早いうちに教えたのですよ。受験直前までくり返し練習し続けてください。バラバラに覚えるより体系的に理解したほうがよいので、一気に教えてしまいましたが、つまずいては説明をもう一度読み……というふうに、根気強くがんばって‼

さて、最後にもう１つだけ、簡単な注意をします。「む・らむ・けむ・むず」に含まれる**「む」の音は「ん」と表記する**こともあります。つまり「ん・らん・けん・んず」と書かれていることがあるのです。でも、まったく同じものですからビックリしないでね。

まとめ

「じ・まじ」は「む・べし」の打消

❶ **じ** ⟷ む	1. **打消推量**	（～しないだろう）
	2. **打消意志**	（～しないつもりだ）
❷ **まじ** ⟷ べし	1. **打消推量**	（～しないだろう）
	2. **打消意志**	（～しないつもりだ）
	3. **不可能**	（～できない）
	4. **打消当然**	（～するはずがない）
	5. **禁止**	（～してはいけない）

さあ、総合演習です。特に「べし」のたくさん出てくる文章を選びましたよ。頭を使う苦しいレッスンなので、少し短めの文章にしています。ゆっくり考えてください。間違ってもメゲないこと。今日のところは解説が理解できればよしとしましょう。１週間後に、自力でできるかもう一度やってみてください。

なお、［連体形＝婉曲］の「む」は、▼印で表記して助けておきました。確認だけしてください。そしてエネルギーは□印に集中します。レッスンです！

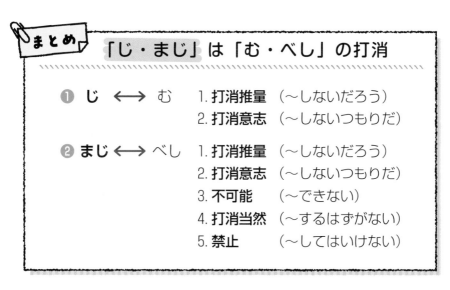

第5章

問題文

STEP 1 初めに太字・細字や記号を気にせず、全文を読んでみてください。[5分]

STEP 2 次に、太字だけを拾って読んでみてください。右ページのヒントを見てもかまいません。
①〜⑨□の訳し分けに特に力を注いでください。[20 分]
＊▼は「婉曲」（文中の連体形）です。

STEP 3 86 ～ 87 ページの解説を読みながら、 1文ずつ丁寧にチェックしましょう。[Free Time]

記号説明

- 人物、（S）……… 主語
- ㋢ ………… 前後同主語
- ………… 重要単語
- //…………… 文を切る
- ▲ …………… 打消（～ない）

或者《あるもの》、子を法師に成して、「学問して因果《いんぐわ》の理《ことわり》をも知り、説教《せっきゃう》などして世わたるたづきともせよ」と言ひければ、教《をしへ》のままに、説法師にならん①ために、先《ま》ず馬に乗りならひけり。「輿《こし》・車は持たぬ身の、導師《だうし》に請《しやう》ぜられん時、馬など迎へにおこせたらんに、桃尻《ももじり》にて落ちなんは、心《こころ》憂《う》かるべし②」と思ひけり。次に、「仏事ののち、酒などすすむる事あらんに、法師の無下《むげ》に能なきは、檀那《だんな》すさまじく思ふべし③」とて、早歌《さうか》といふことを習ひけり。二つのわざ、やうやう境《さかひ》に入りければ、いよいよよくしたく覚《おぼ》えて嗜《たしな》みけるほどに、説教習ふべき④隙《ひま》なくて、年寄《よ》りにけり。〔中略〕

（人は）若き程《ほど》は、諸事《しょじ》につけて、「身を立て、大きなる道をも成《じょう》じ、能をもつき、学問をもせん⑤」と、行末《ゆくすゑ》久しくあらます事ども心にはかけながら、世を長閑《のどか》に思ひてうち怠《おこた》りつつ、まづさしあたりたる目の前の事にのみまぎれて月日《つきひ》を送れば、ことごと成《な》す事なくして、身は老いぬ。〔中略〕

されば、一生のうち、むねとあらまほしからん事の中に、いづれかまさるとよく思ひくらべて、第一の事を案じ定めて、その外《ほか》は思ひ捨てて、一事をはげむ べし⑥ 。一日《いちにち》のうち、一時《いちじ》のうちにも、あまたのこと来《きた》らん[婉]中に、少しも益《やく》のまさらん[婉]事を営《いとな》みて、その外《ほか》をばうち捨てて、大事を急ぐ べき⑦ なり。「何方《いづかた》をも捨て じ⑧ 」と心に執《と》り持ちては、一事《いちじ》も成《な》る べから⑨ ず。

（徒然草　第188段）

＊因果の理：因果応報《いんがおうほう》の道理。善の原因には善の結果、悪の原因には悪の結果があるとする仏法の真理。
＊導師：民衆を仏に導く者。法事・供養《くよう》などのときの主僧になる。「導師に請ぜらる」とは「主僧として招かれる」こと。　＊桃尻：馬に乗るのがへたで、尻の座《すわ》りの悪いこと。　＊檀那：僧のために衣食などの施《ほどこ》しを与える信者。この場合は、仏事を行う家の主人のこと。　＊早歌：鎌倉時代に流行した歌謡。

ヒント

1 単 理《ことわり》＝道理（真理）

2 親（或者）の教えどおりに説教師になろうとした子は、この先、２つのことを始める。まずはL.3「馬」を、次にL.6「早歌（歌謡）」を習うのだ。

4 単 おこす＝よこす
単 憂《う》し＝つらい

6 単 無下《むげ》なり＝ひどい
単 すさまじ＝ぞっとする・興《きょう》覚《ざ》めだ

7 「二つのわざ」とは、乗馬と歌謡のこと。
単 やうやう＝だんだん

9 「身を立つ」は「立身出世」。それと並んだ「成《じょう》ず」は「成功」とわかる。

10 単 行末《ゆくすゑ》＝将来
「将来を気にかけ」ている。

13 「あらまほしからん事」とは「こうあってほしいと思うようなこと」「したいと思うこと」の意。
単 むね＝中心

14 「第一の事」とは、文脈から、「一番大事なこと」。L.15・16・17の「一事・大事」も同じ。
「案ず」は「思案する」。

15 単 あまた＝たくさん

17 「心に執《と》り持つ」は「執着心を持つ」こと。

問題文 現代語訳＋解説

推量の助動詞の訳し分けに集中しましょう。「べし」の訳し分け（66ページまとめ参照）を基本に、論理的な解法を身につけてください。（左端の数字は行数です）

1 ある人(＝親)が子を法師にして、「仏教の勉強をして因果の道理を知り、教えを説《と》
2 いて世渡り(＝生活)しなさい」と言った。子は、親の教えのとおりにする。
3 「説教師になる＋①ん」 ⇒一生の仕事を決める“強い気持ち”だから「意志」。
「説教師になろう」ということ。
そのために初めにしたことは「乗馬」の練習。「車のない私が、もし導師とし
4 て招かれたようなときに、馬など迎えによこしたようなときに、ずり落ちるこ
5 とがあるようなのはつらい＋②べし」と思った。 ⇒「可能」は×。僧になるのに「乗馬」を始める動機の説明だが、▼印の「仮定婉曲」を連発しているように、「馬をよこす・ずり落ちる」などは「もしそんなことになったら」という想像にすぎない。だから「つらい」も想像しているだけ。②は“弱”で「推量」。「つらいだろう」の意。
6 次に「歌謡」を習い始める。動機は「仏事ののちに、酒宴がもしあったらそのようなときに、法師のひどく芸のないのは、主人がしらけてぞっとする＋③べし」と言う。 ⇒これも上と同じく、想像して心配しているだけなので、「推量」。「ぞっとするだろう」。
7 だんだんうまくなってきた「乗馬」と「歌謡」。僧にとってどうでもよいこれらの第二義的なことを「もっとよくしたい」と思う。
8 結果、「説教を習う＋④べき時間」がなくて年をとってしまった。 ⇒「説教を習う時間」があるかないかは、“能力･許容”ではないので、「可能」は×。僧にとって一番大切な本業「説教を習う」に「べし」がついているのだから“強”。「命令」は×。この僧の「意志」は「乗馬」「歌謡」に向いているので、これも×。「当然」が正解。僧として当然すべきことをする時間がないのだ。
9 若いときは「出世や成功、才能を磨《みが》き、学問をもする＋⑤ん」と将来を気にか

10 ける。 ⇒将来の夢や希望なのだから、⑤は「意志」。
11 「立派になろう」という夢とは逆に、現実は、「目前のことに忙しくて、成し
12 遂げられずに年を取る」。「本末転倒《ほんまつてんとう》だ！」と作者は言いたい。
13 「一生のうち、中心的にしたいと思うようなことの中で、どれが一番大事かと
14 よく比べて、考え決定して、それ以外は捨てて、一番大事なことを励《はげ》む＋⑥べ
15 し」。 ⇒「可能」は×。「大事なことをする」のだから、絶対に“強”。「意
志」だと、作者１人が「ガンバリたい」と思っていることになるので×。「ガ
ンバレ！」という“命令”も悪くはないが、作者が、私たち不特定多数の読
者に向かって命令口調で強制はできないので×。正解は「当然（〜しなけれ
ばならない)」。ほかのことを捨てて、肝心《かんじん》の大切なことをするのは、だれも
が賛成する、当たり前の“真理・常識”である。
「一日のうち、一時の間にも、たくさんのことがやってくるような中で、少し
16 でも利益になるようなことをし、それ以外を捨てて、大事なことを急いでする
17 ＋⑦べきだ」。 ⇒上と同じ主張のくり返しなので、同様の思考手順で「当然」。
「どれも捨てない」の「⑧じ」。 ⇒直後に「執着心」という“強い”語があるの
で⑧は「打消意志」。「どれも捨てたくない」と執着する。結果、どうなるのか。
「一番大切なことを成し遂げ＋⑨べし＋ない」のである。この「べし」は難し
い。 ⇒まず「可能」は「成し遂げることができない」となって、訳は美し
いのだが、理屈チェックしよう。物事の優先順位の話で、“能力”がないので
はない。また「成し遂げる」はよいことなので、“許容”されないも変。よっ
て受験生の答としては「可能」は×。14 〜 17 行目の「ほかのすべてを捨て
て一事・大事をしなければならない（⑥⑦当然)」と同じことを、裏返しの表
現にしただけだから、⑨も「当然」。「(逆に) ほかのすべてを捨てなければ、
一事もなるはずがない」。

〈84 〜 85 ページの問題の答〉
①意志　②③推量　④当然　⑤意志　⑥⑦当然　⑧打消意志　⑨当然

この章の重要単語 5

記号説明

★★★★ …… 最重要語
★★★ ……… 設問によく出る語
★★ ……… 読解上必要であり、設問にもときどき出る語
★ ………… 覚えられたら覚えてほしい語
◆ ………… 敬語
番号 ……『マドンナ古文単語 230』の見出し番号。′《ダッシュ》つきは関連語

番号	出題頻度	単語と現代語訳		
4	★★★	**ことわり**［理］	＝	道理
172	★★	**おこす**［遣す］	＝	よこす
3	★★★	**うし**［憂し］	＝	つらい
50	★★	**むげなり**［無下なり］	＝	ひどい
53	★★	**すさまじ**［凄じ］	＝	ぞっとする
86	★★	**やうやう**［①漸う　②様様］	＝	①だんだん　②さまざま
148	★	**ゆくすゑ**［行く末］	＝	将来・これから
191	★★	**むね**	＝	中心
20	★★	**あまた**	＝	たくさん

第6章

確述用法と「なむ」の識別

ここからステップアップ
頻出度No.1に挑戦しよう!!

ねらい

読むためにも、文法問題を解くためにも、
知っておくと絶対にお得！
確述用法と、４つの「なむ」の識別を学びましょう。
すぐに得点につながる入試頻出の文法です。

完了「つ・ぬ」の大変身

推量の助動詞とくっつくと、完了は消える

ナヨナヨ・メソメソした女の子が、恋をして自信を持つと、きらきら輝くハツラツ少女に生まれ変わったりすることがありますよね。「ホントに彼女？」と思わず目を見張るほど、表情も洋服も明るく魅力的になる。恋の力は偉大です。

完了の助動詞「つ・ぬ」は、ちょうど恋する少女のように、推量の助動詞とくっつくと大変身を遂《と》げます。

完了とは、“動作が完了した”ということですから、「～した・～してしまう・～してしまった」と訳すのがふつうなのですが、**推量の助動詞とセット**になると**完了の意味が消えて強意の意味に変わる**のです。

「きっと」か「必ず」を当てはめる

強意の訳は、本来は、場面や文脈に応じて考え出すのがよいのですが、時間と闘う受験生には酷《こく》ですから、**「きっと～・必ず～」**という訳を当てはめておきましょう。

たとえば、完了「つ」に現在推量の「らむ」がくっついて、「花咲きつらむ」となると、この「つ」は強意で、「きっと花が咲いているだろう」と訳すのです。「きっと・必ず」という訳は、日本語としておかしくならなければ、１文のどこに入れてもかまいません。「花がきっと……」でも「きっと花が……」でもＯＫです。自分で訳すときは、こうして入れやすいところへ、「きっと」か「必ず」をはめ込んでください。

確述とは「確信して述べる」こと

［完了＋推量］は完了が消えて強意に変わる――これを文法的には**確述《かくじゅつ》用法**といいます。

「確述」とは、その字のとおり「確信して述べる」ということです。「きっと花が

▶完了の助動詞「つ・ぬ」は、直後に「らむ・べし」などの推量の助動詞がつくと「強意」の意味を持つ。

咲く……」は、「花が咲く」ことを99.9％間違いなしと信じて言っているのですね。「きっと・必ず」は、99.9％の確信を示す言葉ですから、「確述用法」という文法用語も簡単に納得できると思います。

☑ 入試によく出る8つは丸暗記！

ところで、完了を強意に変えてしまう「推量の助動詞」は、第4・5章で学んだように、10語もあります。「つ・ぬ」と掛け合わせると、理論上は20組もの確述用法の組み合わせができることになります。

実際の用例は20組もありませんが、それでも、かなりの数であることは間違いありません。ひらがな2文字3文字の組み合わせに神経を使っていちいち品詞分解するのも面倒ですから、多くの組み合わせの中でも、特に入試によく出る8つは丸暗記することを勧めます。

下の表の点線から上が、完了の「つ・ぬ」が活用したもの、点線から下が推量です。「てむ・なむ・つらむ・ぬらむ・つべし・ぬべし・てまし・なまし」と、何度も声に出して耳から覚えてください。「なむ」だけは直前が“連用形”と注意事項を書いていますが、これはあとで説明します。

丸暗記

入試によく出る8つの確述

＊「なむ」は直前が㊐のときのみ

て	㊐＊ な	つ	ぬ	つ	ぬ	て	な
む	む	らむ	らむ	べし	べし	まし	まし

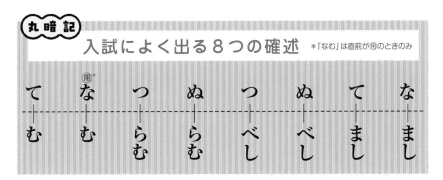

とりあえず置き換えて、あとでゆっくり文脈判断

さて、ここで注意が1つ。推量の助動詞は、すでに学んだように多くの意味を持っています。代表で「推量」と言っているのであって、「べし」などは6つも意味があるのでしたね。この「確述用法」の「推量」も一括《いっかつ》して言っているだけで、実際は、文脈により「意志」だったり「命令」だったりするのですよ。

一度に何もかも考えるのが大変なので、とりあえず［完了＋推量］を見つけたら、まずは［~~完了~~→強意］と置き換えます。そのあと、ゆっくりと推量の助動詞の文脈上の意味を判断してください。また、「む」は「ん」と表記されることもあります（83ページ参照）。見落とさないようにね。

まとめ

確述用法

~~完了~~ ＋ 推量

↓　　　　↓

強意（きっと 必ず）＋ 文脈判断

暗記

(用)＋
てむ
なむ
つらむ
ぬらむ
つべし
ぬべし
てまし
なまし

短文でレッスンよ！

機械的にチェック！

次ページに2つの短文をあげますから、確述用法を確認してください。

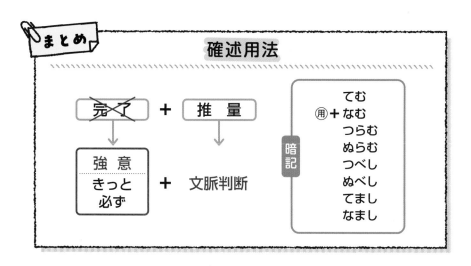

［完了＋推量］を見つけたら、機械的に「きっと・必ず」と訳すだけですから、練習というほどのこともありません。

推量の助動詞の文脈判断は、第４・５章のとおりです。今回は、思考過程までは書けませんので、自分で考えたあと訳を確認してください。

❶ 亭子《ていじ》の帝《みかど》、石山につねにまうでたまひけり。国の司《つかさ》、「民疲れ、国ほろびぬべし」となむわぶる。 （大和物語）

＊石山：石山寺のこと。滋賀県大津市石山にある。　＊国の司：地方国の長官。国守《くにのかみ》ともいう。この場合は近江《あふみ》の国（現在の滋賀県）の国守。

重要単語　わぶ＝つらい・困る　「わぶる」は連体形。

（亭子の天皇が、石山寺にしょっちゅう参詣なさった。国司は「国民が疲れ、きっと国が滅びるだろう」と困っている）

❷ その人（家族の多い人）の心に成りて思へば、まことに、かなしからん親のため、妻子のためには、恥も忘れ、盗みもしつべき事なり。 （徒然草）

重要単語　かなし＝愛《いと》しい

（家族の多い人の心になって考えると、本当に、愛しいような親のため、妻子のためには、恥も忘れて、きっと盗みもしようとすることである）

へェ～！とびっくり平安時代

天皇が公式にどこかへお出かけになると決まると、その近辺の沿道に花を植えたり、休憩所を設けたり、整備してお迎えするのが礼儀でした。今でも同様のことはしていますが、かかる費用と人材の規模は今とは比較になりません。1度や2度ならよいのですが、❶の例文のように、何度もいらっしゃると、経済的に行き詰まるし、国民もヘトヘトになるのです。

反語＋確述「いや、きっと〜」

☑ 強意は強い語調と仲よし

さて、反語文の中に入った確述について、訳し方にコツがあります。

反語は、第３章で学びました。たとえば、晴天の下で「雨やは降らむ」と言ったときは、文脈上反語と判断し、「雨は降るだろうか、いや降らない」と訳すのでしたね。これに、確述を加えてみましょう。「雨やは降りてむ」となります。確述「てむ」は「降る」についていますが、先ほどの「雨は降るだろうか、いや降らない」という訳には、「降る」が２度出てきます。つまり、とりあえずの疑問の訳と、改めて否定した反語の訳との２箇所ですね。

このとき、**「きっと」の訳は後半の反語の訳に加える**のがベストです。強意は強い語調と仲よくするからです。「雨は降るだろうか。いや、きっと降らない」となります。**［反語＋確述］は、「いや、きっと〜」**と覚えてください。確述については以上です。ここで休憩。頭をすっきり切り換えて次に進みましょう。

頻出度 No.1 4つの「なむ」の識別

☑ 面倒だから入試頻度 No.１！

91ページで丸暗記を勧めた「入試によく出る８つの確述」のうち、「なむ」だけは直前が“連用形”という面倒くさい条件つきでした。じつは「なむ」はナ・ナ・ナント、確述以外に別の語が３つもあるのです。

音が同じで品詞が違う場合、区別のしかたを知らないと、とんでもない誤訳をします。同音の品詞の区別を、私たち古文の教師は、“紛らわしい語の識別”と呼ぶのですが、より面倒なものを出題するのが入試！　紛らわしい語の識別はいくつかあって順に取り上げていきますが、「なむ」は識別の頻出度No.1です。「なむ」は「なん」と表記する場合もあるので、見落とさないようにね。

4つの「なむ」とは

「なむ」には、次の4つがあります。①は第３章、②は本章で学習ずみ。④のナ変動詞は高１で習っているはずだから、新たな知識は③だけですよ。

①係助詞「なむ」

文法的には「強意」の係助詞というのですが、訳はしません。私は上から×印をつけさせます（第３章53ページ参照)。**省いても文意が通じる**「なむ」は係助詞です。

［例］花なむ咲く。（花が咲く）
係

②完了（強意）の助動詞の未然形「な」＋推量の助動詞の「む」＝確述

本章の前半で勉強した確述用法です。**接続（直前の活用形）が“連用形”**であることがチェックポイント。［連用形＋な＋む＝きっと～］と暗記します。

［例］花咲きなむ。（きっと花が咲くだろう）
㊊ 強

③願望の終助詞「なむ」

文末で使う終助詞です。**“未然形”接続**がポイント。「～してほしい」と訳す、**他者への願望**です。“未然形”の㊌は「未完成」と使うように、「まだ～ない」という意味ですね。「まだそうなっていない」から「そうなってほしい」のです。この理屈で、［未然形＋なむ＝～してほしい］と暗記しましょう。

［例］花咲かなむ。（花よ、咲いてほしい）
㊌ 願

④ナ変動詞の未然形「～な」＋推量の助動詞「む」

ナ変動詞は「死ぬ・往《い》ぬ・去《い》ぬ」しかありません。「往ぬ・去ぬ」は漢字が違うだけで読みも意味も同じ、「去る」という意味です。このナ変動詞の未然形「死な・往な・去な」に「む」がつくと、**［死な＋む・往な＋む・去な＋む］**となります。ナ変動詞はこれしかないのですから、音と漢字を丸暗記です。

（注）②④の推量の助動詞「む」の意味は文脈判断する（61・92ページ参照）。

ところで、今はみなさんが学習した順に解説しましたが、実際の入試は時間勝負！　まずは簡単な④ナ変動詞をさっと見つけ、次に接続で区別する②確述用法と③願望の終助詞を見分けます。残りは訳せなくても、消去により①係助詞。手順も覚えてね。

入試はとても イジワル〜〜！

「れズ」はダメよ、「らズ」よ！

さて、②と③は、接続（直前の活用形）が“連用形”か“未然形”かで判断するのでしたが、みなさんは未然形と連用形の区別ができますか。未然形は「ズ」、連用形は「タリ」をつけると簡単です。たとえば「走る」に「ズ」をつけて「走らズ」、「タリ」をつけて「走りタリ」。「走ら」が未然形、「走り」が連用形です。

ところで、未然形を「走れズ」としてしまって失敗する人がいます。「ズ」をつけるときは“不可能”の意味にならないように注意！　「走れズ＝走ることができない（不可能）」はダメ。ふつうに「走らズ＝走らない」としてください。「眠れズ・書けズ・飲めズ」は×。「眠らズ・書かズ・飲まズ」が○です。

イヤなパターンは文脈で決める

ところで、未然形と連用形が違うときはよいのですが、たまたま接続が同音の場合が入試によく出ます。「起く」は「起きズ」「起きタリ」で、未然形・連用形とも「起き」。音がまったく同じです。これに「なむ」がつくと、②確述用法［起き＋な＋む］か、③願望の終助詞［起き＋なむ］か、判断できません。

このときは、前後の文脈に合うかどうかを訳で決めます。②は「きっと起きる（だろう）」、③は「起きてほしい」という意味。もし文脈が、起きかけている人なら②、ぐっすり眠っている人を前にしているなら③のほうです。

最後に、入試のイジワルをもう１つ。ひらがなで「しなむ」と出たときは要注意です。「する」という意味のサ変動詞「す」の連用形なら［し＋な＋む］となって「きっとする（だろう）」の②確述用法、［死な＋む］なら④ナ変ですね。

「する」の意味か、「死ぬ」の意味か、これも文脈で決めてください。

まとめ

「なむ」の識別

- 死な＋む／往《い》な＋む／去《い》な＋む　➡ ナ変動詞＋む
- **連用形＋** な ＋ む （きっと〜）　➡ 確述用法
- **未然形＋** なむ（〜してほしい）　➡ 願望の終助詞
- **省いても文意が通じる** ~~なむ~~　➡ 係助詞「なむ」

文脈
接続が(未)(用)同音のときは文脈判断
「し＋な＋む（＝きっとする…）」は確述 ┐
「死な＋む（＝死ぬ…）」はナ変 ┘ 文脈判断

短文でレッスンよ!

❶身はいやしながら、母なむ宮なりける。　（伊勢物語）
　↳「なむ」を省ける係助詞。（官位は低いが、母は宮家の人であった）

❷願はくは花の下にて春死なむ。　（山家集）
　↳「死な＋む」はナ変動詞＋む。（願えるなら、桜の下で春に死にたい）

❸いつしか梅咲かなむ。　（更級日記）
　↳「咲か」は(未)なので願望の終助詞。（早く梅よ咲いてほしい）

❹北の方《かた》、今宵なむ、帰りたまひなむとする。　（落窪物語）
　↳A「なむ」を省ける係助詞。B「たまひ」は(用)なので確述。
（北の方は、今夜、きっとお帰りになろうとする）

❺恋に朽《く》ちなむ名~~こそ~~惜《を》しけれ　（後拾遺集）
　↳「朽ち」は(未)(用)同音。「朽ちる」は「ダメになる・腐《くさ》る」という⊖《マイナス》の意。
⊖を望みはしないので願望は×。(用)＋確述。「む」は連体形で婉曲。
（恋のためにきっとすたれるような名声がもったいない）

第6章 問題文

STEP 1 わかりやすい文章ですから、全文を読んでみてください。右ページのヒントを見てもかまいません。
和歌は太字だけを拾ってください。
確述用法と①～⑤の「なむ」の識別に特に力を注いでください。［15 分］

STEP 2 100 ～ 101 ページの解説を読みながら、1文ずつ丁寧にチェックしましょう。［Free Time］

記号説明

人物、（S）	主語
□	登場人物
㋢	前後同主語
（網かけ）	重要単語
//	文を切る
▲	打消（～ない）

むかし、惟喬《これたか》の親王《みこ》と申すみこおはしましけり。山崎のあなたに、水《み》無《な》瀬《せ》という所に、宮ありけり。年ごとの桜の花ざかりには、その宮へなむ①おはしましける。その時、右《みぎ》の馬《うま》の頭《かみ》なりける人を、常《つね》に率《ゐ》ておはしましけり。時世《ときよ》経《へ》て久《ひさ》しくなりにければ、その人の名忘れにけり。狩《かり》はねむごろにもせで、酒をのみ飲みつつ、やまと歌にかかれりけり。いま狩をする交野《かたの》の渚《なぎさ》の家、その院《ゐん》の桜、ことに おもしろし。その木のもとにおりゐて、枝を折りて、かざしにさして、かみ、なか、しも、みな歌よみけり。〔中略〕

その木のもとは立ちてかへるに日暮《ひぐれ》になりぬ。御供《とも》なる人、酒をもたせて、野よりいで来《き》たり。「この酒を飲みてむ」とて、よき所を求めゆくに、天《あま》の河《がは》といふ所にいたりぬ。親王に馬の頭、大御酒《おほみき》まゐる。親王ののたまひける、「交野を狩《か》りて、天の河のほとりにいたる、を題にて、歌よみて盃《さかづき》はさせ」とのたまひければ、かの馬の頭よみて奉《たてまつ》りける。〔中略〕

かへりて宮に入《い》らせたまひぬ。夜ふくるまで酒飲み、物語《ものがたり》して、あるじの親王、酔《ゑ》ひて入りたまひなむ②とす。十一日の月もかくれなむ③

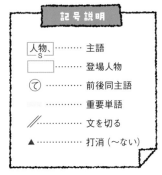

とすれば、かの馬の頭よめる。

あかなくにまだきも月のかくるるか〔疑〕山の端《は》にげて入れず▲もあらなむ④

親王にかはりたてまつりて、紀《き》の有常《ありつね》、〔S〕

おしなべて峰もたひらになりな〔完〕なむ⑤山の端なくは月も入らじ▲を

（伊勢物語　第82段）

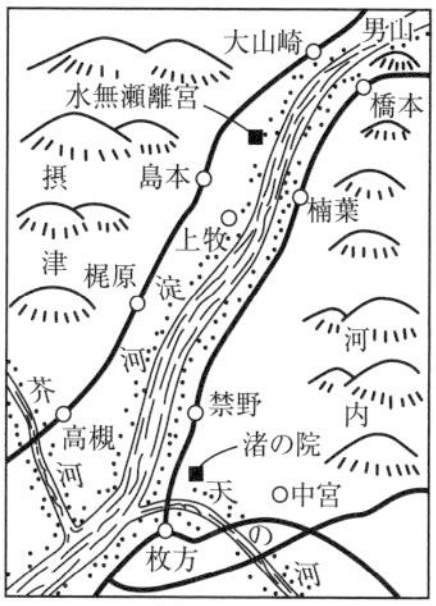

水無瀬周辺

＊惟喬の親王：文徳天皇の第一皇子。　＊山崎：京都府下の地。　＊水無瀬：大阪府下の地。(左図)　＊宮：水無瀬離宮。　＊右の馬の頭：宮中の役職。右馬寮《みぎうまりょう》の長官。『伊勢物語』では在原業平《ありわらのなりひら》をさす。　＊交野の渚の家：左図の「渚の院」。直後の「その院」も同じ。　＊かざし：かんざし。　＊天の河：大阪府枚方《ひらかた》市を流れる川。また、その一帯の地。(左図)

ヒント

1 敬おはします＝尊いらっしゃる（L.2・L.3にも）

4 「その人」とは、「右の馬の頭なりける人」のこと。在原業平の名を出すことを控《ひか》えるため、「名は忘れた」と書いている。文脈上の重要性はない。
単ねむごろなり＝熱心だ・丁寧だ

6 単ことに＝特に
単おもしろし＝趣《おもむき》深い
単ゐる＝座る

7 「かみ・なか・しも」とは、身分の上中下。

9 「飲みてむ」の確述用法に気づいたかどうか。「きっと飲もう・全部飲もう」の意。

10 敬まゐる＝謙①参上する　②さし上げる（ここは②の意味）

11 敬のたまふ＝尊おっしゃる（L.12も）

12 敬奉《たてまつ》る＝謙さし上げる。他の動詞の直後で使うと「～し申し上げる」(L.17)

13 敬たまふ＝尊～なさる（L.14にも）

14 ③の直前の「かくれ」は未用同音。「月も」をヒントに文脈判断。

16 単まだし＝まだ早い

18 ⑤の直前の「な」は、完了「ぬ」の未。

問題文　現代語訳＋解説

今回は、和歌以外は太字を使っていません。
でも、かなり読めるようになってきたでしょう？
9行目の確述「てむ」に気がつきましたか？
一緒に読みながら、①～⑤「なむ」を考えます。
（左端の数字は行数です）

1 昔、惟喬の親王と申し上げる親王（＝皇子）がいらっしゃった。山崎のむこう、

2 水無瀬という所に離宮《りきゅう》があった。毎年の桜の満開時には、その離宮へいらっしゃった。⇒省ける。①係助詞

3 そのとき、右馬頭《みぎのうまのかみ》（＝在原業平）をいつも連れていらっしゃった。

4 時が経って久しくなった。その人の名前は忘れてしまった。

5 狩りは熱心にせず、酒ばかりを飲んで、和歌にとりかかった。今、狩りをする

6 交野の渚の家、その渚の院の桜は特に美しい。その木の下に下りて座って、

7 枝を折って、髪飾りにして、身分の上も中も下もみな歌を詠《よ》んだ。〔中略〕

8 帰るうちに日暮になった。（親王の）お供《とも》の人が、（下使いに）酒を持たせて、

9 野から出てきた。「この酒を全部飲もう」と言って、よい場所を探《さが》しにいく。

10 天の河についた。親王に馬の頭がお酒をさし上げる。親王がおっしゃった。

11 「交野を狩りして天の河についたことを題にして歌を詠み、盃《さかずき》をさせ」と

12 おっしゃった。馬頭は和歌を詠んでさし上げた。〔中略〕

13 帰ってきて親王は離宮にお入りになった。夜が更けるまで酒を飲み、雑談して、

14 主人である親王が、酔って（寝室に）今にも入りなさろうとする。

⇒②「たまひ」は㊊。よって確述。「きっと入ろうとする」。上の「今にも」という訳は意訳。受験生は「きっと」でよい。

⇒③は難しい。「かくれ」は㊍㊊同音。「きっと隠れる」のか「隠れてほしい」のか。「月も」の「も」に注目する。「親王も隠れる（＝寝室に入る）・月も隠れる」という文脈。「親王、入りたまひな②む・月も隠れな③む」と考える。よって②＝③確述。「今にも隠れようとする」。

16 馬頭が歌を詠む。「早くも月は隠れるのか。山の端が逃げて入れないでいてほしい」。⇒④「あら」は㊍。よって願望の終助詞。

17 親王(の返事)に代《か》わり申し上げて、紀有常が(返歌を詠む)。

18 「峰が平らになってしまってほしい。山の端がなくなれば月も入れないだろう」。
⇒⑤完了「ぬ」の㊍に接続。よって願望の終助詞。

〈98 ～ 99 ページの問題の答〉
①係助詞　②確述用法　③確述用法　④願望の終助詞　⑤願望の終助詞

ミニミニ文学史

在原業平《ありわらのなりひら》

業平は平安時代の理想の男と言われる風流人。『伊勢物語』は、その業平の一代記と言われています。実名は出てきませんが、「右馬頭《みぎのうまのかみ》」とか「男・ある男」は、ほとんどが業平のこと。和歌がとてもじょうずで“六歌仙《ろっかせん》”(195 ページ参照) の1人です。

さて、歌のじょうずな業平にしては、「山の端が逃げて月を入れないでほしい」は少し幼稚な気がしませんか。隠れないでほしいのは「月」なのでしょうか。

じつは、この「月」は「親王」の象徴。14 行目に「親王も月も…」と並べていたところがミソです。つまり、この歌は、月にたとえて、「親王よ寝室に入らないでほしい・眠らないでほしい」という気持ちを詠んだもの。ウマイ！　後ろの有常の歌も同じ意味ですよ。

ところで、確述の「きっと・必ず～」という訳は、入試問題の選択肢に意訳で出ることもあります。「雨降りぬべし」を「今にも雨が降りそうだ」と訳したり、「雨が降るにちがいない」と訳したり……。でも、「今にも～」も「～にちがいない」も、99.9％の降水確率を確信している点では「きっと・必ず」と同じです。適宜《てきぎ》、判断してください。

9 行目の「酒飲みてむ」も「酒を全部飲もう」「飲みほそう」と意訳することもできます。“強い確信”を表す言葉なら同じです。

この章の重要単語 6

記号説明

★★★★ ····· 最重要語
★★★ ······· 設問によく出る語
★★ ········· 読解上必要であり、設問にもときどき出る語
★ ··········· 覚えられたら覚えてほしい語
◆ ··········· 敬語
番号 ····『マドンナ古文単語 230』の見出し番号。´《ダッシュ》つきは関連語

番号	出題頻度	単語と現代語訳		
46	★★★	**わぶ**	＝	つらい・困る
61	★★	**かなし** [①愛し　②悲し]	＝	①愛《いと》しい　②悲しい
69	★★★	**ねむ《(ん)》ごろなり** [懇ろなり]	＝	①熱心だ・丁寧だ ②親しくする
7	★★★	**ことに** [殊に]	＝	特に
98	★★	**おもしろし**	＝	①興味がある・興味深い ②趣《おもむき》深い・風流だ ③おもしろい・滑稽《こっけい》だ
184	★★	**ゐる** [居る]	＝	座る・座っている
174	★★	**まだし** [未し]	＝	①まだ早い　②未熟だ
敬語	◆	**おはします**	＝	[尊敬語] いらっしゃる
敬語	◆	**まゐる** [参る]	＝	[謙譲語] ①参上する ②さし上げる
敬語	◆	**のたまふ** [宣ふ]	＝	[尊敬語] おっしゃる
敬語	◆	**たてまつる** [奉る]	＝	[謙譲語] ①さし上げる ②～し申し上げる
敬語	◆	**たまふ** [給ふ・賜ふ]	＝	[尊敬語] ①お与えになる ②～なさる

第 7 章

接続のいろいろ

じっは キーポイント…
でも、ゴロ暗記でラクラク!!

ねらい

活用語や「、」「。」の「接続」を学びます。
また、入試頻出「係結び」も関連づけて理解しましょう。
これらの知識がいかに有益か、
「ぬ」と「ね」の識別で実戦訓練もします。

接続は入試の命

☑ 接続ってなあに？

文は単語と単語がくっついてできあがるものですが、くっつき方に決まりがあります。たとえば、［わかる＋ない］は「わから《未》ない」というのが正しく、「わかる《終》ない」や「わかり《用》ない」はおかしいですね。「～ない」の直前は「わから」という“未然形”に決まっているのです。この“直前の活用形”のことを接続といいます。接続とは“くっつく”こと。「～ない」は“未然形”接続するというのです。

☑ 古文は今や外国語 ―― 覚えるっきゃない！

現代語の場合は、子どものときから耳慣れ口慣れているので、無意識のうちに正しく言葉をつないでいますが、古文の場合は覚えないことにはどうしようもありません。打消の助動詞「ず」の接続は“未然形”、完了の助動詞「ぬ」の接続は“連用形”などと丸暗記するのです。第６章の「なむ」の識別で示したように、接続は直後の単語がナニモノなのかを教えてくれる便利な知識です。「なむ」に限らず、いろいろな“紛らわしい語の識別”のためには絶対必要！　文法問題を解くにはもちろんですが、読むためにもぜひとも覚えておきたいですね。

☑ 助動詞の接続を知らないのは致命傷

すべての活用語（動詞・形容詞・形容動詞・助動詞）には接続があります。また、大半の助詞も接続が決まっています。どれも大切ですが、特に重要なのは助動詞の接続。きちんと覚えておかないと、入試では命取りになります。

そこでガンバロウと思って文法書を見るのですが、これがなかなか覚えられません。同じ「推量」の助動詞でも、「む」は“未然形”、「べし」は“終止形”、「けむ」は“連用形”というふうに、接続はバラバラ。何の法則性もないので、イライラします。そこで“マドンナ式ゴロ合わせ”で暗記することにしましょう。

お母さんにはナイショの話

私が初めて予備校の先生をした年に、「どうしても接続が覚えられない」とすがりついてきた男の子がいました。彼は暗記が苦手。おまけに古文そのものが大キライでした。ウ～ン、どうしようと困ってしまった私は、彼の唯一《ゆいいつ》得意（？）な“下《しも》ネタ”でゴロ合わせを作ることにしました。彼に見せたところ大成功！ほんの３分間で全部覚えてしまったのです。今日は、恥を忍んで、このゴロ合わせを披露《ひろう》しましょう。

イヤラシイのは覚悟の上！　でも、お願いだからお母さんには内緒にしてネ。「まあ、お下劣《げれつ》！」と気絶しちゃうかもしれませんから……。

助動詞の接続

未然形に接続する助動詞

「む」「ず」「むず」「す」「る」「じ」。「さす」と「しむ」。「さす」「らる」と「まし」。未然 に防《ふせ》が「まほし」よね。

コレっていったい何の話？――“痔《じ》の治療”の話です。「エ～、荻野先生って痔だったの？」「イヤだぁ、荻野ちゃんて下品！」と、毎年のように生徒から白い目で見られる私です。誤解のないように言っておきますが、私は“下ネタ”は使いますが“痔”ではありません。

「ムズムズする痔」の治し方は３つ……①手術（コレは勇気がいる）②座薬《ざやく》（お尻《しり》に薬をさす。痛くてシミる）③軟膏《なんこう》（塗り薬を塗る。痛みはまし）。さあ、その目で上の表のゴロ合わせを見ると、「ムズムズする痔。（座薬を）さすと（痛くて）しみる。（軟膏を塗って）さすられると（痛みはまだ）まし。（でも、できることなら）未然に防ぎたいよね」という意味が見えてきます。

「未然に」で“未然形”接続というのを覚えるのですよ。「まほし」は願望だ

▶助動詞の接続は、大学受験を通過するためには避けて通れない。ゴロ暗記で、今すぐ覚えよう！

から、「防がまほしよね」と発音しながら、心の中で「防ぎたい」と理解するのです。細字の「さす」は、太字の「さす」と同じ助動詞なのですが、ゴロを合わせるために２度使っています。今すぐ、声に出して（アッ！大声は出さないでネ）覚えてしまいましょう。

☑ 連用形に接続する助動詞と特殊な接続の「り」

「けり」「つ」「き」「たり」「ぬ」。**用**済《ず》みさ。
しつこくされるは**「けむ」「たし」**ね。
※フラれた**「りー」**さん**サ《さ》変未《み》・四《し》已《い》**よ。

「き・けり」は過去の意味で「〜した」、「つ・ぬ・たり・り」は完了の意味で「〜してしまった」と訳します。「過去・完了」の助動詞は「り」以外はすべて“連用形”に接続します。そこでまず、「けり・つ・き・たり・ぬ」と声に出して音を覚え、心の中では「過去・完了」と意味を意識してください。

さて、このゴロ合わせは、愛の冷めた男が、未練がましくすがりつく彼女リーさんに最後の捨てゼリフを吐く場面です。「きみとのことは過ぎたこと。もうケリはついたはずだよ。きみは用済みってわけ。しつこくされるとさぁ、けむたいんだよね」という感じ。

まずは、上の表の２行だけを、今すぐ覚えてください。ハイ、そこまでが“連用形”接続の助動詞です。「用済み」の「用」で“連用形”をイメージしてくださいね。

ところで、先ほどいったように「過去・完了」の助動詞の中では、ただ１つ完了の「り」だけが仲間はずれで“連用形”にはくっつきません。

“サ変の未然形・四段の已然形”にくっつくのです。「サ未四已《さみしい》」というゴロ合わせにして覚えましょう。“連用形”接続の仲間には入れないので、「フラれた」という表現にしています。左の表の※以下がその部分です。“連用形”接続の語群に続けてゴロ合わせにしました。声に出して暗記してください。

終止形・ラ変の連体形に接続する助動詞

「**めりー**」さん、「**まじ**」に「**なり**」すぎと**伝え聞く**。「**らむらむ**」と輝く「**らし**」い彼の目に、ここは**ラ体《たい》**で**終**わる「**べし**」。

メリーさんは、初心《うぶ》でマジメな女の子。彼がホテルの前で肩を抱いて「いいだろ？」と言うと、「イヤ！」とはっきり言っちゃうのです。彼は欲求不満でお目々《めめ》がランラン。メリーさんに裸体《らたい》の勇気を持ってほしい――という超過激なお話です。「裸体で終わる」のゴロが“ラ変の連体形”“終止形”接続を意味します。

さて、コウフンを静めて、ちょっと冷静になってください。注意事項があります。「なり」という音の助動詞には、断定の「なり」と伝聞推定の「なり」の２つがあって、接続が違うので区別しておかないといけません。

上の表の「なり」は伝聞推定のほうなのです。そこで、ゴロ合わせの中に、「伝え聞く」と入れました。これを意識して暗記してください。

手抜き接続も知っていると得！

ところで、“終止形”接続の助動詞は、“ラ変の場合は連体形”接続するのですが、これがみなさんには何のことかわかりにくいようです。まずは、例をいくつかあげてみましょう。「べし」を使ってみます。

［例］咲く(終)べし。　起《お》く(終)べし。　受く(終)べし。　見る(終)べし。　蹴《け》る(終)べし。

来《く》(終)べし。　す(終)べし。　死ぬ(終)べし。　ある(ラ変体)べし。

「咲く（四段）」「起く（上二段）」「受く（下二段）」「見る（上一段）」「蹴る（下一段）」「来《く》（カ変）」「す（サ変）」「死ぬ（ナ変）」のいずれも、「べし」の直前は“終止形”ですね。

ところが、ラ変の活用語は“終止形”になりません。たとえば「あり（ラ変）」は、“終止形”ではなく、“連体形”の「ある」がくっついて、「ある《ラ変㊑》べし」となります。「エ〜、どうして？」と思うでしょうが、理屈は簡単！ “終止形”と“ラ変の連体形”の共通点は、末尾がu《ウ》音で終わることです。「咲く《u》・起く《u》・受く《u》・見る《u》・蹴る《u》・来《く》《u》・す《u》・死ぬ《u》」「ある《u》」――ほらネ！ **“終止形・ラ変の連体形＝u音”**と覚えておくと役に立つこともあります。

同様に、完了の「り」も、「サ《さ》未《み》四《し》已《い》」と覚えたように、“サ変の未然形”と“四段の已然形”という2とおりの接続があってややこしいですよね。じつは、こちらは、末尾がe《エ》音で共通しているのです。

「す（サ変）」の“未然形”は「せ《e》」、「咲く（四段）」の“已然形”は「咲け《e》」ですね。**“サ未《さみ》・四已《しい》＝e音”**と覚えましょう。

ただし、手抜き（u音・e音）だけでは解けない問題もありますから、きちんとした“接続”の形も覚え、両刀使《りょうとうづか》いを目指してください。

☑ 体言・連体形に接続する助動詞

体言《たいげん》とは名詞のことです。“物体を示す言葉”ということ。“体言”も“連体形”も「体」の字が入っていますから、これをゴロ合わせに使いました。

> ベッドイン。彼女は体《からだ》**「ごとし」「なり」「たり」**。

「体がしなる」というのはアーチ型に体をそることです。いわゆる“弓ぞり”。「体ごと」とは「体全部」のことですね。「体全体が弓ぞりにしなった」のはなぜか――オッと、それは言えない、言えない！ エッ、器械体操かって？ そうそう、そういうことにしておきましょう。

注意したいことが2つあります。まず1つは、この「なり」「たり」は断定であること。伝聞推定の「なり」や完了の「たり」と区別するときに、“接続”が決め手になるから大切ですよ。「なり」の識別については、第9章で詳しく説明します。

もう１つの注意事項は、「ごとし」についてです。「盗人《ぬすっと》ごとき奴《やつ》」「流るるごとく話す」のように“体言・連体形”につく以外にも、「～のごとし」「～がごとし」となることもあります。「野菊《のぎく》のごとし」「狂ふがごとし」などと使うのです。できれば、これも覚えてください。

まとめ

助動詞の接続

- **未然形接続**

「**む**」「**ず**」「**むず**」「**す**」「**る**」「**じ**」。
「**さす**」と「**しむ**」。「さす」「**らる**」と「**まし**」。
未然に防《ふせ》が「**まほし**」よね。

- **連用形接続**（※以下は特殊接続）

「**けり**」「**つ**」「**き**」「**たり**」「**ぬ**」。**用**済《ず》みさ。
しつこくされるは「**けむ**」「**たし**」ね。
※フラれた「**りー**」さん**サ《さ》変未《み》・四《し》已《い》**よ。

- **終止形・ラ変の連体形接続**

「**めりー**」さん、「**まじ**」に「**なり**[注1]」すぎと**伝え聞く**。
「**らむ**らむ」と輝く「**らし**」い彼の目に、
ここは**ラ体《たい》**で**終**わる「**べし**」。

注１　伝聞推定「なり」

- **体言・連体形接続**

ベッドイン。彼女は**体《からだ》**「**ごとし**[注2]」「**なり**[注3]」「**たり**[注3]」。

注２「～のごとし・～がごとし」もある
注３　断定「なり」「たり」

「る・らる」と「す・さす」は第 11 章で詳しくね！

“未然形”接続の「る・らる」（受身・尊敬・可能・自発）と「す・さす」（使役・尊敬）は、同じ“未然形”でも“四段・ナ変・ラ変”か“それ以外”かという微妙な違いがあります。これは難関大学しか出さないので、基本的な接続を説明する本章では取り上げず、第 11 章で説明しますね。ただ、これも“手抜き接続”の要領で、末尾の母音が“ a 音”か“それ以外”かで判断できますので、先ほどの“e 音・u 音”と一緒にあらかじめここにまとめておきます。

この本は、何度もくり返し復習してもらうことを前提に作っていますので、復習時に一括《いっかつ》して頭の整理がつくようにしたいのです。第 11 章が終わったら、このページをもう一度見てください。

まとめ

手抜き接続のいろいろ

- サ《さ》未《み》・四《し》已《い》 ＝e 音 ⬅ 完了「り」の接続
- 終・ラ体 ＝u 音 ⬅ すべての終止形・ラ変の連体形接続
- 四・ナ・ラの未 ＝a 音 ⬅「る」「す」の接続
  四・ナ・ラ以外の未 ＝a 音以外 ⬅「らる」「さす」の接続

その他の接続

用言の直前は“連用形”

さて、助動詞の接続は終わりましたが、ほかの活用語の接続がまだ残っています。どうせいつかは覚えることです。一気にやってしまいましょう。「動詞・形容

▶動詞・形容詞・形容動詞などの「用言」に接続するときは連用形。名詞つまり「体言」に接続するときは連体形。

詞・形容動詞」を、古典文法ではまとめて「用言《ようげん》」といいますが、「用言」の直前の活用形は“連用形”です。もともと“連用形”とは“用言に連なる形”という意味。**「動詞・形容詞・形容動詞」の接続は“連用形”**と覚えましょう。

［例］咲き（用）乱る（動）。　清く（用）うつくし（形）。　いみじく（用）静かなり（形動）。

ついでに「用言」とは何かを説明すると、「だれ(何)がどうする(どうである)」の「どうする・どうである」に当たる部分、つまり「述部」のことです。「動詞・形容詞・形容動詞」は文の述部になるので、まとめて「用言」と呼びます。

体言の直前は“連体形”

「体言《たいげん》」とは「名詞」のことでした。**「名詞」の接続は“連体形”**です。もともと“連体形”とは“体言に連なる形”を意味する言葉です。とても簡単ですね。

記号の接続

読点（、）の直前は、原則として“連用形”です。「**連用形**、《テン》」と覚えましょう。ごくまれに“連体形”になっている場合がありますが、これは、本来あったはずの体言（名詞）が省略されたもの。訳すときに、文脈から類推して名詞を補います。「連体形（名詞補足）、《テン》」と覚えます。

ただ、今のところは基本の「連用形、《テン》」を大切にしてください。多くの文章に慣れ親しむうちに、例外的なことにも自然と目が向くようになります。そのときに「ああ、名詞補足もあったナ」と思い出せればよいのです。

また、句点（。）の直前やカギカッコ閉じ（」）の直前、つまり**文末**は、原則として“**終止形**”か“**命令形**”です。

“終止形”とは字のとおり“文が終わって止まる形”ですから、文末が“終止形”になるのは当たり前。“命令形（〜しなさい）”も、日本語の場合は必ず文末ですね。簡単に納得できます。文末の形にも例外はありますが、それは次の項で。

まとめ

その他の接続

- 連**用**形 ＋ 用言　⬅ 動詞・形容詞・形容動詞
- 連**体**形 ＋ 体言　⬅ 名詞
- 連**用**形、　⬅ 読点

＊まれに「連体形（名詞補足）、」

- **終**止形。**命**令形。　⬅ 句点
  終止形」**命**令形」　⬅ カギカッコ閉じ

＊文末の例外は次項「係結びの法則」参照

文末の形のいろいろ

☑ 係結びの法則

第３章で学んだ係助詞（53ページ「係助詞 文法的意味と訳」参照）のうち、「ぞ・なむ・や・か・こそ」の５つは、文末の活用形を変えてしまう働きがあります。文中に「ぞ・なむ・や・か」があると文末は“連体形”に、「こそ」が文中にあると文末は“已然形”になるのです。

「ぞ・なむ・や・か ⇨ 連体形。《マル》」「こそ ⇨ 已然形。《マル》」と覚えます。

［例］花ぞ 散る(体)。（花が散る）　花や咲かむ(体)。（花は咲くだろうか）　花なむ 乱るる(体)。（花が咲き乱れる）　花こそ 散れ(已)。（花が散る）

▶係助詞「こそ」を受けて文末が「散れ」となっていたら、「散れ」は命令形ではなく已然形。訳は終止形と同じ。

形が変わっても、訳は影響されません。(未)(用)(終)(体)(已)(命)のうち、訳が違うのは“命令形（〜しなさい）”だけで、それ以外は何形であろうと、訳は“終止形”に同じです。たとえば、例文の「花こそ散れ(已)」は「花が散る」と訳します。うっかりすると、これを「花よ散れ！」と訳してしまいそうになりますが、この「散れ」は“已然形”で、“命令形”ではありません。気をつけましょう。

さて、“連体形”や“已然形”に変わってしまった文末の単語のことを、「結び」と呼びます。“文の結末”ということです。「係結《かかりむす》びの法則」とは、「係助詞（ぞ・なむ・や・か・こそ）が文中にあると、結び（文末の活用形の変化）が起こりますよ」というルールのこと。結びの活用形は入試頻出だから、下のまとめをしっかり暗記してください。

ところで、第３章の「係助詞のいろいろ」には「は」と「も」もありました。が、この２つは文末の活用形に影響を与えず、ふつうに“終止形”か“命令形”で終わります。これは「係結び」とはいいません。

まとめ

係結びの法則

【係助詞】	ぞ　なむ　や（は）　か（は）	こそ	参考　は　も
	↓	↓	↓
【結び】	連体形。	已然形。	命令形。終止形。 ←（結びとはいわない）

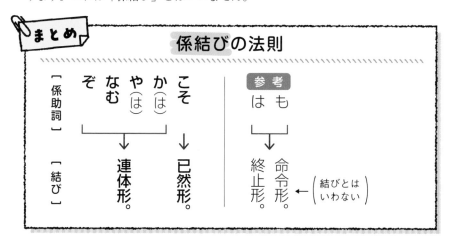

疑問詞の文末も“連体形”

第３章の「古文の５Ｗ１Ｈ」（45ページ参照）に書いた疑問詞も、疑問の係助詞「や・か」と同じように文末を“連体形”に変えてしまいます。ただし、疑問詞は係助詞ではないので「係結び」とはいいません。

［例］**いづこにあら**［**む**］。　**いづれを書く**［**べき**］。

疑　体　　疑　体

このほかにも、文末の形が“連体形”になる特例はいくつかあります。「詠嘆（〜だなぁ）」や「疑問・反語」や「名詞の代わり（〜すること）」などさまざまの用法があるのですが、そういう特殊なものは、うんと訓練を積んで、すらすらと読めるようになってからでないと頭が混乱するだけですから、今のところは知らなくてもよいでしょう。入試での頻度もきわめて低く、超難関大学がたまに出す程度で、合否の決め手になるほどの大きな得点源ではありません。

今のところは、①基本の文末（終止形か命令形）　②係結び（連体形か已然形）③疑問詞の文末（連体形）を覚えておいてください。

「ぬ」と「ね」の識別

接続を知っているとラクチン！ でも……

「ぬ」「ね」は、①打消の助動詞「ず」　②完了の助動詞「ぬ」に同じ音が出てきます。紛らわしいので入試に出ますが、この２つは接続が違うのでしたよね（109ページ「助動詞の接続」参照）。［未然形＋ぬ・ね］は打消、［連用形＋ぬ・ね］は完了です。例文で確認してください。

❶車入ら［**ぬ**］**門**　㊌　打

❷「馬ゐて参り［**ね**］**」**　㊊　完

❸寺の中に着き［**ぬ**］**。**　㊊　完

❹雨降り［**ぬ**］**べし。**　㊊　完　⇨厳密には強意（92ページ確述用法）

とても簡単。でも、直前が“未然形”か“連用形”かわからない場合もあります。たとえば、下の例文の「流れ」は「流れ(未)ズ」「流れ(用)タリ」と接続が同音です。これでは、［未然形＋打消］か［連用形＋完了］かわかりません。

［例］**水や流れぬ。**
（流れ＝？）

前がダメなら後ろから。「係結び」も気をつけて！

こういうときは、逆に、後ろから迫って活用形を判断します。「ぬ」の直後は句点(。)、つまり文末の形。「係結び」も確認します。「や」があるから“連体形”の「ぬ」です。連体形の「ぬ」は打消ですね。

［例］**水や流れぬ(体)。**

ところで、「ず」と「ぬ」の活用は覚えていますか？　確認しておきましょう。

	未	用	終	体	已	命
ず	ず	ず	ず	**ぬ**	**ね**	○
ぬ	な	に	**ぬ**	ぬる	ぬれ	**ね**

⇨打消……ぬ＝連体形・ね＝已然形
⇨完了……ぬ＝終止形・ね＝命令形

左ページの例文①〜④の「ぬ」「ね」を、後ろからも再チェックしましょう。

❶**車入らぬ門**　⇨「門」は「体言」なので、「ぬ」は(体)で打消。
（車の入らない門）　（枕草子）

❷**「馬ゐて参りね」**　⇨係助詞なしの文末だから、「ね」は(命)で完了。
（馬を率いて帰ってしまいなさい）　（堤中納言物語）

❸**寺の中に着きぬ。**　⇨係助詞なしの文末だから、「ぬ」は(終)で完了。
（寺の中に着いた）　（蜻蛉日記）

❹**雨降りぬべし。**　⇨「べし」の接続により、「ぬ」は(終)で完了。
（きっと雨が降るだろう）　（枕草子）

ネッ！　便利でしょ。こうして直前と直後の両方からチェックします。

▶直前の語の活用形で判断できないときは、「ぬ・ね」の直後の語や記号の接続で活用形を判断する。文末は係結びも要注意。

まとめ

「ぬ」「ね」の識別

- 打消「ず」➡ **未然形** ＋ **ぬ＝連体形** ／ **ね＝已然形**
- 完了「ぬ」➡ **連用形** ＋ **ぬ＝終止形** ／ **ね＝命令形**

「ぬ」「ね」の活用形は、直後の語や記号の接続、係結びなどでチェック。

活用を早く覚えてね！

接続をせっかく覚えても、直前の単語が何形なのか、活用そのものがわからないとなんの役にも立ちません。動詞・形容詞・形容動詞・助動詞の活用を早く覚えてください。活用は丸暗記あるのみ！　高校で使っている手持ちの文法書に必ず載っていますから、大急ぎですヨ！

本書では、「助動詞の活用」は表紙ウラに、「動詞・形容詞・形容動詞の活用」は巻末に、一覧表をつけています。コピーして机の前に貼り、１日３つのノルマで声に出して覚えましょう。２週間もあればできますからね。

特に助動詞は合否のカギを握っています。「①意味　②活用　③接続」ともに大切にしてください。

助詞の接続はゆっくりと…。第8章へ突き進もう！

助詞にも接続はありますが、まとめて覚えるのは大変です。本書で取り上げる分ずつ、そのつど覚えていけばよいです。

さあ、第８・９・10章にも接続が関わってきますよ。気合いを入れてガンバリましょう。

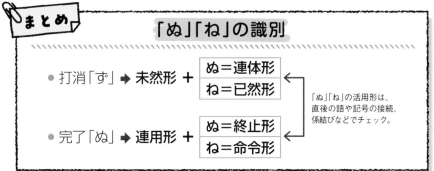

第 8 章

願望の助動詞・助詞と「いかで」

いろんな知識がリンクするよ…
ぐっと力を入れて集中しようネ！

ねらい

第６章で学んだ願望の終助詞「なむ」のほかにも
願望を表す語はたくさんあります。
本章では「願望のいろいろ」と、
それに関連する「いかで」を学びます。
「いかで」は難しいヨ！

願望の助動詞「まほし・たし」

「まほし」の「ほし」は「欲し」

願望の助動詞には「まほし」と「たし」があります。どちらも訳は同じで、「〜したい・〜してほしい」。「たし」は、今の「〜したい」の「たい」で残っていますから、抵抗はないですね。「食ひたし→食べたい」で、簡単です。「まほし」が願望というのも、すぐに納得できますよ。「まほし」の「ほし」は、「欲《ほ》し」だからです。覚えて訳を当てはめるだけの、とても簡単な助動詞です。

ただ、気をつけてほしいのは、「〜したい」と**自己願望**で訳すか、「〜してほしい」と相手に望む**他者願望**で訳すか、**文脈で訳し分ける**という点です。

いくつか用例をあげて、見てみましょう。

❶**家にあり たき 木は松、桜。** （徒然草）

（家にあってほしい木は松と桜）

↳「家にありたい木」は変。木が「ありたい」と思っているのではなく、人が木に希望する「他者願望」。

❷［僧になろうとした若者が、仏事のために乗馬と歌謡をまずは習おうとしました］

二つのわざ、やうやう境《さかひ》＊に入りければ、いよいよよくし たく 覚《おぼ》えて嗜《たしな》＊みけるほどに、説教習ふべき隙《ひま》なくて、年寄《よ》りにけり。 （徒然草）

＊境に入る：専門の域に達する。　＊嗜む：練習する。

重要単語　やうやう＝だんだん

（乗馬と歌謡の２つのことが、だんだん専門の域に達してきたので、ますますよくしたいと思って練習するうちに、説教を習うはずの時間がなくて、年をとってしまった）

↳若者が自分で「よくしたい」と思ったのだから「自己願望」。ほかの人に「よくなってほしい」と思ったのではない。

▶「たし」と「まほし」は意味が同じだが接続が違う。「たし」の直前は“連用形”。「まほし」の直前は“未然形”。

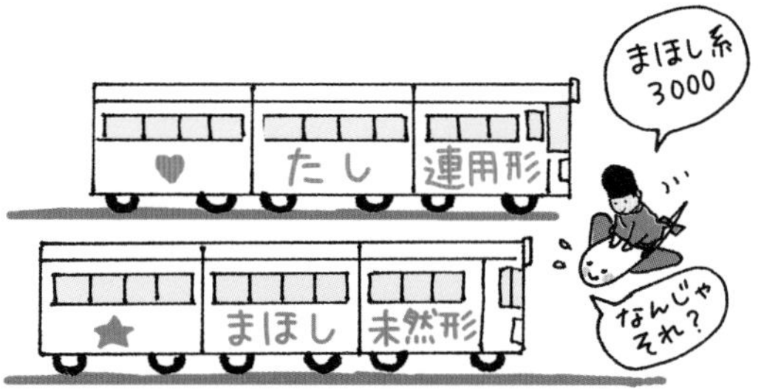

❸人として生まれたらんしるしには、いかにもして世をのがれんこと~~こそ~~、あら まほしけれ 。（徒然草）

重要単語 世を遁《のが》る＝出家する

（人間として生まれたような証拠としては、どうにでもして出家するようなことがあってほしい）

↳『徒然草』の作者・兼好《けんこう》法師が僧であることは常識。作者はすでに出家しているのだから、今さら、「出家したい」は変。ほかの人にも、自分のように「出家してほしい」のだから「他者願望」。

❹世の人の飢《う》ゑず、寒からぬやうに、世*をば行は まほしき なり。（徒然草）

＊世を行ふ：政治を行う。

（世の人々が飢えず、寒くないように、政治を行《おこな》ってほしい）

↳先ほども言ったように、兼好は僧であって政治家ではない。「政治を行いたい」は変。「政治家に行ってほしい」と望む「他者願望」。

以上のように、前後の文脈で判断してください。

☑ 直前を見よ!「たし」は連用形、「まほし」は未然形

さて、訳はこれで訓練できましたが、入試の文法問題では、（　）内に「たし」か「まほし」を入れなさい、などと要求されることがあります。訳は「たし」も「まほし」も同じですから、意味では決められません。

こういう文法問題を解くために接続（直前の活用形）を覚えておかないとい

けないのです（109ページ「助動詞の接続」参照）。**「たし」は“連用形”接続**、**「まほし」は“未然形”接続**です。先ほどの例文❶〜❹で確認してみましょう。

❶あり(用) たき　　❷よくし(用) たく（サ変動詞「す」の(用)）

❸あら(未) まほしけれ　　❹行は(未) まほしき

次の設問の空欄は「たし」か「まほし」か考えましょう。

(1)死に（　　　）。　⇨「死に」はナ変動詞「死ぬ」の(用)だから「たし」。

(2)見に行か（　　　）。⇨「行か」は(未)なので「まほし」。

(3)尋ね聞か（　　　）。⇨「聞か」は(未)なので「まほし」。

(4)逢ひ（　　　）。　⇨「逢ひ」は(用)なので「たし」。

まとめ

願望の助動詞「たし・まほし」

❶**連用形＋** たし ➡ 1. **〜したい**（自己願望）
2. **〜してほしい**（他者願望）

❷**未然形＋** まほし ➡ 1. **〜したい**（自己願望）
2. **〜してほしい**（他者願望）

願望の終助詞いろいろ

☑ 意味も接続も入試に出るよ

助詞の中にも、願望の意味を持つ語がいくつかあります。覚えて訳すだけの簡単な助詞ですから、暗記しましょう。接続も入試に出ます。

右ページのまとめの中で、❸は「種々の語」に接続しますので、この接続は意識する必要はありません。また、「がな・がも」もあまり入試に出ませんので、まとめの太字部分と、それぞれの訳をしっかり覚えてください。

また、❹「なむ」だけが「他者願望」ですから、意識して覚えてください。この「なむ」は第6章で学びましたよ。

これらは、すべて**願望の終助詞**です。「終助詞」とは、文の終わり(文末)で使う助詞ということです。

例文で訳と接続を確認しましょう。

❶今井が行くへを聞かばや。 （平家物語）

(今井の行くえを聞きたい)

❷このかぐや姫を得てしがな、見てしがな。 （竹取物語）

(このかぐや姫を手に入れたい、見ていたい)

❸ただ今死ぬるものにもがな。 （落窪物語）

(たった今、死んでしまいたい)

❹みよし野の山のあなたに宿もがな （古今集）

(吉野の山の向こうに宿がほしい)

❺はかなく見えし我と知らなむ （更級日記）

(頼りなく見えた私だとわかってほしい)

ただし、❺は要注意！　第6章で学んだように、「なむ」は4つもあるのでした。接続が“未然形”であることを確かめて、この訳をしてください。

まとめ

願望の終助詞のいろいろ

❶ **未然形** ＋ **ばや** ➡ **～したい**（自己願望）

❷ **連用形** ＋ **てしがな・にしがな** ➡ **～したい**（自己願望）

❸ 種々の語 ＋ **もがな**・がな／がも・**もがも** ➡ 1. **～したい**（自己願望）　2. **～がほしい**（自己願望）

❹ **未然形** ＋ **なむ** ➡ **～してほしい**（他者願望）

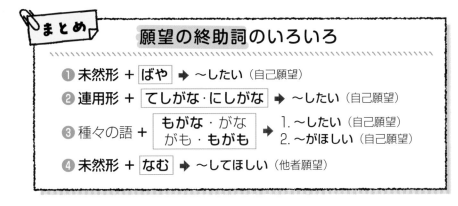

(未)＋ばやと(未)＋ば や どっちがどっち？

☑ 文中か文末かで区別できる

さて、「ばや」については注意があります。１語の「ばや」（願望の終助詞）で［未然形＋ばや］の場合もありますが、「ば」（接続助詞）に「や」（疑問・反語の係助詞）がくっついた［未然形＋ば＋や］の場合もあります。

「ば」は第２章の仮定で、「や」は第３章の疑問・反語で学びました。組み合わせると、［未然形＋ば＋や］の場合は「もし〜なら、……だろうか」という［仮定＋疑問］の訳になります（文脈によっては反語もある）。

この２つの「ばや」の識別は、そう難しくはありません。

終助詞「ばや」は文末で使うもの。一方、接続助詞「ば」は文と文をつなぐ助詞、つまり文中で使うもの。要するに、**文末なら願望の終助詞「ばや」で、文中なら接続助詞「ば」と係助詞「や」**です。

例をあげておきます。確認してください。

❶**助け奉《たてまつ》ら(未) ばや 。** （平家物語）

（助け申し上げたい）

❷**八千夜《やちよ》し寝(未) ば や 飽く時のあらむ** （伊勢物語）

重要単語　飽く＝満足する

（もし八千夜も寝たなら満足するときがあるだろうか）

まとめ　［未然形＋ばや］の識別

- 未然形＋ ばや 。　［文末］
  ➡**願望の終助詞**「ばや」（…したい）
- 未然形＋ ば や 〜。　［文中］
  ➡**接続助詞**「ば」＋**係助詞**「や」（もし〜なら、…だろうか）

▶文末の［未+ばや］は願望の終助詞、文中の［未+ば+や］は接続助詞「ば」に係助詞「や」と区別できる。

「ばや」と「なむ」を復習してね

さあ、これで願望の助詞・助動詞はすべて学びましたよ。ちょっと厄介なのは、「ばや」の識別と「なむ」の識別ですね。

［未然形＋ばや］は文末・文中の位置で判断すること！　「なむ」は［未然形＋なむ］が願望です。第６章を見て、復習・確認してください。

「いかで」は相手が多い！

さて、これから「いかで」という重要単語の訳し方について勉強します。あとで詳しく説明しますが、「いかで」はいろいろな語とセットで使い、その組んだ相手によって意味が３とおりに分かれる難しい単語です。組む相手には、たった今学んだ願望もありますので、一緒にまとめることにしました。

また願望のほかにも、今まで勉強してきた疑問・反語（第３章）や推量の助動詞（第４・５章）とも、「いかで」は仲よく手を組みます。

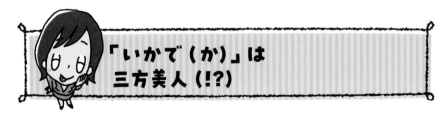

これまでの学習が総合的に関わってきますので、自信のない人は、第３・４・５章に、もう一度目を通してください。

「いかで（か）」は三方美人（!?）

相手しだいでコロコロ変わる！

つき合う男の子によって、コロコロと雰囲気が変わる女の子がいます。陽《ひ》に焼けてハツラツとしたナと思ったら彼が体育会系だったり、急にメカに強くなったナと思ったらバイク少年が新しい恋人だったり、やたらと読書熱があがったナと思うと今度は文学青年。だれにでもすぐ合わせてしまう八方美人型ですね。

「いかで」も相手しだいで、なんと３とおりにも意味が変わります。

「**①疑問（どうして～か）**」「**②反語（どうして～か、いや～ない）**」「**③強調（なんとかして）**」の３つです。

このうち、①②の疑問・反語は、第３章で学んだように、表面の字面は同じ。とりあえず「どうして」と訳し、あとで文脈判断するのでした。要するに形式上は「①②疑問・反語」と「③強調」の２つに大きく分かれることになります。

後文が“弱い言葉”か“強い言葉”か

では、どんなときに「疑問・反語」になり、どんなときに「強調」になるかというと、「いかで」に続く後文、特に文末の単語に影響されます。後文が、

Ⓐ推量（～だろう）／疑問・反語の係助詞「や・か」／疑問詞

➡「いかで」は「どうして」と訳し、疑問か反語か文脈判断。

Ⓑ願望（～したい・してほしい）／意志（～しよう）／命令（～しなさい）

➡「いかで」は強調で「なんとかして」

難しそうに感じますが、要するに、

Ⓐ推量・疑問・反語＝“弱”い言葉や“否定的”な言葉

Ⓑ願望・意志・命令＝“強”い言葉や“積極的”な言葉

後文が弱ければ「いかで」も弱く「どうして」（疑・反）と訳し、**後文が強ければ「いかで」も強く「なんとかして」（強調）**と訳します。

「いかでか」＝「いかで」と覚えよう

ときどき「いかでか」という形で出てくることもありますが、「か」が直後にくっついているからといって、必ずしも「疑問・反語」とは限りません。やはり、「強調」の訳もありえますので、「いかでか＝いかで」と覚えてください。同じように後文で訳が決まります。

本章の前半で学んだ願望は“強”ですから、これらの助詞・助動詞と一緒のときは、「いかで(か)」を「なんとかして」と訳します。確認しましょう。

❶ いかで とく京へもがな。　（土佐日記）
願

重要単語 とし＝早い

（なんとかして、早く京へ行きたい）

❷世の中に物語といふもののあんなる＊を、いかで 見ばや。　（更級日記）
願

（世の中に物語というものがあるとかいう、それを、なんとかして 見たい）

＊あんなる：「あるなる」の撥《はつ》音便。「なる」は伝聞推定「なり」の(体)。〜とかいう。

まとめ

「いかで(か)」の３つの訳

なんとかして［強調］＝ いかで(か) ＝［疑問］どうして〜か
［反語］どうして〜か、いや〜ない

（注）疑問か反語かは、文脈判断する

Ⓑ 願望 意志 命令 ［強］

Ⓐ 推量 疑問 反語 ［弱］

難関レベルにもチャレンジしよう!

「べし・む」「まじ・じ」は要注意!!

第４・５章で学んだように、「べし」「む」にはたくさんの意味がありました。「いかで〜べし」「いかで〜む」がコワイのは、「べし」「む」が Ⓐ推量 Ⓑ意志・命令 のどちらか、パッと見ただけではわからないということです。

この場合は、「①どうして〜だろうか（疑問）」「②どうして〜だろうか、いや〜ない（反語）」「③なんとかして〜しよう・しなさい（強調）」の**３とおりの訳を文脈判断**します。難関大学は、このパターンを集中的に出しますよ！「べし」の打消である「まじ」、「む」の打消である「じ」も、同様にⒶⒷ両方の意味を持っています。やはり３つの訳を入れてみてください。

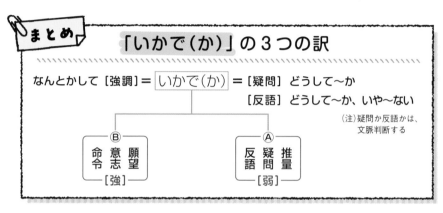

問題

次の「いかで」は、疑問・反語・強調のどれか。[各５分]

1 親なかるめれば、（継母《ままはは》に）いかでよろしく思はれにしがな。（落窪物語）

＊なかる：形容詞「なし」の連体形。

2 （姫君たちの）この御ありさまどもを、いかでいにしへ（父が）思《おぼ》し おきてしに違《たが》へずもがな。（源氏物語）

重要単語　［敬］思《おぼ》す＝（尊）お思いになる　おきつ＝決める

3 「この世にいかでかかることありけむ」とめでたく思ゆる。（無名草子）

重要単語　かかり＝こうだ　めでたし＝すばらしい

4 挑《いど》むことに勝ちたる、いかでかはうれしからざらむ。（枕草子）

【考え方】

「いかで」とペアになる後文の言葉を判断すること。

1 文末の「にしがな」は願望の終助詞。「いかで」は強調。
↳親（実母）がいないようなので、継母になんとかしてよいように思われたい。

2 文末の「もがな」は願望の終助詞。ほかが訳せなくても、「いかで」が強調は明らか。
↳姫君たちのこのご様子などを、なんとかして昔、父が思い決めていらっしゃった様子と違わないようにしたい。

3 会話の文末「けむ」は過去推量。
「いかで」は疑問か反語。反語は「この世にあったか、いやない」だが、「ない」ことを「すばらしく思う」のは変。つまり疑問。
↳「この世にどうしてこのようなことがあったのだろうか」とすばらしく思われる。

4 文末の「む」は要注意。3つの訳を入れて決める。「挑戦することに勝つ」のは「うれしい」に決まっている。ところが、字面は正反対で

「うれしくない」。そこで、「いかでか」を反語にすると、「うれしくないことはない＝うれしい」となり、つじつまが合う。この「む」は推量。

↳挑戦したことに勝ったのは、どうしてうれしくないだろうか、いやうれしい。

5 姉・継母《ままはは》などのやうの人々の、その物語、かの物語、光源氏のあるやうなど、ところどころ語るを聞くに、いとど ゆかしさまされど、わが思ふままに、そらにいかでか おぼえ語らむ。

（更級日記）

＊そらに：暗記して。

重要単語　いとど＝ますます　　ゆかし＝〜したい

㊟文脈により、この場合の「ゆかし」は「聞きたい」。本文「ゆかしさ」は形容詞「ゆかし」の名詞形。

5「む」は要注意。3つの訳を入れて判断する。逆接「ど」（第2章参照）も利用しよう。「ますます聞きたいけれど→聞けない」とわかる。つまり反語で「語ってくれない」。この「む」は推量。

↳姉・継母のような人々が、その物語、あの物語、光源氏のありさま（源氏物語）など、ところどころを語ってくれるのを聞くと、ますます聞きたさが増すけれど、私の思うとおりにどうして暗記して語ってくれるだろうか、いや語ってくれない。

6 「いかで 近くて、かかるはかなしごとも言はせて聞かむ」と思《おぼ》し立つ。

（和泉式部日記）

＊はかなしごと：ちょっとした言葉。

＊思し立つ：「思ひ立つ」の尊敬語。「思ひ立つ」は「決心する」こと。

重要単語　かかり＝こうだ

6 会話文末の「む」は要注意。直後に「思し立つ」とあるので、「〜しよう」との決心で「む」は意志。よって、「いかで」は強調。

↳「なんとかして 近くで、このようなちょっとした言葉を言わせて聞こう」と決心なさる。

〈答：1・2・6＝強調
3＝疑問 4・5＝反語〉

復習は(金)　焦りは(禁)

☑ 一番大切で、難しい「いかで」

本章で学んだ中で、一番難しく、一番大切なのは「いかで」です。ほかのいろいろな文法とからんでくるから大変なのですね。今までは、１つ１つ単独で項目ごとに勉強してきましたが、入試問題は最終的には、いろいろな知識をどれだけ有機的に結びつけて理解しているか――それを試してきます。

「いかで」は、共通テストをはじめ、どの大学も出す可能性がありますが、特に難関大学が好んで出します。早稲田大・上智大・青山学院大・同志社大・立命館大・関西学院大・関西大・甲南大・東京大・お茶の水女大など、あげればきりがありません。今後も、教科書や問題集で見つけたら練習し続けてください。

☑ 入試問題は多彩な知識をからませている

１つ１つの知識を、いいかげんにしないできちんと積み上げていかないと、複雑な入試問題を解こうとしたときに頭が混乱します。

先ほども言いましたが、入試は１つの設問の中に多種多様な知識をからませています。特に文法問題は、あちらこちらの項目を同時に頭の中で処理しないと解けません。そういうことが、入試直前までにできるようになるために、今のうちに基礎知識を確実にしておいてください。

☑ ここらで一度総復習！

この講座も、ほぼ２分の１が終わろうとしています。だんだんと入試レベルに引き上げていますから、苦しくなっているころでしょう。

一度、今までの第１章～第８章を、全部復習してみることを勧めます。さらっと読み流すだけでもずいぶんと違うものです。そして、「まとめ」の表の文法事項と「この章の重要単語」を徹底的に暗記してください。焦《あせ》って前に進もうとしたり、いろいろな問題集に手を出そうとせず、復習に徹すること！

この章の重要単語 8

記号説明

★★★★ …… 最重要語
★★★ ……… 設問によく出る語
★★ ………… 読解上必要であり、設問にもときどき出る語
★ …………… 覚えられたら覚えてほしい語
◆ …………… 敬語
番号 ……『マドンナ古文単語 230』の見出し番号。′《ダッシュ》つきは関連語

番号	出題頻度	単語と現代語訳		
86	★★	やうやう [①漸う　②様様]	=	①だんだん ②さまざま
117	★★★	よをのがる [世を遁る]	=	出《しゅっ》家《け》する
31	★★	あく［飽く］	=	満足する
164	★★★★	いかで(か)	=	①［疑問］どうして〜か ②［反語］どうして〜か、いや〜ない ③［強調］なんとかして
60	★★	とし［疾し］	=	早い
208	★★	おきつ［掟つ］	=	決める
159	★★	かかり	=	こうである・こうだ ＊かかる（連体形）＝このような
43	★★★	めでたし	=	すばらしい
142	★★	いとど	=	ますます
110	★★★	ゆかし	=	〜したい ＊「〜」の部分は文脈補足する。
敬語	◆	おぼす［思す］	=	［尊敬語］お思いになる

荻野先生の
授業ライブ
MADONNA
KOBUN
AYAKO OGINO

第**9**章

「なり」の識別

頻出度NO.3
イジワル問題もへっちゃら!!

ねらい

４つの「なり」の識別を覚えましょう。
最近の入試は、この４つを基本に、
さらにひねりを加え始めました。
入試でねらわれるパターンを教えますヨ！

頻出度 No. 3
4つの「なり」の識別

どうせ覚えるなら人より先に！

今までにも、同じ音で違う意味を持つ語句の識別を、いろいろと学びました。4つの「なむ」や「ばや」「ぬ・ね」などですね。

古典文法には、こうした紛らわしいものが20組近くあります。初めから何もかも完璧に……というのはムチャですから、よく出るものを先にマスターしてもらおうと思います。

これから学ぶ「なり」は頻出度 No. 3。識別は、頭が痛いけれど、どうせいつかは暗記しなければなりません。一日も早く覚えて、人の先を行きましょう。

断定と伝聞推定は直前の活用形をマーク！

「なり」には4つあります。①断定の助動詞「なり」　②伝聞推定の助動詞「なり」　③形容動詞「〜なり」の語尾　④動詞「なる」の連用形　の4つです。

このうち、③と④はそれほど難しくはありません。初めに、面倒な①と②を徹底的にマスターしましょう。

①と②は、原則として、接続（直前の活用形）で区別します。①断定「なり」は **“体言（名詞）”か“連体形”接続**　②伝聞推定「なり」は **“終止形”か“ラ変の連体形”接続**です（109ページ「助動詞の接続」参照）。

まとめ

断定と伝聞推定の「なり」の接続

❶断定 ➡ 体言（名詞）／連体形 ＋ なり

❷伝聞推定 ➡ 終止形／ラ変の連体形 ＋ なり

▶断定の「なり」は、接続が体言か連体形。伝聞推定の「なり」は接続が終止形かラ変の連体形。

『土佐日記』の有名な書き出しに、ちょうど２つの「なり」が出てきます。

Ⓐの直前の「す」、Ⓑの直前の「する」は、ともに「する」という意味のサ変動詞「す」で、「せ／し／す／する／すれ／せよ」と活用します。現代語とは終止形の音が異なりますので注意しましょう。

●**男もす（終）Ⓐ［なる］日記といふものを、女もしてみむとてする（体）Ⓑ［なり］。**

（土佐日記）

(男もするとかいう日記というものを、女もしてみようと思ってするのである)

↳Ⓐの直前の「す」は“終止形”。［終止形＋なり］は伝聞推定。

Ⓑの直前の「する」は“連体形”。［連体形＋なり］は断定。

こうして、必ず、接続（直前の活用形）に目を向けるクセをつけてください。

☑ 好きな訳を1つ覚えておけばよい

ところで、この２つの助動詞の訳は、どう違うのでしょう。「見分けはついたけれど訳せない」ではどうしようもありませんから、訳も覚えましょう。

①断定は「〜である・〜だ」と訳します。“断言して決定する”言い方ですね。

②伝聞推定は「〜らしい・〜そうだ・〜とかいうことだ」などと訳します。自分の好きな訳を１つ覚えておけばよいのですが、どのみち、“人から聞いて、どうもそういうことらしいと推測している”言い方ですね。

上の例文の訳を、確認しておきましょう。

接続だけでは入試はムリ!!

☑ “目撃情報・主張”は断定、“耳情報・推測”は伝聞推定

ここまでは簡単に接続で判断してきましたが、入試はそれでは許してくれません。接続を見ただけではパッとわからないものを、集中的に出してきます。

たとえば、[咲く＋なり] はどうでしょう。「咲か／咲き／咲く／咲く／咲け／咲け」と変化しますので、“終止形”も“連体形”も「咲く」です。これでは、[終止形＋伝聞推定] なのか、[連体形＋断定] なのか、わかりませんね。こういう場合は、訳して前後の文脈で決めます。

つまり、自分の目で見た“**目撃情報**”やはっきり断言できる“**主張**”の場合なら**断定**。人から聞いた“**耳情報**”や聴覚を根拠にした“**推測**”は**伝聞推定**です。

たとえば、目の前で桜を見ている人が「花咲くなり」と言えば、これは断定。「なり」が判明したことにより、逆に「咲く」が“連体形”とわかるのです。でも、部屋に籠《こも》っている人が「花咲くなり」と言ったらどうでしょう。目で見ていませんから、人から聞いたのですね。このときは、「花が咲いているらしい」という伝聞推定です。結果として、この「咲く」は“終止形”ですね。

短文で練習しましょう。なるべく、自分で考えて、初めに訳を見ないようにしてください。

❶奥山《おくやま》に猫《ねこ》*またといふものあり㋢、人を食らふ（？）［なり］。 （徒然草）

＊猫また：化《ば》け猫《ねこ》。

（奥山に猫またというものがいて、人を食べるそうだ）

↳「食らふ」は㊞㊡同音。「人を食べる」のは化け猫であるが、この人は化け猫を見たことがあるのだろうか。「猫またというもの」と言っているから、見たことはないようである。そこで「人を食う」のも見ていないはず。“噂《うわさ》を聞いた”だけであろう。第一、もし化け猫に会ったのなら、この人はとっくに食い殺されていて、こんな発言はできない。よって伝聞推定。「食らふ」は㊞。

❷**吉野《よしの》なる夏実《なつみ》の川の川淀《よど》に鴨《かも》ぞ鳴く なる 山かげ*にして**　（万葉集）

＊山かげ：山にさえぎられて見えないところ。

（吉野にある夏実川の川淀に、鴨が鳴いているらしい。山かげで……）

↳「鳴く」は(終)(体)同音。「鴨が鳴く」のをこの人は見たのだろうか。「山かげ」がヒント。山にさえぎられて鴨の姿は見えないのだから、“声で推測”している。よって伝聞推定。「鳴く」は(終)。

❸［女が、夜中に立《たつ》田《た》山《やま》を越える男の身の上を心配した歌を詠《よ》んだので、］

（男は）**「わが上を思ふ なり けり」と思ふ。**　（大和物語）

（男は「私の身の上を思ってくれているのであるなあ」と思う）

↳直前の「思ふ」は(終)(体)同音。女は“目の前”で歌を詠んだのだから、「私の身の上を思って」くれていることは事実。よって断定。「思ふ」は(体)。

❹**笛をいと をかしく吹きすまして、過ぎぬ なり 。**　（更級日記）

重要単語　いと＝たいへん　をかし＝趣《おもむき》深い

（笛をたいへん趣深く吹きすまして、通り過ぎてしまったらしい）

↳直前の「ぬ」は、「過ぎ」が(未)(用)同音なので、打消「ず」の(体)か完了「ぬ」の(終)か判断不能（第７章）。「笛」をヒントに、“音で推測”している伝聞推定。「ぬ」は結果的に完了の(終)とわかる。

〈答：①伝聞推定　②伝聞推定　③断定　④伝聞推定〉

こうして、訳を当てはめ、前後の文脈に根拠を探《さが》してくださいね。

まとめ

断定と伝聞推定の「なり」の文脈判断

❶ 断定（～である）

➡ **目撃情報・主張の文脈**

❷ 伝聞推定（～らしい・～そうだ・～とかいうことだ）

➡ **耳情報・推測の文脈**

「ラ変(体)」も文脈で決めよう！

出題者がねらう“ラ変の連体形”

さて、もう１つの入試のイヤなパターンは、接続が“ラ変の連体形”のとき。ラ変（ラ行変格活用）は「ら／り／り／る／れ／れ」の音で変化します。

動詞の“ラ変”は「あり・居《を》り・侍《はべ》り・いますがり」の４語しかありません。

助動詞では、終止形が「り」で終わるものは、すべて“ラ変”型《がた》です。「り・けり・たり（完了）・めり・なり（断定）・なり（伝聞推定）・たり（断定）」の７語ですね。全部「ら／り／り／る／れ／れ」と変化します。

これら“ラ変の連体形”の後ろに「なり」がある場合は、やっぱり接続では見分けられません。断定は“ラ変”であろうとなかろうとすべての“連体形”に接続するし、伝聞推定も“ラ変”のときだけは“連体形”につくからですね（132ページまとめ参照）。

つまり、［ラ変の連体形＋なり］は断定と伝聞推定の両方の可能性があります。この場合も、やはり訳して、前後の文脈で判断してください。

❶ **日の入《い》り給《たま》*ふところは西方浄《さいはうじゃう》土《ど》*にてある ラ(体) なり。**　（平家物語）

＊給ふ：尊敬語。昔は“太陽”を神格化して尊敬語を使った。　＊西方浄土：極楽。

（日の沈みなさるところは、極楽であるらしい）

↳直前の「ある」はラ変(体)。「西方浄土がある」のを見た人はいないから、“伝説”にすぎない。よって伝聞推定。

❷ ［ある見知らぬ女性が、季節にふさわしい贈り物を、使者に持たせて、作者の船まで届けてくれました］

（この女性は）**よき*人の、男につき*て下《くだ》りて住みける ラ(体) なり。**　（土佐日記）

＊よき人：教養のある人。この場合は、季節に合うものを贈る風流な人のこと。　＊つきて下る：結婚して都から地方へ行く。

（この女性は、教養のある人で、男と結婚して地方へ下って住んだらしい）

↳直前の「ける」はラ変(体)。「見知らぬ女性」だから、人から聞いた“耳情報による推測”にすぎない。こういうオシャレな贈り物をする女性は、教養のある都人《みやこびと》で、結婚か何かでこの地方へ来たのだろうと想像している。よって伝聞推定。

〈答：①伝聞推定　②伝聞推定〉

ところで、［ラ変の連体形＋なり］は、「る」が音便《おんびん》化したり表記が脱落したりする場合があります。たとえば「あるなり」が「あんなり」(撥《はつ》音便) もしくは「あなり」(脱落) となったりします。このような**「□んなり」「□なり」パターンは伝聞推定**が圧倒的！ 暗記しておきましょう。

あと2つの「なり」は形容動詞と動詞

☑「たいへん」を補うとわかりやすい！

断定と伝聞推定の助動詞は終わりました。「なり」には、あと２つあります。

形容動詞には、「静かなり・清《きよ》らなり・細《こま》やかなり」など、「〜なり」で終わる語がたくさんあって、１つ１つを覚えることは不可能です。

この形容動詞「〜なり」は、断定と間違えます。「静かである・清らかである・細やかだ」など、訳に「〜である・〜だ」が入るからです。でも、もしも断定なら「静か・清ら・細やか」は体言(名詞) だということになりますが、抽象的でわかりにくいですね。こういう“名詞のようで名詞でない”言葉の続きに「なり」があるときは、形容動詞を疑ってください。

そこで簡単な方法を教えます。訳に**「たいへん」を補ってみてきれいだったら形容動詞**です。「この教室はたいへん静かである」「彼女の心はたいへん清らかである」「心遣《づか》いがたいへん細やかだ」という要領です。

また、「眠たし」「さびし」などの形容詞に「〜げなり」がついた「眠たげなり」「さびしげなり」は形容動詞。**［形容詞＋〜げなり＝形容動詞］**と特徴を覚えます。「たいへん眠そうだ」「たいへんさびしそうだ」と訳せますね。

そのまま訳せる動詞「なる」

最後に、動詞の「なる」ですが、これは今でも使っています。「春になる」「水が氷になる」「大人《おとな》になる」などですね。つまり、**そのまま「なる」と訳せたら動詞**です。この「なる」は変化を表す言葉。ちょうど、英語の become・come to ～と同じです。

ところで、紛らわしい動詞に「亡くなる」と「慣《な》る」があります。「慣る」は訳ですぐわかります。「慣れる」ですね。「亡くなる」は、難関大学がイジワルをして選択肢に混ぜてきます。「亡くなる」と「なる」だけに線を引いてきますが、「亡くなる」で1語の動詞です。区別して覚えておきましょう。

受験生がよく失敗する「～ずなり」

最後に難関大学がねらうもう1つのパターン「～ずなり」を覚えましょう。「～せずじまいになる」「～しなくなる」など「なる」と訳せるので動詞の「なる」なのですが、受験生がよく伝聞推定と誤って失敗します。

打消「ず」には活用が2種類あります。「ず／ず／ず／ぬ／ね／○」(正活用) と「ざら／ざり／○／ざる／ざれ／ざれ」(ザリ活用) ですね。

まとめ

「なり」の識別

- **体言・連体形 ＋ なり** ➡ 断定 (～である・～だ)
- **終止形・ラ変㊌＋ なり** ➡ 伝聞推定(～らしい・とかいうことだ)
  - 文脈 **接続が不明のときは文脈判断。**
- **たいへん ～なり** ➡ 形容動詞の語尾
- **そのまま訳せる** ➡ 動詞「なる」

暗記
「□んなり」「□なり」は**伝聞推定**
「～ずなり」は**動詞の「なる」**
「亡くなる」はこれで**1語の動詞**
「慣れる」と訳せるのは**動詞「慣《な》る」**

じつは伝聞推定「なり」は“ザリ活用”につきます。•印でわかるように“ラ変型”です。［ラ変の連体形＋伝聞推定］で「ざるなり」が伝聞推定です。

ともかく、「～ずなり」は動詞と丸暗記しましょう。ちなみに、この「ず」は、動詞(用言)に連なる“連用形”。“終止形”ではありませんよ！

断定の「なり」には存在の用法も

☑ 断定の「なり」を２つに区別する

さて、ここまではおおざっぱな４つの「なり」の品詞識別を学びましたが、最近の入試はさらに細かい判断も要求します。断定の「なり」をさらに２つに分けて意味を区別させようというものです。

断定というのは代表で使っているだけで、じつは「断定（～である）」のほかにもう１つ「存在（～にある）」の意味もあります。接続はまったく同じで、“体言・連体形”ですから、この２つの区別は文脈ということになります。

でも、とても簡単！「存在（～にある）」は、**「なり」の直前が場所や方向**を示す体言になっています。

［例］**京** なる 寺　（京にある寺）
　　場所
　　東 なる 山　（東のほうにある山）
　　方向

ネ、簡単でしょ！　とりあえず、［体言・連体形＋なり］は、代表で断定としておいて、あとでゆっくり「断定」か「存在」かを決めます。

まとめ

断定と存在の細分化

❶ 体言・連体形＋なり ➡ とりあえず断定

❷ 直前の単語を見る

場所・方向 ＋なり ➡ 1. 存在（～にある）

上記以外 ＋なり ➡ 2. 断定（～である）

第9章

問題文

STEP 1 初めに太字・細字や記号を気にせず、全文を読んでみてください。［5分］

STEP 2 次に、太字だけを拾って読んでみてください。右ページのヒントを見てもかまいません。①～⑦の「なり」の識別に特に力を注いでください。［20 分］

STEP 3 142 ～ 143 ページの解説を読みながら、1文ずつ丁寧にチェックしましょう。［Free Time］

記号説明

- 人物、（S）……… 主語
- □……… 登場人物
- ㋢ ………… 前後同主語
- ………… 重要単語
- //…………… 文を切る
- ▲…………… 打消（～ない）

その春、世の中いみじうさわがしうて、松里のわたりの月かげ あはれに見し乳母《めのと》も、三月ついたちになくなり①ぬ。せむかたなく思ひ歎《なげ》くに、物語のゆかしさもおぼえずなり②ぬ。いみじく泣きくらして見いだしたれば、夕日のいとはなやかにさしたるに、桜の花のこりなく散りみだる。

散る花もまた来《こ》む春は見もやせむやがて別れし人ぞこひしき

また聞けば、侍従《じじゅう》の大納言《だいなごん》の御むすめなくなりたまひぬなり③。殿《との》の中将《ちゅうじょう》のおぼし歎《なげ》くなる④さま、わがものの悲しきをりなれ⑤ば、いみじくあはれなり⑥と聞く。のぼりつきたりし時、（ある人が）「これ手本にせよ」とて、この姫君の御手をとらせたりしを、「さよふけてねざめざりせば」など書きて、「とりべ山たにに煙《けぶり》のもえ立たばはかなく見えしわれと知らなむ」と、いひ知らずをかしげに、めでたく書きたまへるを見て、いとど涙をそへまさる。

かくのみ思ひくんじたるを、「心もなぐさめむ」と、心苦しがりて、母、物語などもとめて見せたまふに、げに おのづからなぐさみゆく。紫のゆかりを見て、つづきの見まほしく(願)おぼゆれど(逆)、人かたらひなどもえせず。たれもいまだ都なれ(⑦)ぬほどにてえ見つけず。いみじく心もとなく、ゆかしくおぼゆるままに、「この源氏の物語、一の巻よりしてみな見せたまへ(命)」と心のうちにいのる。

（更級日記）

＊折《をり》：時。　＊のぼる：地方から都へ行くこと。　＊手：この場合は「筆跡《ひっせき》」のこと。　＊鳥部《とりべ》山：京都にあった火葬《かそう》場。　＊紫のゆかり：『源氏物語』若紫《わかむらさき》の巻《まき》。

ヒント

1 単いみじ＝たいへん（L.3・7・16にも）
単かげ＝光
単あはれなり＝感慨《かんがい》深い（L.7にも）

2 「歎《なげ》く」のは「日記」を書いている作者。

3 単ゆかし＝～したい（L.16にも）
＊「～」は文脈補足。「ゆかし」は形容詞、「ゆかしさ」は名詞。

4 単いと＝たいへん

5 単やがて＝①そのまま　②すぐに
ここは①。「別れし人」とは死別した乳母。

6 ③「なり」の直前の「ぬ」を先に識別。

7 ④「なり」の直前「歎く」は㊦㊍同音。
⑤「なれ」直前「をり」は名詞。

8 ⑥の直前の「あはれ」は名詞のようで名詞でない!?
「のぼりついた」のは作者。ここからL.11の「書きたまへる」まで過去の回想。

9 「姫君」は亡き「侍従大納言の娘」。

11 単をかしげなり＝趣《おもむき》深い
単めでたし＝すばらしい
単いとど＝ますます
姫君の生前の筆跡を見て泣くのは作者。

13 単かく＝このように
「心苦しがる」のはだれか。直後の「て」の後ろを見ると「母」。

14 単げに＝本当に
単おのづから＝自然と

15 単え～打消＝～できない（L.16にも）

16 単心もとなし＝①はっきりしない　②不安だ　③待ち遠しい　ここは③。

問題文 現代語訳＋解説

①〜⑦の「なり」に力を注ぎながら、一緒に読みましょう。迷ったら138ページまとめを参照してください。
（左端の数字は行数です）

1 「その春、世の中がたいへん騒がしかった」とあるが、後文を見ると、乳母や姫君がつぎつぎと亡くなっているので、“流行病”か何かであろう。

2 「乳母が亡くなった」という意味。作者がその死を嘆いている。 ⇒①「なり」は、「亡くなる」という動詞の語尾。

3 嘆いているうちに、物語の見たさも「感じなくなった」。作者はひどく泣き暮らして外を見た。 ⇒②の「〜ずなり」は暗記パターン。動詞「なる」。

4 「桜が散り乱れる」のと「乳母の死」がダブったのであろう、和歌を詠《よ》んだ。

5 「そのまま別れた人」とは死別した乳母のこと。「乳母が恋しい」のである。

6 侍従大納言の娘さんも亡くなりなさったということだ。 ⇒③「なり」の直前の「ぬ」は、「たまひ」が(用)なので完了の助動詞「ぬ」の終止形（第７章）。[(終)＋なり]により、③は伝聞推定。冒頭の「聞けば」もヒントになる。

7 殿の中将が嘆いていらっしゃるとかいう様子を、私も（乳母を亡くして）悲しいときであるので、たいへん感慨《かんがい》深く（＝気の毒に思って）聞く。
⇒④「なる」は、直前「歎く」が(終)(体)同音なので文脈判断。作者は、「殿が姫君の死を嘆く」のを見たのだろうか。８行目に「聞く」とあるから伝聞推定。
⇒⑤「なれ」は簡単。直前「折《をり》」が“体言（名詞）”なので断定。
⇒⑥は「たいへん」が補えるので形容動詞「あはれなり」の語尾。

8 （作者が）京都についたとき、ある人が「これを手本にせよ」と言って、

9 この（亡くなった）姫君のお習字をくれた。過去の助動詞「き」の連体形「し」が出てきているので、回想シーン。ここから、姫君の生きていたころのことを思い出すのである。

11 「（姫君が）趣深くすばらしく書いていらっしゃった」のは、“生前《せいぜん》”のお習字のこと。「それを見て、ますます涙」が出るのは“今”である。あの美しい字

を書いた姫が亡くなったのだと、作者が悲しみを新たにしている。

13　こんなふうに（悲しいことばかり）思っていた。母が「心を慰めてやろう」と苦心して、物語を探《さが》してきて見せてくださる。

14　「本当に自然と慰んでいく」のは、物語を読んだ作者である。

15　『源氏物語』の若紫の巻を見て、続きを見たいと思ったけれど、（見ることは）できない。

16　「（源氏の続きを）見つけることができない」理由は「まだ都に慣れないころ」だったから。 ⇒⑦「なれ」はヒッカケ問題。直前の「都」は体言（名詞）ではあるが、断定の訳「まだ都でなかったとき、見つけることができない」は変。存在の訳「まだ都にいないとき」も、８行目の「のぼりつきたし（＝都についた）」と文脈上矛盾する。よって、これは「慣る」という動詞。

たいへん待ち遠しく、見たく思う。

17　「この源氏物語を一巻から全部見せてください」と、心の中で祈った。祈るのは、もちろん作者である。

〈140 ～ 141 ページの問題の答〉
①動詞「亡くなる」の語尾　②動詞「なる」　③伝聞推定　④伝聞推定　⑤断定
⑥形容動詞の語尾　⑦動詞「慣る」

ミニミニ文学史

『更級《さらしな》日記』

『更級日記』の作者・菅原孝標《すがわらのたかすえ》の女《むすめ》は、少女時代から『源氏物語』に強く憧《あこが》れ、のちに伯母《おば》から全巻を贈られると夢中になります。ちなみに、伯母は『蜻蛉《かげろう》日記』の作者・藤原道綱《みちつな》の母。文学的環境に恵まれました。

あこがれの源氏物語
超カンドー
私も書くわ！
さらさら更級日記ブログ

この章の重要単語 ⑨

記号説明

★★★★ ···· 最重要語
★★★ ······· 設問によく出る語
★★ ········· 読解上必要であり、設問にもときどき出る語
★ ············ 覚えられたら覚えてほしい語
◆ ············ 敬語
番号 ····『マドンナ古文単語 230』の見出し番号。´《ダッシュ》つきは関連語

番号	出題頻度	単語と現代語訳		
141	★★	いと	=	たいへん・はなはだしい
97	★★★★	をかし［招し］	=	①興味がある・興味深い ②美しい・かわいい ③趣《おもむき》深い・風流だ ④おかしい・滑稽《こっけい》だ ＊形容動詞「をかしげなり」も同じ意味。
108	★★★	いみじ	=	①たいへん　②たいへん～ ＊②は「～」の部分を文脈補足する。
2	★★★	かげ［影］	=	光
106	★★★★	あはれなり	=	感慨《かんがい》深い
110	★★★	ゆかし	=	～したい　＊「～」の部分は文脈補足する。
74	★★★	やがて	=	①そのまま　②すぐに
43	★★★	めでたし	=	すばらしい
142	★★	いとど	=	ますます
156	★★	かく	=	こう・これ・このように
6	★★★	げに［実に］	=	本当に
179	★★	おのづから ［自ら］	=	①自然と ②偶然・たまたま ③万一・ひょっとして
114	★★★	え～打消	=	～できない
101	★★★	こころもとなし ［心許無し］	=	①はっきりしない ②不安だ・気がかりだ ③待ち遠しい

第10章

「に」の識別

頻出度 NO.2
これで君も文法ツウー!!

ねらい

6つの「に」の識別を覚えましょう。
数が多くて難しいので、
早くマスターして訓練を続けてください。
難関大学がねらう特殊用法や、
イジワル選択肢も教えます。入試頻出！

頻出度No. 2
6つの「に」の識別

☑「に」にはナント6つもある！

同じ音で違う意味を持つ語句の識別のうち、最も難しいのが「に」の識別です。６つもあって、みなさんがパニックするから、入試はこれをねらい撃ち！

頻出度No. ２ですが、難易度はNo. １ですよ。これができると、あなたは“識別の通《つう》”です。難解な識別ほど早く覚えて、あとに訓練の時間を残しましょうね。ちなみに、識別三冠王はNo. １「なむ」・No. ２「に」・No. ３「なり」、続いてNo. ４「ぬ・ね」・No. ５「る・れ」です。この本にすべて載せていますから、全章が終わったら、識別だけをもう一度復習するのもよいでしょう。日ごろの練習には、別冊「早わかりチャート」も活用してネ！

さて、「に」には、①完了の助動詞「ぬ」の連用形　②断定の助動詞「なり」の連用形　③格助詞「に」　④接続助詞「に」　⑤形容動詞の連用形語尾　⑥副詞の一部　の６つがあります。少しずつ分けてマスターしましょう。

☑接続だけで即答できる完了！

完了の助動詞「ぬ」の活用は「な／に／ぬ／ぬる／ぬれ／ね」。連用形に「に」がありますね。この「に」は接続（直前の活用形）だけで判断できます。完了「ぬ」は“**連用形**”**接続**（109ページ「助動詞の接続」参照）。［連用形＋に］を確認します。「～した・～してしまう・～してしまった」と訳します。

●尾上《をのへ》の桜咲き(用)[に]けり（峰の桜が咲いたなあ）　　（後拾遺集）

まとめ

完了「ぬ」の連用形「に」の接続

❶ 完了 ➡ 連用形 ＋ [に]

▶［体言+に］は断定か格助詞。［連体形+に］は断定・格助詞・接続助詞。最後は訳で決める。

☑ 断定・格助詞・接続助詞の接続は、まとめ暗記！

断定と格助詞と接続助詞は、接続が共通しています。だから、最終的には訳して決めることになるのですが、ほかの「に」と区別するために、接続も覚えておきましょう。

まとめ　断定・格助詞・接続助詞の「に」の接続

❷ 断定 ➡ 体言・連体形 + に
❸ 格助詞 ➡ 体言・連体形 + に
❹ 接続助詞 ➡ 連体形 + に

つまり、"**体言（名詞）**"**に接続**する「に」は断定か格助詞。"**連体形**"**接続**の「に」は、ナント断定・格助詞・接続助詞の３つの可能性があるということです。

訳して決める 断定・格助詞・接続助詞

接続だけでは識別できない断定・格助詞・接続助詞は、入試に頻繁に出題されます。この３つが識別できるようになると、「に」を征服したのも同じ。次ページから長い説明になりますが、メゲずにマスターしてください。

「〜である」と訳せる断定

［体言＋に］［連体形＋に］は、「に」を「〜である」と訳せたら断定です。

● **今年、元禄二年《ふたとせ》にや**、（今年は元禄二年であろうか）　（奥の細道）

断定の助動詞「なり」は、古い時代には［に＋あり］の形で使っていました。たとえば、「寝《ね》床《どこ》は草葉である」は「床《とこ》は草葉にあり」と言ったのです。これがつづまって「にあり⇨にゃり⇨なり」となって、断定の助動詞「なり」ができました。連用形「に」は、その古い形のなごりです。

だから、断定の「に」は、多くは「に＋あり」の形で使われます。「に＋あり」全体で「〜である」と訳してみましょう。「に＋あり」は、間《あいだ》に助詞をはさんでいる場合もあります。助詞がわからなければ、“ひらがな１文字２文字”が間に入ると理解してください。「に＋○○＋あり」となっていても、全体で「〜である」と訳せるか確認しましょう。

まとめて言うと、**「に」「に＋あり」「に＋○○＋あり」**のどの形でも、**「〜である」と訳せる場合は断定**です。

● **いかにするにかあらむ。**（どうするのであろうか）　（大和物語）

「（ソレ）に」と訳せる格助詞

格助詞「に」は、今もそのまま使っています、「田舎に住む」「友人に会う」の「に」です。だから、**そのまま「に」と訳せる**のが特徴です。

● **八橋といふ所に至りぬ。**（八橋という所についた）　（伊勢物語）

現代語と違って、古語は“連体形”にも接続します。この場合は、そのまま「に」とは訳しにくいので、**「ソレ」を補って、「ソレに」と訳して確認**します。

● **思ひわびさても命はあるものを憂《う》きに堪《た》へぬは涙なりけり**　（千載集）

重要単語　わぶ＝つらい・困る　うし＝つらい

（思い嘆いても命はあるのに、つらい思いに堪えられないのは涙だよ）

↳「つらい、ソレに堪えられないのは涙だ」と訳せるので、格助詞。

本当は「に」の前に「思い」という体言(名詞)を補って訳すのが美しいのですが、急いで識別する場合には「ソレ」を代わりに補うのが便利です。

接続助詞は消去法を使う

接続助詞「に」は、“連体形”に接続します。訳は「①～と・～ところ」「②～ので」「③～けれど」の３つがあります。が、３つの訳を当てはめて識別するのは面倒です。そこで、[連体形＋に]の場合、**断定でも格助詞でもないとき、消去により接続助詞**と決めましょう。

●**物語などしたまふ(体)に夜いととふけぬ。**　(枕草子)

(お話などなさると夜がたいへん更けてしまった)

↳「お話などなさるのである夜がたいへん更けた」は変なので、断定は×。
「お話などなさる、ソレに夜がたいへん更けた」も変なので、格助詞も×。
よって、消去により接続助詞。

接続助詞とは、接続（＝つなぐこと）を助ける詞《ことば》という名のとおり、文と文をつないで１つの大きな文にする働きをします。だから、「に」をはさんで前と後ろに小さな文があるはずです。**「に」の前後を文と文に切ってみる**ことで最終確認もしましょう。上の例では、「お話などなさる」という文と、「夜がたいへん更けてしまった」という文に切ることができます。こうして接続助詞だと識別したあと、３つの訳し分けをします。それは次ページで説明しましょう。

「連体形＋に、」に断定はない！

入試に一番よく出るのは、**[連体形＋に、《テン》]** のパターンです。[連体形＋に]には断定・格助詞・接続助詞の３つがありますが、**直後に読点（、）があるときは断定はありえません。**これを覚えておくと、格助詞か接続助詞かを識別するだけですむので、解答を出すスピードが早くなります。

●**あやしがりて寄りて見る(体)に、筒の中光りたり。**　(竹取物語)

(不思議がって近寄って見ると、筒の中が光っていた)

↳「近寄って見る、ソレに筒の中が光る」は変なので、格助詞は×。
直後に読点があるので、断定は×。よって、消去により接続助詞。

まとめ　断定・格助詞・接続助詞の「に」の特徴

❷ **断定** ➡ **「である」と訳せる**
❸ **格助詞** ➡ **「に」「ソレに」と訳せる**
❹ **接続助詞** ➡ **消去法・文と文に切れる**

注　「に＋あり」全体で「である」と訳せる場合は断定
「連体形＋に、」の場合は断定はない

☑ 接続助詞はつなげば訳せる

ところで、接続助詞「に」には、訳が３つもあります。傍線訳でも頻出ですので、訳し方にも慣れておきましょう。

接続助詞「に」　文法的意味と訳

① 単純な接続 …………～(する)と・～(した)ところ
② 原因・理由 …………～ので
③ 逆接 ……………………～けれど

接続助詞は「文と文をつなぐ」働きをします。神経質に３つの訳を暗記しなくても、「に」の前文と後文をうまくつなごうとすると、自然に訳は出てきます。

前文と後文が起こった順に単純に並べられている場合は①の訳、前文が後文の原因・理由になっていれば②の訳、前文と後文の文意が逆であれば③の訳です。

❶**あやしがりて寄りて見る（体）に（接助）、筒の中光りたり。**　（竹取物語）

（不思議がって近寄って見ると、筒の中が光っていた）

↳前文「近寄って見る」と後文「筒の中が光っていた」は、事実を順番どおりに並べただけ。単純な接続。

❷**「はや船に乗れ、日も暮れぬ」といふ（体）に（接助）、乗りて渡らむとす。**　（土佐日記）

（「早く船に乗れ、日も暮れてしまう」と言うので、乗って渡ろうとする）

↳前文「日没までに早く船に乗るようにと言う」が理由で、後文「乗って渡る」という行動をとったのである。原因・理由。

▶「である」と訳せる断定。「(ソレ)に」と訳せる格助詞。どちらでもなければ接続助詞で、文と文に切れる。

❸見まほしき[に]、誰《たれ》(か)は物語もとめ見する人のあらむ。　（更級日記）
㊍　接助　反

（見たかったけれど、だれが物語を探《さが》し求めて見せてくれる人があろうか、いやいない）
↳前文「見たい」と後文「見せる人がいない」は文意が逆。逆接。

☑ ここまでを復習してね

少し疲れたと思います。「に」は数が多いので、一度に覚えきるのは大変ですね。焦《あせ》って次へ進むよりも、ここで一度立ち止まり、今まで学んだ4つ　①完了　②断定　③格助詞　④接続助詞　の「に」を復習することにしましょう。

4つとも、まずは接続（直前の活用形）を見ることです。

［連用形＋に］はすぐに完了と判断しましょう。

［体言＋に］は格助詞か断定です。「〜である」と訳せたら断定、そのまま「に」と訳せたら格助詞です。

［連体形＋に］は断定・格助詞・接続助詞の可能性があります。「〜である」と訳せたら断定。［に＋あり］の場合も、全体で「〜である」と訳せたら断定です。「ソレ」を補って「ソレに」と訳せたら格助詞です。断定でも格助詞でもない場合は、消去により接続助詞と判断します。念のため、「に」の前後を文と文に切ってみましょう。また、前文と後文をつなげば、訳すこともできます。ただし、［連体形＋に、《テン》］の場合のみ、断定はありません。

「に」の接続は、“連用形・体言・連体形”しかありません。ほかの活用形や品詞に接続する「に」はないので、まずは、この3接続による識別をしっかり覚えてください。

「たいへん」をつけて形容動詞か副詞を決める

形容動詞も副詞も「〜に」で1語

さあ残るはあと２つ、⑤形容動詞の活用語尾「〜に」 ⑥副詞の一部「〜に」です。この２つの識別を学ぶ前に、これまでの４つとの大きな違いを意識しましょう。

①完了 ②断定 ③格助詞 ④接続助詞 には、どれも接続というものがありました。［連用形＋に］［体言＋に］［連体形＋に］のいずれかの接続になるのでしたね。つまり、この４つの「に」は独立していて、直前の語と切り離せるということです。それに対して、**形容動詞や副詞は「〜に」で１語**。「に」だけを切り離すことができません。

形容動詞のナリ活用「〜なり」の連用形は、「〜に」という音になります。たとえば「静かなり」の連用形「静かに」などですね。「静かに」で１語なので、［静か＋に］というふうに「に」を切り離して独立させることはできません。この「に」は形容動詞の連用形の活用語尾なのです。

副詞も、たとえば「つひに」で１語であって、［つひ＋に］というふうに「に」を切り離して独立させることはできません。副詞は活用しないので、活用語尾とはいわず、この「に」は副詞の一部という言い方をします。

いずれにしても「〜に」で１語。これが、ほかの４つとの大きな違いです。

1度ダマされたつもりで切り離す

とはいえ、実際の入試問題では、「静かに」「つひに」などと「に」に傍線を引いているので、どうしても「に」が独立しているような錯覚にとらわれます。

また、「静かである」と訳せるので断定と間違えたり、「静かに」「つひに」と訳せるので格助詞と間違えたりもします。迷いながら識別するのですから、やはり最初は「に」の直前に目が向いてしまいますね。

そこで、まずは、ほかの４つと同じように、［〜＋に］に切り離してみてください。ダマされたつもりでやってみるわけです。

形容動詞「静かに」の「静か」、副詞「つひに」の「つひ」は、第一に、活用しません。「静か／静き／静く……」「つは／つひ／つふ……」などとは言わないですね。だから、［連用形＋に］［連体形＋に］はありえないことがわかります。

第二に、「静か」や「つひ」は体言(名詞)なのでしょうか。もし名詞なら、これを主語にして文を作ることができます。一番簡単な文として「〜がある」をつけてみましょう。体言「机」「本」「絵」は「机がある」「本がある」「絵がある」などと、「〜がある」をつけることができます。しかし、「静かがある」「つひがある」とは言えません。だから、［体言＋に］でもありません。

よって、［連用形＋に］［連体形＋に］［体言＋に］のいずれかの接続を持つほかの４つの可能性は消えたわけです。残るは、形容動詞か副詞しかありません。

☑ 形容動詞か副詞かは「たいへん」をつける

こうして「〜に」で１語を確認したあと、形容動詞か副詞かを区別しましょう。**「たいへん」をつけて訳してきれいだったら形容動詞**です。「たいへん静かである」「たいへん静かに話す」というふうにして確認します。

形容動詞はたくさんあります。覚えたらきりがありません。すべて「たいへん」をつけてきれいなことで識別しましょう。この方法は、第９章「なり」の識別でも使いましたよ。

一方、**副詞は「たいへん」をつけると変**になります。「つひに」を一例にしてみます。「たいへんつひに彼は死んだ」とは言わないですね。

「たいへん」の追加訳が美しいのが形容動詞、変になるのが副詞です。

まとめ

形容動詞と副詞「〜に」の特徴

❺ 形容動詞の語尾「〜に」 ➡ 「たいへん」をつけて訳せる

❻ 副詞の一部「〜に」 ➡ 「たいへん」をつけて訳せない

▶「たいへん」をつけて美しいのが形容動詞。「たいへん」がつかず、「～がある」も変なのが副詞。

☑ 頻出の副詞６語は丸暗記が得！

たくさんの副詞の中に、たまたま「～に」で終わる語がいくつかあります。入試でどんな副詞を出されても識別できるよう、先ほどは基本的な識別法を教えました。でも、副詞「～に」は、形容動詞ほど数多くはありません。何段階ものチェックをするのは面倒だし、時間もかかります。そこで、時間短縮のため、入試頻出の副詞６語は丸暗記しましょう。「げに」と「さらに」は訳も頻出です。

丸暗記

入試頻出の副詞「～に」

いかに・げに・さらに・すでに・つひに・まさに

重要単語　げに＝本当に　　さらに～打消＝まったく～ない

イジワル選択肢のいろいろ

☑ 入試は６つの「に」以外の選択肢も混ぜる！

入試は“落とすため”に作られています。だから、基本の６つの「に」以外にも、あの手この手の“イジワル選択肢”を混ぜてみなさんを混乱させますが、どれもたまたま「～に」で終わっているというだけ。基本の６つさえ識別できていれば合格圏内ですから、知らない選択肢があってもパニックしないことです。

念のため、過去に出題されたことのある選択肢に目を通しておきましょう。

「〜げに」は形容動詞、「だに」は副助詞

「眠たげに」「さびしげに」などは形容動詞の連用形です。「たいへん眠そうだ」「たいへんさびしそうだ」と訳せますね。これは第９章で学習ずみですよ（137ページ参照）。**［形容詞＋〜げに＝形容動詞］**の特徴も同じです。

また、たまたま「〜に」で終わる副助詞「だに」は、第14章で学びますが、「だに〜まいて」の構文として入試頻出。構文を勉強した受験生なら「だに」は副助詞とわかるはずだという前提で、選択肢に混ぜておくわけです。

ナ変動詞「死ぬ・往ぬ・去ぬ」の連用形

また、ナ変動詞「死ぬ・往《い》ぬ・去《い》ぬ」の連用形「死に・往に・去に」も、たまたま「〜に」で終わります。ナ変動詞は、第６章「なむ」の識別で学びました。

このように、ほかの章で学んだものは見抜けますから、慌《あわ》てないようにね。

まとめ

「に」の識別

- **連用形＋に** ➡ 完了
- **体　言＋に**
  - 「である」と訳せる ➡ 断定
  - 「に」と訳せる ➡ 格助詞
- **連体形＋に**
  - 「である」と訳せる ➡ 断定
  - 「ソレに」と訳せる ➡ 格助詞
  - 消去法・文と文に切れる ➡ 接続助詞
- **たいへん〜に**
  - 訳せる ➡ 形容動詞の語尾
  - 訳せない ➡ 副詞の一部

暗記
「いかに・げに・さらに・すでに・つひに・まさに」は**副詞**
「だに」は**副助詞**
「死に・往に・去に」は**ナ変動詞の連用形**

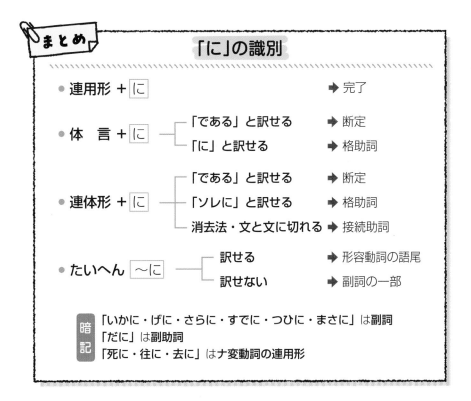

難関大学がねらう 格助詞「に」の例外用法

同じ動作のサンドウィッチは格助詞「に」

「泣きに泣く」「笑ひに笑ふ」「走りに走る」などと、**同じ動作にはさまれている「に」は格助詞**だと覚えておきましょう。

これは、格助詞「に」の例外用法です。どこが例外的かというと、ふつう格助詞「に」は“連体形”接続するのですが、この場合は“**連用形**”**接続**になるのです。上の例で確認すると、「に」の直前の「泣き」「笑ひ」「走り」はすべて連用形ですね。うっかりすると、[連用形＋に]の完了と間違えそうです。前後が同じ動作の場合は格助詞ですから、気をつけましょう。

また、訳においても例外的で、ふつう格助詞「に」はそのまま「に」と訳せるのですが、この場合は同じ動作を二度重ねた強意の用法なので、「**どんどん〜する・ひどく〜する**」などと訳します。

まとめ

格助詞「に」の例外用法①

例外的接続　強意の格助詞

連用形　＋　に　＋　同じ動作

［訳］どんどん〜する・ひどく〜する

「に」の識別で品詞名を選ばせる以外に、「に」の直前を空欄にして「適当な活用形を入れよ」と要求したり、傍線訳で出題したりもします。品詞名と接続と訳を一致させておきましょう。

[高位の人+に+尊敬語]は「が」と訳す

格助詞「に」は、基本的にはそのまま「に」と訳します。しかし、「に」と訳さない例外的なケースがもう１つあります。

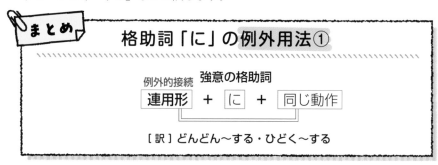

▶同じ動作にはさまれた「に」、「高位の人」と「尊敬語」にはさまれた「に」は、ともに格助詞。

「に」の直前に「高位の人」、「に」の直後に「尊敬語」があるときは、「が」と訳してください。この「に」は、主語を作る働き（主格）なのです。

例文で確認しましょう。

●御前* に いみじく笑はせ給《たま》ふ*。（中宮がたいへんお笑いになる）

＊御前：高位の人。この場合は中宮。　＊給ふ：尊敬語。

重要単語　いみじ＝たいへん

理解のために、少し説明しましょう。「に」の直後に尊敬語が使われているということは、主語（主体）が「高位の人」でなければなりません。もしも文字どおりに「に」と訳すと、「高位の人」が補語（客体）になってしまうので、謙譲語を使わないと矛盾します。これを「が」と訳すしかないことは、第12章で敬語を学習すればわかるようになりますよ。

この例外用法も、そのまま「に」と訳して識別しようとすると答が出なくなります。**［高位の人＋に＋尊敬語］の「に」は格助詞**と暗記しましょう。

まとめ

格助詞「に」の例外用法②

主格の格助詞

高位の人　＋　に　＋　尊敬語

↓

「が」と訳す

では、次ページからレッスンです。途中で不安になったら、基本6つをもう一度復習しましょう。何度も失敗しながら、少しずつできるようになってください。

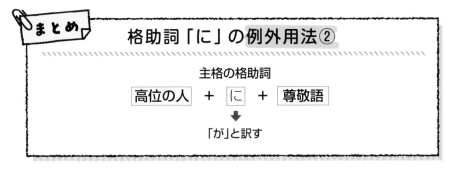

第10章

問題文

STEP 1　初めに太字・細字や記号を気にせず、全文を読んでみてください。[5分]

STEP 2　次に、太字だけを拾って読んでみてください。右ページのヒントを見てもかまいません。①～⑧の「に」の識別に特に力を注いでください。[20分]

STEP 3　160～161ページの解説を読みながら、1文ずつ丁寧にチェックしましょう。[Free Time]

記号説明

人物、(S) ……… 主語
□ ……… 登場人物
㋢ ……… 前後同主語
……… 重要単語
// ……… 文を切る
▲ ……… 打消（～ない）

A　あられふる交野《かたの》のみののかりごろもぬれぬやどかす人しなければ

〔玄々集　長能十首〕

B　ぬれぬれもなほかりゆかむはし鷹《たか》のうはげの雪をうちはらひつつ

〔金葉和歌集　冬　源道済〕

これは、長能《ながたふ》、道済《みちなり》と申す歌よみどもの、鷹狩を題にする歌なり。ともに、よき歌どもに①て、人の口に②のれり。後《のち》人々、我も我もとあらそひて、日ごろ経《へ》けるに③、なほこのこと、今日きらむとて、ともに具《ぐ》して、四条大納言のもとにまうでて、「この歌ふたつ、たがひにあらそひて、今に事きれず。いかに④もいかにも、判ぜさせ給へとて、おのおの参りたるなり」といへば、かの大納言、この歌どもを、しきりにながめ案じて、「まことに申したらむに、おのおの腹立たれじや」と申されければ、「さらに。ともかくも仰せられむに⑤腹立ち申すべからず。その料《れう》に参りたれば、すみやかに、承りて、まかり出《い》でなむ」と申しければ、さらばとて、申されけるは、「交野のみののといへる歌は、ふるまへる姿も、文字遣《もんじづか》ひなども、はるかに⑥まさりて聞こゆ。しかはあれども、もろもろのひがごとのあるなり。鷹狩は、雨の降らむばかりにぞ、えせでとどまるべき。霰《あられ》の降らむに⑦よりて、宿かりてとまらむは、あやしき事なり。霰などは、さまで、かりごろもなどの、ぬれ通りて惜しき程にはあらじ。なほかりゆかむと詠まれたるは、鷹狩の本意もあり、まことにも、おもしろかりけむと覚ゆ。歌がらも、優《いう》にてをかし。撰集《せんじふ》などにも、これ(や)入らむ」と申されければ、[道済]は、舞ひかなで(て)、出で[に]⑧けり。

（俊頼髄脳）

＊交野：大阪府枚方《ひらかた》あたりの平野。皇室の狩場（御野《みの》）があった。　＊はし鷹：鷹の一種。　＊長能・道済：ともに平安時代中期の歌人。　＊人々：長能と道済のこと。　＊きる：打ち切る。決着をつける。　＊四条大納言：藤原公任《きんとう》。名歌人。博学多芸。　＊料：目的。　＊ふるまへる姿：表現した歌の風情《ふぜい》。　＊歌がら：歌の品格。　＊撰集：勅撰《ちょくせん》和歌集。天皇の命令によって編集される。

ヒント

1　Aの歌には、掛詞《かけことば》が３組ある。［みの＝御野・蓑］［かりごろも＝狩衣・借衣］［ぬれぬ＝完了「ぬ」の(終)・打消「ず」の(体)］。現段階では掛詞は見つけられなくてよい。字面を読み流しておく。

2　Bの歌には修辞法は使われていない。これも、字面だけ読み流す。
[単]なほ＝①やはり　②もっと
（L.2・16は②、L.5は①の意味）。

3　「これ」とはＡＢの歌。

4　「あらそふ」のは、ＡＢの歌の勝敗。

5　[単]具す＝連れて行く・一緒に行く

8　[単]ながむ＝朗詠《ろうえい》する
大納言がＡＢの歌を詠《よ》みあげながら、どちらがうまいか思案している。

9　[単]さらに〜打消＝まったく〜ない
ここは、「〜打消」に当たる「腹立たじ」が省略された形。
[単]と＝ああ・あれ・あのように
[単]かく＝こう・これ・このように
「ともかくも」で「ああでもこうでも」。

11　「出でなむ」は、「出で」が(未)(用)同音なので文脈判断。相談に来た長能・道済２人のセリフの中なので、「きっと出ていく（＝帰る）」の意味。確述（第６章参照）。行末からL.18までの「　」は、四条大納言のセリフ。ＡＢのいずれを勝ちとするかを読み取る。

13　[単]しか＝そう・それ・そのように
[単]ひがごと＝間違い
「間違いがある」のは、どちらの歌か？

14　[単]え〜打消＝〜できない
⑤⑦の直前「む」は(終)(体)同音だが、(終)接続の「に」はないので、(体)と判断。

15　[単]あやし＝不思議だ・奇妙だ
「奇妙」なのは、どちらの歌か？
[単]さ＝そう・それ・そのように

16　「かりゆかむ」と詠んだ歌はどちら？

17　[単]おもしろし＝興味深い
[単]優なり＝優雅だ
[単]をかし＝趣《おもむき》深い

18　舞う道済は、勝者か敗者か？

第10章 問題文 現代語訳＋解説

①〜⑧の「に」に力を注ぎながら、一緒に読みましょう。迷ったら155ページまとめを参照してください。（左端の数字は行数です）

1 和歌は、文章を読むためだけに字面を追っておく。11〜12行目の四条大納《しじょうのだいな》言《ごん》のセリフの「交野《かたの》のみののといへる歌」が、Aの歌だとわかればよい。

2 これも、四条大納言のセリフの16行目「なほかりゆかむと詠《よ》まれたる」が、Bの歌であるとわかればよい。

3 ＡＢは、長能《ながとう》・道済《みちなり》という歌人が、鷹狩を題にした歌。

4 ＡＢともに「よい歌である」 ⇒①直前の「歌ども」は“体言（名詞）”。「である」と訳せるので断定。

ＡＢの歌は「人の口に乗る」 ⇒②直前の「口」は“体言（名詞）”。「に」と訳せる格助詞。「人の口に乗る」とは、評判になること。

長能と道済は争う。どちらの歌がうまいかを争ったのである。

5 争ったまま日が経った。決着をつけるために、２人一緒に、四条大納言のもとへ。 ⇒③直前「ける」は過去の助動詞「けり」の“連体形”。「(体)＋に(、)」だから断定は×。「日が経った、ソレに決着をつける」は変なので、格助詞も×。消去により接続助詞。ここは、理由の意味。

6 四条大納言(名歌人)に、決着を託《たく》す。「ＡＢの歌は互いに争って……」と事情を語るのは、前行「ともに具し」から「て」でつながる長能と道済。

7 四条大納言に「どのようにでも判定してください」と頼む。 ⇒④「いかに」は、暗記しておくべき頻出の副詞（154ページ「丸暗記」参照）。

8 四条大納言は、ＡＢの歌を何度も声に出して朗詠《ろうえい》し、思案《しあん》する。

9 「本当のことを言っても、腹は立てないか」と念を押しているのは、四条大納言。「絶対に（立腹しない）」と言うのは、長能・道済である。

10 「ああでもこうでも仰せられ」とは、どんな評価でも言ってほしいという意味。⇒⑤直前「む」は、(終)(体)同音であるが、(終)接続の「に」はないので、(体)接続と判断する。「あなたがおっしゃる、ソレに腹は立てない」と訳せるので格助詞。ちなみに、直前の「む」は(体)なので婉曲《えんきょく》（第５章）。

11 「承《うけたまわ》って、きっと退出する」との２人の覚悟に、四条大納言が判定を下《くだ》す。

12 18行目まで、四条大納言のＡＢに対する判定。「交野のみのの」はＡの歌の第２句。姿も文字遣《づか》いも「まさっている」と、Ａの歌をほめる。⇒⑥「たいへんはるかにまさっている」と訳せる形容動詞の語尾。

13 逆接は後半が主張(第２章)。前半でほめたＡの歌には「間違いがある」と批判。

14 「霰《あられ》の降らむ」は、Ａの歌の第１句「あられふる」のことを言っている。⇒⑦直前「む」は、(終)(体)同音であるが、(終)接続の「に」はないので、(体)接続と判断する。「霰が降る、ソレによって、宿を借りる」と訳せるので格助詞。ちなみに、直前の「む」は(体)なので婉曲(第５章)。

15 「霰で宿を借りる」というＡの歌の内容は、「奇妙だ」と判定する。雨なら雨宿りもあるが、霰で狩衣がズブ濡《ぬ》れになることはないからだ。

16 「なほかりゆかむ」は、Ｂの歌の第２句。いよいよ、Ｂの判定が下る。

17 「まことにも」「歌がらも」ともに、どうなのか。「優に」は⊕の言葉。だから、前後の「おもしろし」「をかし」も⊕の意味で解釈する。「実際の鷹狩も楽しかっただろうし、歌の品格も優雅で趣《おもむき》深い」。

18 撰集《せんじゅう》に入るかもしれない「これ」は、ベタほめのＢの歌。勝った道済は、う
19 れしさのあまり舞うように出ていく。⇒⑧直前の「出《い》で」は(未)(用)同音だが、(未)接続の「に」はないので、(用)と判断。(用)接続は、完了しかない。

〈158 〜 159 ページの問題の答〉
①＝断定　②⑤⑦＝格助詞　③＝接続助詞　④＝副詞の一部　⑥＝形容動詞の語尾　⑧＝完了

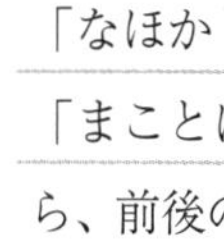

ヘェ〜とびっくり平安時代

Aの歌は、3組もの掛詞《かけことば》を使った技巧的な歌。うまいけれど、実感に乏しい虚構の歌です。一方、Bの歌は、雪に濡《ぬ》れてでも鷹狩を楽しむ光景が目に浮かぶ歌。接戦の末に勝つのは、技巧よりも、感覚に訴える歌なのです。

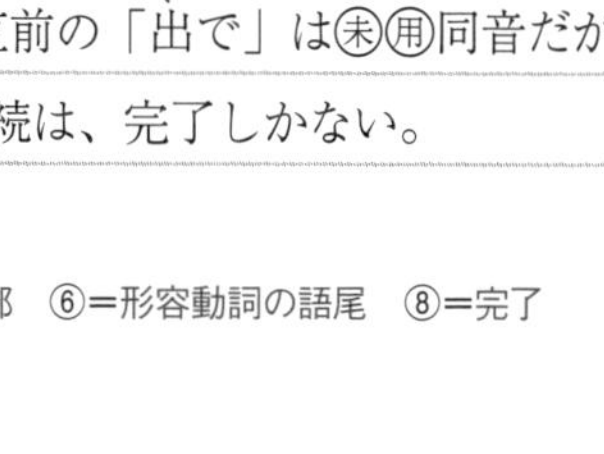

難関大学が混ぜる格助詞「にて」

☑ 格助詞「にて」は難関大学のイジワル選択肢

格助詞「にて」の「に」だけに傍線を引いて、「に」の識別の基本6語に混ぜておくのは難関大学。これは「にて」で1語で、同じ格助詞という品詞名でも、「に」とはまったく別ものです。

格助詞「にて」には、①時間・年齢　②場所　③材料　④手段・方法　⑤原因・理由　⑥状態・資格　などの種々の用法があります。が、用法は暗記しなくてもかまいません。「にて」の直前の語（例文傍線部）に着目すれば、①〜⑥の区別はつきます。覚えようとしないで、例文を見て理解だけしてください。

❶十二 にて 御元服《げんぷく》し給《たま》ふ。　⇨「十二」は元服した“年齢”
（十二歳で御元服しなさる）　（源氏物語）

❷潮海《しほうみ》のほとり にて 戯《あざ》れ合へり。　⇨「潮海のほとり」は“場所”
（海のほとりでふざけあっている）　（土佐日記）

❸足駄《あしだ》 にて 作れる笛　⇨「足駄」は笛を作る“材料”
（下駄《げた》で作った笛）　（徒然草）

❹夜一夜、舟 にて かつがつ物など渡す。　⇨「舟」は物を渡すための“手段”
（一晩中かかって、舟でやっとのことで荷物などを渡す）　（更級日記）

へェ〜!とびっくり平安時代

今の成人は18歳ですが、昔は、男子は12〜16歳、女子は12〜14歳で大人《おとな》とみなしました。

男子の成人式を「元服《げんぷく》」、女子の成人式を「裳着《もぎ》」といいます。

❺御物《もの》の怪《け》にてときどき悩ませ給ふ。　⇨「物の怪」は病気の“原因”

（悪霊によってときどき病気になられる）　（源氏物語）

❻四位ばかりにて失《う》せにし人の子なり。　⇨「四位ばかり」は“資格”

（四位くらいで亡くなった人の子である）　（増鏡）

重要単語　悩む＝病気になる　失す＝死ぬ

へェ〜とびっくり平安時代

昔は、悪霊が憑《つ》くと病気になると考えました。悪霊を「物《もの》の怪《け》」といいます。加持祈祷《かじきとう》を行って物の怪を退治《たいじ》すると、病気が治ると考えました。ほかに薬草による治療をする「薬師《くすし》」と呼ばれる医者はいました。

☑「にて」の識別は語順を変える！

この格助詞「にて」と、断定「に」にたまたま「て」のついた［に（断定）＋て（接続助詞）］の見分けが難しいので、難関大学が混ぜておくわけです。

なぜ見分けが難しいかというと、接続が“体言・連体形”でまったく同じ。また、格助詞「にて」は基本的に「〜で」と訳すのですが、［に（断定）＋て（接続助詞）］も「〜である、そして」をつづめて「〜で」と訳せるからです。

そこで、どうするか？　文の語順を変えます。**「〜にて」を後ろにまわし、つけたし説明として「〜でネ」と訳して文意が通じる場合は格助詞**です。

例文なら、「❶元服なさる、十二歳でネ」「❷ふざけあっている、海のほとりでネ」「❸作った笛、下駄でネ」「❹物を渡す、舟でネ」「❺病気になられる、悪霊でネ」「❻亡くなった人の子である、四位くらいでネ」という要領です。

まとめ

「にて」の識別

「〜にて」の語順を後ろに変えて訳す

- 文意が通じる ➡ 格助詞「にて」
- 文意が通じない ➡ 断定「に」＋接続助詞「て」

この章の重要単語 10

記号説明

★★★★ ····· 最重要語
★★★ ······· 設問によく出る語
★★ ········· 読解上必要であり、設問にもときどき出る語
★ ············ 覚えられたら覚えてほしい語
◆ ············ 敬語
番号 ····『マドンナ古文単語 230』の見出し番号。´《ダッシュ》つきは関連語

番号	出題頻度	単語と現代語訳
46	★★★	**わぶ** ＝ つらい・困る
3	★★★	**うし** [憂し] ＝ つらい
6	★★★	**げに** [実に] ＝ 本当に
116	★★★	**さらに〜打消** ＝ まったく〜ない
108	★★★	**いみじ** ＝ ①たいへん　②たいへん〜 ＊②は「〜」の部分を文脈補足する。
44	★★★	**なほ** ＝ ①やはり　②もっと
87	★★	**ぐす** [具す] ＝ ①連れて行く　②連れ添う・結婚する
93	★★★	**ながむ** [①眺む　②詠む] ＝ ①(遠くを見ながら)物思いに耽《ふけ》る ②(和歌や漢詩を)朗詠《ろうえい》する
157	★	**と** ＝ ああ・あれ・あのように
156	★★	**かく** ＝ こう・これ・このように
155	★★	**しか** ＝ そう・それ・そのように
10	★★★	**ひがごと** [僻事] ＝ 間違い
114	★★★	**え〜打消** ＝ 〜できない
70	★★★	**あやし** [①怪し　②賤し] ＝ ①不思議だ・奇妙だ ②身分が低い・みすぼらしい・田舎《いなか》臭い
155	★★	**さ** ＝ そう・それ・そのように
98	★★	**おもしろし** ＝ ①興味がある・興味深い ②趣《おもむき》深い・風流だ ③おもしろい・滑稽《こっけい》だ
85	★★	**いうなり** [優なり] ＝ ①優雅だ　②優《すぐ》れている　③優しい
97	★★★★	**をかし** [招し] ＝ ①興味がある・興味深い ②美しい・かわいい ③趣《おもむき》深い・風流だ ④おかしい・滑稽《こっけい》だ
189	★	**なやむ** [悩む] ＝ ①悩む　②病気になる
84	★★	**うす** [失す] ＝ ①消える・いなくなる　②死ぬ

第11章

「る・らる」の訳し分け

あれこれ考えるより
ポイントをおさえて手順よく…

ねらい

「る・らる」の４つの訳し分けをマスターします。
また、「る」と「らる」の違いや、
紛らわしい「る」と「れ」の識別も学びましょう。
盛りだくさんですがガンバレ！

「る・らる」の4つの意味

☑「べし」の次によく出る「る・らる」

訳の区別や品詞の識別など、ガチガチの文法固めがこの数章続いていますが、メゲずにがんばって‼

助動詞の意味で、「べし」についで入試によく出るのが、これから勉強する「る・らる」です。「受身・尊敬・可能・自発」の４つもの意味を持っているからですね。まずは、その意味と訳を覚えてください。[約５分]

「る・らる」　文法的意味と訳

① **受身** ……………… ～される

② **尊敬** ……………… ～なさる

③ **可能** ……………… ～できる

④ **自発** ……………… ふと～・思わず～・自然と～

☑「自発」とは、自然にやってしまう動作のこと

みなさんに抵抗があるのは④だと思うのですが、「自発」とは、その字のとおり自然に発する動作のこと。

たとえば、「あくびをする」「しゃっくりが出る」などは、しようと思ってすることではなく、自然と勝手に生ずる動作ですね。その目で訳を見てください。「ふと・思わず・自然と」は、どれも“無意識”を表しています。３つも訳を書いていますが、どれか１つ、自分の気に入ったのを暗記してください。

①～④の４つをどう訳し分けるか、肝心の話に入る前に、「る・らる」の活用も確認しておきます。文章中では、いつでも「る・らる」の音（終止形）で出るとは限らないからです。

▶「る・らる」の意味の1つ「自発」は、自然に発する動作のこと。「ふと・思わず・自然と」などと訳す。

「る」の活用さえ覚えておけばOK！

下の表をよく見ると、「らる」の太字の部分は、「る」とまったく同じです。要するに、「る」の活用さえ覚えておけば、「らる」のほうは、それに「ら」をつけ加えるだけ。「れ／れ／る／るる／るれ／れよ」と何度も声に出して、今すぐ覚えてしまってください。[約５分]

さあ、これで、活用と意味は覚えました。これから、どのように訳し分けの判断をすればよいのか、一番大切なポイントに移ります。「べし」ほど難しくはありませんから、がんばって！

	未	用	終	体	已	命
る	**れ**	**れ**	**る**	**るる**	**るれ**	**れよ**
らる	ら**れ**	ら**れ**	ら**る**	ら**るる**	ら**るれ**	ら**れよ**

手順が大切！　まず受身から

「受身」かどうかのチェックから

「る・らる」の訳し分けは、手順を誤ると答が出なくなります。一度に４つの意味のチェックをするのは大変ですから、効率のよい方法を学びましょう。

まずは、大きく２種類に分けて、「受身」かそうでないかを調べます。その簡単な方法は、「る・らる」を無視して訳をしてみることです。**省いて訳して文脈に矛盾《むじゅん》が出たときは「受身」**、日本語として文脈が変なものにならなければ「受身」ではないと判断します。

古文で示すと頭が痛くなりますから、現代文で証明してみます。傍線部が古文では「る・らる」に当たるところ。それぞれの下文が省いた文章です。

尊⃝　校長先生が、朝礼で説教をしなさる。
（校長先生が、朝礼で説教をする）

可⃝　彼は、ピアノをじょうずに弾《ひ》くことができる。
（彼は、ピアノをじょうずに弾く）

自⃝　私は、その映画を見て、思わず涙を流した。
（私は、その映画を見て、涙を流した）

受⃝　私は、犬にかみつかれた。
（私は、犬にかみついた—アレレ⁉）

どうですか？　「受身」は訳を省くと、動作を“するほう”と“されるほう”が逆になって、変な文になりますね。それに対して、「尊敬・可能・自発」は、少しニュアンスが変わっても、文自体が日本語として破綻《はたん》はしないし、大意も伝わります。こうして、最初に「受身」かそれ以外かを判断してください。

古文で確かめてみましょう。□の「る・らる」を、鉛筆かシャープペンの先を倒して、隠してみてください。初めに自分でやってみましょう。下の訳は□の位置で「る・らる」を省いています。「受身」なら「る・らる」の下に受⃝、それ以外なら「る・らる」の上から×を書くクセをつけましょう。

❶（頼政卿《よりまさきゃう》が）**そのたび、この題の歌をあまた詠《よ》みて⃝、当日まで思ひ煩《わづら》ひて⃝、俊恵《しゅんゑ》を呼びて⃝みせ[られ]ければ……。**　（無名抄）

重要単語　あまた＝たくさん

（頼政卿が、そのとき、この題の歌をたくさん詠んで、当日まで思い悩んで、俊恵を呼んで見せ□たところ……）
↳おかしくないので、「受身」ではない。「られ」の上から×印する。

▶「る·らる」を無視して訳してみて、文脈に矛盾が出たら「受身」、日本語として変でなければそれ以外の意味。

❷見る人もあはれに、昔物語のやうなれば、みな泣きぬ。（私も）単衣《ひとへ》の袖《そで》あまたたび引き出《い》でつつ泣か［るれ］ば……。（蜻蛉日記）

［重要単語］あはれなり＝感慨《かんがい》深い　あまた＝たくさん「あまた度《たび》」で「何度も」。

（見る人も感慨深く、昔物語のようであるので、みんな泣いた。私も単衣の袖を何度も引っぱり出して泣く□ので……）

↳おかしくないので、「受身」ではない。「るれ」の上から×印する。

❸（出《しゅっ》家《け》をして）山林に入《い》りても、餓《うゑ》を助け、嵐を防ぐよすが*なくてはあら［れ］ぬわざなれば……。（徒然草）

＊よすが：手段。

（出家をして山林に入っても、餓えをしのぎ、嵐を防ぐ手段がなくては生きてい□ないことだから……）

↳おかしくないので、「受身」ではない。「れ」の上から×印する。

❹世の中になほ いと 心憂《う》きものは、人に憎ま［れ］む（婉）ことこそあるべけれ。（枕草子）

［重要単語］なほ＝やはり　いと＝たいへん　（心）憂《う》し＝つらい

（世の中でやはりたいへんつらいものは、人に憎む□ようなことであるだろう）

↳「人を憎む」とは言うが、「人に憎む」とは言わない。これが「受身」。「れ」の下に㊢と書く。正しい訳は「人に憎まれる」。

可能⇨自発⇨尊敬の手順でチェック

☑ 直後に“打消”があれば「可能」

さて、「受身」ではないと判断した例文❶～❸を、どうするのか――「可能」「自発」「尊敬」の区別に移ります。手順とポイントを覚えてください。

まずは「可能」からチェックしましょう。**「可能」の場合は、95％の確率で「る・らる」の直後に“打消”**があります。

169ページの❸「よすがなくてはあられぬわざ」を見てください。直後の「ぬ」は、打消の「ず」の連体形です（第7章参照）。それによって、「れ」を「可能」と決め、「防ぐ手段がなくては生きていられないこと」と訳します。

☑ 直前に“無意識の動作”があれば「自発」

次に「自発」のチェックポイントを確認しましょう。166ページで言ったように、「自発」とは自然とやってしまうことですから、**「る・らる」の直前が“無意識の動作”になっていれば「自発」**と確信してください。

169ページの❷「泣かるれば」は、直前が「泣く」になっていますね。役者でもない限り、泣こうと意識して泣く人はいません。涙は無意識のうちに勝手に流れるもの。止めようと思っても止められないものです。だから「自発」。「思わず泣く」などと訳します。

☑ 「尊敬」は主語が“高位の人”

最後に、主語を見ます。**主語が“高位の人”だったら「尊敬」**です。ただし、古文では主語が省かれていることが多いですから、もし字面になければ、文脈判断して補う必要があります。

主語を入れて訳すことは、第1章から強調してきました。入試古文の多くは、この主語の補足がカギを握っています。ふだんから習慣づけておかないと、この「る・らる」の訳し分けにも影響しますよ。

168ページの❶「俊恵を呼び(て)みせ[られ]ければ」を見てください。主語は冒頭から、「て」でつながっていますから、「頼政卿」ですね。「卿《きゃう》」とは「公《く》卿《ぎょう》」のこと。つまり貴族です。高位の人ですから、この「られ」は「尊敬」です。正しく訳すと「俊恵を呼んで見せなさったところ」となります。

入試のイジワル 2つのパターン

☑ パターン1は、"消去法"で判断せよ！

毎回、私は"基本のパターン"を説明したあと、必ず"入試のパターン"を教えますが、「る・らる」も入試ではもっとイジワルな用例も出てきます。

2つのパターンがあるのですが、その1つは「打消を伴わない可能」です。先ほど、私は「95%の確率で打消がある」と書きました。残る5%の例外を、難関大学は出します。

この例外は、"基本のパターン"でチェックしても、どれにも合致しないときに、思い出してください。つまり、「受身」でもなく（「る・らる」を省ける）、「自発」でもなく（直前が無意識の動作でない）、「尊敬」でもない（主語が高位でない）とき、**"消去法"により打消がなくても「可能」**だと判断します。

例文をあげますので、消去法の確認をしてください。

● **あづま人~~こそ~~、言ひつる事は頼ま[るれ]。**　（徒然草）

（関東人は、言ったことは信頼できる）

⇨「る・らる」を省くと「関東人が言ったことは信頼する」で、おかしくないので、「受身」ではない。無意識のうちに「信じる」のだろうか。関東人は約束を破らずに言葉を守ると知ったうえで、「信じられる」と経験上の判断をしているのであって、知らないうちに自然と信じたわけではない。だから「自発」も変。主語は関東人一般で、高位ではないから「尊敬」もダメ。消去により「可能」である。

パターン2は、“直前優先” で見分けよ！

もう１つの“入試パターン”は、「尊敬」か「自発」かがわかりにくいもの。つまり、主語も高位だし、動作が無意識でもあるという場合です。

たとえば、「泣か[れ]給ふ」はどうですか。「泣く」に注目すれば「自発」になるし、尊敬語「給ふ」に注目すれば主語が高位の人ということになって「尊敬」も考えられます。このように、**「自発」か「尊敬」か**迷ったときは、**「る」の直前を優先**してください。この例では直前が「泣く」ですから「自発」です。

もう１例あげると、「恥づかしく思《おぼ》し召《め》さ[る]」も、「恥づかし」は無意識の動作、「思し召す」は尊敬語で主語が高位の証拠です。そこで、“直前優先”を使うのです。「思し召す」のほうですね。こちらは「尊敬」です。

まとめ　「る・らる」の訳し分け

㊫受 = [S] が [V] [る/らる]。　←省くと変

可 = [S] が [V] ~~[る/らる]~~ + [打消]。（＊95%）

自 = [S] が [無意識]（V） ~~[る/らる]~~。　←省いても文意は通じる

尊 = [高位の人]（S） が [V] ~~[る/らる]~~。

注
1“打消”がなくても、受自尊の成立しないときは「可能」と判断する（＊5%）
2 自尊で迷ったときは直前を優先

「る」と「らる」の違い

「a音」で違いがわかる！

まったく同じ４つの意味を持つ「る」と「らる」ですが、何か違いがあるか

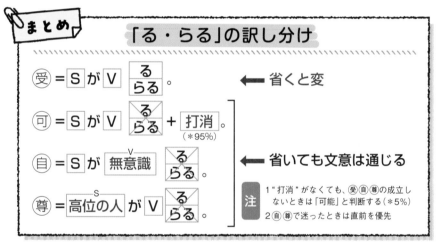

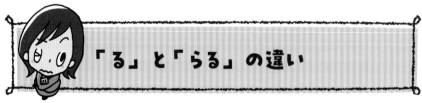

▶ "四段の㊍・ナ変の㊍・ラ変の㊍"は末尾の音がaの母音になることで共通。「る」がつくのは上の3つだけ。

らこそ、2つの語に分かれているのでしょう。読んで訳すだけなら気にしなくてもよいですが、文法問題を解くためには、違いを知っておく必要があります。

じつは、接続（直前の活用形）に微妙な違いがあるのです。

「る」は"四段・ナ変・ラ変の未然形"、「らる」は"それ以外の未然形"につきます。「る」は"四《よん》・ナ・ラの未然形"と声に出して覚えてください。

どうしてこんなバラバラの活用の種類が1組の接続になっているのだろう、と思うでしょう？　じつは、末尾の音がa《ア》音になることで共通しているのです。「咲か《a》（四段㊍）」「死な《a》（ナ変㊍）」「あら《a》（ラ変㊍）」――ほらネ！

"四・ナ・ラの未然形＝a音"の手抜き接続が便利なときもあります。［a音＋る］［a音以外＋らる］と覚えましょう。今までの例文を見て確認してね。

ついでに言うと、使役・尊敬の助動詞「す」「さす」も［a音＋す］［a音以外＋さす］となります。（第7章110ページ参照）

難関大学を受ける人は、"四・ナ・ラの未然形"も"a音"も覚えて両刀使《りょうとうづか》いを目指しましょう。中堅大学なら"a音"の手抜き接続で解ける問題が大半です。

まとめ

「る」「らる」の接続

			参考
❶	a音：四・ナ・ラ の 未然形	＋る	＋す
❷	a音以外：四・ナ・ラ 以外 の 未然形	＋らる	＋さす

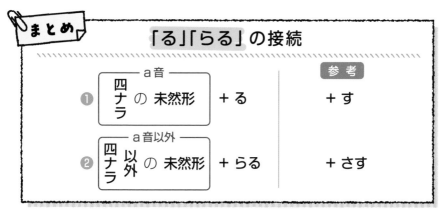

第11章 問題文

STEP 1 初めに太字・細字や記号を気にせず、全文を読んでみてください。[5分]

STEP 2 次に、太字だけを拾って読んでみてください。右ページのヒントを見てもかまいません。①～④の□の訳し分けに特に力を注いでください。[20 分]

STEP 3 176 ～ 177 ページの解説を読みながら、1文ずつ丁寧にチェックしましょう。[Free Time]

記号説明

- 人物、(S) ……… 主語
- □ ……… 登場人物
- (て) ………… 前後同主語
- ………… 重要単語
- // ……………… 文を切る
- ▲ ……………… 打消（～ない）

和泉《いづみ》式部、保昌《やすまさ》が妻《め》にて丹後《たんご》へくだりたりけるあとに、歌合《うたあはせ》どものありけるに、小式部内侍《こしきぶのないし》、歌よみにとられ①て歌をよみけるに、定頼《さだより》の中納《ちゅうな》言《ごん》たはぶれて、小式部内侍のありけるに、「丹後へつかはしける人まゐりたりや。いかに心もとなく おぼすらむ」と言ひ入れて、局《つぼね》の前を過ぎられ②けるを、御簾《みす》より半《なから》ばかり出《い》でて、わづかに袖をひかへて、

大江山いくのの道の遠ければまだふみもみず天の橋立

とよみかけける。おもはずにあさましくて、「こはいかに。かかるやうやはある」とばかり言ひて、返歌にもおよばず、袖をひきはなちて逃げられ③けり。小式部、これより歌よみの世におぼえ出《い》で来《き》にけり。これはうちまかせて理運のことなれども、かの卿《きゃう》の心には、これほどの歌、ただいまよみいだすべしとは知られ④ざりけるにや。

（十訓抄）

＊和泉式部：平安時代の名歌人。　＊くだる：都から地方へ行くこと。　＊歌合：選ばれた歌人が左右２組に分かれて、和歌の優劣を競《きそ》う催《もよお》し。天皇・院の主催で、宮中《きゅうちゅう》で行われることが多い。　＊小式部内侍：和泉式部の娘。　＊たはぶる：ふざける。　＊局：部屋。　＊ふみ：この場合は「文」と「踏み」の掛詞《かけことば》。「まだ手紙も見てないし、足を踏み入れてみてもいない」ということ。　＊理運：もっともなこと。

ヒント

1 「保昌が妻」は「保昌の妻」と訳す。

2 「歌よみにとる」は「歌人として採用する」。

3 会話の話し手は「定頼中納言」。
丹後は和泉式部(母)の居《い》る所。そこへ「人を遣わす」とは、どういうことか。

4 [単]心もとなし＝待ち遠しい
[敬]おぼす＝(尊)お思いになる

5 簾《すだれ》の中にいるのは女性(小式部内侍)。「袖をひかへる」は「引っぱる」ことだが、L.8「袖をひきはなして逃げる」を参考にすれば、逆類推して文脈判断することもできる。

6 和歌を詠《よ》んだのは小式部内侍。L.3～4の中納言のセリフへの返事。
[単]ふみ＝手紙
この場合は掛詞（＊参照)。

7 [単]あさまし＝驚きあきれる
ビックリしたのは「中納言」である。
[単]かかる＝このような
「や」は係助詞。ここは詠嘆（第３章参照)。

9 [単]おぼえ＝評判

10 「かの卿」とは「定頼中納言」。

11 ④は直後に“打消”。

第11章

問題文 現代語訳＋解説

「る・らる」の訳し分けは、手順が大切です。
迷ったら、172ページまとめを参照しましょう。
（左端の数字は行数です）

1 和泉式部は結婚して、丹後へ行ってしまった。歌合が宮中で催された。

2 娘・小式部は、参加歌人に選ばれた。 ⇒①省くと、小式部が歌人たちを採用する主催者になってしまうから変。よって「受身」。

3 定頼中納言がふざけて、小式部に言った。ここからのカギカッコは、ジョークだという前提で読むこと。「お母さんのいる丹後へ派遣した人は参りましたか？　どれほど待ち遠しいとお思いでしょうねえ」とはなんのことだろう。6行目の小式部の返事(和歌)を見ると、「母の手紙も見ていないし、行ったこともない」と答えているから、「小式部が和泉式部と連絡を取ったか」という質問だろう。また10～11行目「中納言は小式部がこれほどの歌を詠《よ》むとは知らなかったか」や、＊を参考に和泉式部が有名な歌人であることも合わせて判断しよう。「歌合でよい歌が詠めますか？ お母さんに代詠《だいえい》のカンニング・ペーパーをもらうのでしょう？」という皮肉。

4 「局の前を過ぎた」の主語は、3行目から「て」でつながっているから「中納言」。 ⇒②省けるうえに、主語が“高位”の中納言だから「尊敬」。

5 小式部が簾《すだれ》から体を半分出して、中納言の袖を引っぱったのは、反論するため。

6 和歌は＊を参考に。「母と連絡は取っていない」とは「カンニング・ペーパーなんてもらってないわ。自分で詠めるわよ」という反論。実際に、目の前で詠んでみせているのだから、“論”と“証拠”のダブルパンチ。

7 中納言がギョッと驚いたのは、10～11行目にあるように、こんなうまい歌が詠めるとは知らなかったからである。そして、感嘆のあまり、「こんなことがある(＝うまい歌が詠める)のか！」とだけ言う。

8 ショックのあまり、中納言は返歌を詠まずに、袖をふり払って逃げた。
⇒③省けるうえに、主語が“高位”の中納言だから「尊敬」。

▶有名な歌人を母に持つ小式部は、母に歌を作ってもらうのかと冷やかされるが、自分の力を発揮して反撃。

9 小式部は、このときから、名歌人の評判が出てきた。

10 「これはもっともなこと」とは、母が和泉式部なのだから、「血統としてうまいのが当然」という、世間の代弁者としての作者の意見。逆接して、「その当たり前のことが中納言にはわからなかったのか」と作者が不思議がっている。

11 「ざり」は打消「ず」の連用形。 ⇒④省けるうえに、“打消”が直後にあるので「可能」と判断する。主語が高位でもあるが、チェック手順は「可能」が先。「これほどの歌が、すぐに詠めるとは、察知できなかったのであろうか」。

〈174 ページの問題の答〉
①受身　②尊敬　③尊敬　④可能

ミニミニ文学史

和泉式部《いずみしきぶ》

和泉式部は恋多き女性で、多くの情熱的な和歌を詠《よ》んだ歌人です。初めの夫 橘 道貞《たちばなのみちさだ》との間に娘小式部内侍《こしきぶのないし》をもうけますが、為尊親王《ためたかしんのう》*と恋に落ち、死後は弟の敦道《あつみち》親王の愛を受けました。その心情を和歌を交えて描いたのが『和泉式部日記』です。のちに藤原保昌《やすまさ》の妻となりますが、不仲により離別します。

母娘ともに、名歌人の誉《ほま》れ高く、女房として中宮 彰 子《しょうし》に仕《つか》えました。

*親王＝天皇の息子である皇子《おうじ》。

「る」と「れ」の識別

☑ “a音”か“e音”か手抜き接続が決め手

　ところで、受身・尊敬・可能・自発の「る」は、「れ／れ／る／るる……」と活用しますが、この「る・れ」の音は、完了の助動詞「り」にも出てきます。完了の「り」は、136ページで教えましたが、「ら／り／り／る／れ／れ」と変わる“ラ変型”です（前表紙ウラ「助動詞一覧」参照）。そこで、「る・れ」の音は、識別しないと訳せません。接続の違いで判断します。

　完了の「り」は、**“サ《さ》未《み》・四《し》已《い》＝e《エ》音”**接続でした（第7章110ページ参照）。

　要するに、［e音＋る・れ］が完了の「り」。一方、受身・尊敬・可能・自発の「る」は、**“四・ナ・ラの未然形＝a《ア》音”**接続ですから、［a音＋る・れ］となります（173ページ参照）。

まとめ

「る」「れ」の識別

●	e音：(さ)サ・未(み)／(し)四・已(い)	＋	る／れ	➡ 完了「り」
●	a音：四・ナ・ラの未	＋	る／れ	➡ 受身・尊敬・可能・自発「る」

　［a音＋る・れ］であることを確認したあと、受身・尊敬・可能・自発の訳し分けをしてくださいね。

　「り」は、「完了（〜した・してしまった）」と「存続（〜している）」の訳がありますが、細かい訳し分けが出題されることはほとんどありません。

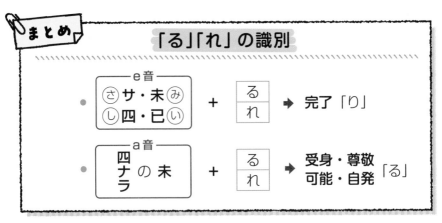

では、例文で識別と訳し分けを確認しましょう。

❶吉野《よしの》の里に降れる白雪　（古今集）

（吉野の里に降っている白雪）

↳［e音＋る］なので、完了「り」。

❷寝たる足を狐《きつね》に食はる。　（徒然草）

（寝ている足を狐にかまれる）

↳［a音＋る］は、受身・尊敬・可能・自発の「る」。

「る」を省くと「足を狐に食う」となって変なので「受身」。

❸目も見えず、物も言はれず。　（伊勢物語）

（目も見えず、物も言うことができない）

↳［a音＋れ］は、受身・尊敬・可能・自発の「る」。

「れ」を省けるうえ、直後に“打消”があるので「可能」。

❹悲しくて、人知れずうち泣かれぬ。　（更級日記）

（悲しくて、思わずそっと泣いた）

↳［a音＋れ］は、受身・尊敬・可能・自発の「る」。

「れ」を省けるうえ、直前「泣く」が“無意識の動作”なので「自発」。

❺かの大納言、いづれの船にか乗らるべき。　（大鏡）

（大納言は、どの船にお乗りになるだろうか）

↳［a音＋れ］は、受身・尊敬・可能・自発の「る」。

「る」を省けるうえ、主語「大納言」が“高位の人”なので「尊敬」。

識別と訳し分けの２段階を短時間でこなせるように、これからも文章中に「る・れ」を見つけたら、練習を重ねましょう。別冊「早わかりチャート」も活用してください。

この章の重要単語 11

記号説明

★★★★ ···· 最重要語
★★★ ······· 設問によく出る語
★★ ········· 読解上必要であり、設問にもときどき出る語
★ ············ 覚えられたら覚えてほしい語
◆ ············ 敬語
番号 ····『マドンナ古文単語 230』の見出し番号。´《ダッシュ》つきは関連語

番号	出題頻度	単語と現代語訳
20	★★	**あまた** ＝ たくさん
106	★★★★	**あはれなり** ＝ 感慨《かんがい》深い
44	★★★	**なほ** ＝ ①やはり　②もっと
141	★★	**いと** ＝ たいへん・はなはだしい
3	★★★	**うし**［憂し］ ＝ つらい　＊「心うし」も同意語。
101	★★★	**こころもとなし**［心許無し］ ＝ ①はっきりしない ②不安だ・気がかりだ ③待ち遠しい
171	★★	**ふみ**［文］ ＝ ①手紙　②書物　③学問　④漢詩
38	★★★	**あさまし** ＝ 驚きあきれる
159	★★	**かかり** ＝ こうである・こうだ ＊かかる（連体形）＝このような
221	★	**おぼえ**［覚え］ ＝ ①評判　②寵愛《ちょうあい》
敬語	◆	**おぼす**［思す］ ＝ ［尊敬語］お思いになる

第12章

敬語の初歩(1)

じつは簡単！
仲よくすると強い味方に…

ねらい

敬語には、尊敬語と謙譲語と丁寧語があるっていうのは、
コレ常識。ところで、尊敬と謙譲はどう違うの？　丁寧語は？
何ごとも初めの一歩が大切。
基本あっての応用ですヨ！
苦手な“だれからだれへの敬意”も楽勝!!

敬語なんて簡単ヨ!!

敬語ってなあに？

受験生が古文ギライになる最大の原因は、敬語にあります。突然出てくる尊敬語・謙譲《けんじょう》語という用語を、よくわからないまま平気で使い、わかった気になっていますが、「尊敬語ってなあに？　謙譲語ってなあに？」と尋ねると、うまく答えられません。初歩的な理解のないまま、いきなり難しい応用問題——たとえば、“だれからだれへの敬意”など——を解こうとするから、頭がパニックするのです。

基本をナメてかかると迷子になる

バタ足の訓練もしたことない人が、すぐにバタフライなどしたら、足腰を痛めるだけでしょう？　何ごとも基本が大切です。初めに正しい１歩を踏み出した人は、最短距離で頂上へ登りつきますが、基本をナメてかかった人は、途中で迷子になって泣くことになるのですよ。

敬い方で３種類に分かれる

敬語とは、その字のとおり、だれかを敬《うやま》う言葉ですが、その敬い方によって３種類に分かれ、①尊敬語　②謙譲語　③丁寧語　に分類されます。さて、尊敬語とは、謙譲語とは何なのでしょう。その主体・客体の特徴から学びます。

尊敬語とは、“**より位の高い人**”が“**より位の低い人**”に向かって及ぼす動作をいいます。**謙譲語**はまったく逆で、“**より位の低い人**”が“**より位の高い人**”に向かってする動作のことです。

文の主役は主語ですね。主語が高位の“尊敬すべき人”だから尊敬語、主語が低位の“謙遜し席を譲るべき人”だから、謙譲語というのです。主役である主語の立場からついた名前なのですね。古典文法では、動作の主語を「主体」、目的語・補語を「客体」と呼びます。この用語にも慣れましょう。

丁寧語については、この２つがマスターできてからにします。

▶尊敬語は、位の高い人が低い人にする動作、謙譲語は、位の低い人が高い人にする動作を表す。

まとめ

尊敬語と謙譲語の 主体・客体の補足

種類	主体(S)		客体(O・C)		
尊 =	高位の人	が	低位の人	[を/に]	～なさる。
謙 =	低位の人	が	高位の人	[を/に]	～し申し上げる。

敬語はS・O・Cを知るヒント

これを覚えて何の役に立つかというと、主体・客体を補うときの大きなヒントになるのです。第１章で最初に言ったように、古文の難しさは字面に主体・客体が書いてないところにあります。接続助詞の「て」を使ったり、文脈判断をすることは、今までずっと訓練してきました。今回は、それらに加えて、敬語も手がかりにすることを学びます。

尊敬語のときは主体に“高位の人”・客体に“低位の人”を入れ、謙譲語のときは主体に“低位の人”・客体に“高位の人”を補足すればよいのですね。

次の例文の①～④に人物を入れてみましょう。

●宮《みや》＊にはじめて（①が）参《まゐ》り(謙)たるころ、ものの恥づかしきことの数知らず▲、涙も落ち ぬ(強) べけれ(推)ば、夜々（②は③の所へ）参り(謙) ㋢ 三尺の御《み》几《き》＊帳《ちゃう》のうしろにさぶらふ(謙)に、（④が）絵など取り出《い》で ㋢ 見せさせ(尊) 給《たま》ふ(尊)……　（枕草子）

＊宮：中宮。　＊几帳：T字型のわくに布をたらした間仕切り。

重要単語　敬参る＝謙参上する　敬さぶらふ［候ふ］＝謙お仕《つか》え申し上げる　敬給ふ＝尊～なさる

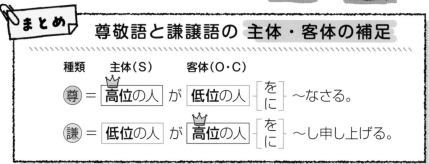

（中宮の所に初めて①が参上したころ、恥ずかしいことは数知れず、涙が今にも落ちそうだったから、夜ごと②は③の所へ参上して、三尺の几帳の後ろでお仕《つか》え申し上げると、④が絵などを取り出して見せてくださる）

↳①は謙譲語（参る）の主体だから“低位の人”。②③も謙譲語（参る）に注目し、主体②は“低位の人”で、客体③が“高位の人”。④は尊敬語（給ふ）の主体だから“高位の人”。ところで、“高位の人”は文中には「中宮（＝天皇の正妻）」しかいない。よって、③④は「中宮」。

さて、“低位の人”は文中には呼称がない。そこで、出典を見ると『枕草子《まくらのそうし》』、つまり随筆《ずいひつ》である。日記や随筆は、作者の身のまわりのことを書いたものだから、作者も登場人物の１人である。作者の清少納言《せいしょうなごん》は中宮定子《ていし》に仕えた女房（身のまわりの世話をする女性）で、中宮よりも身分が低い。よって①②は「作者」である。

〈答：①作者　②作者　③中宮　④中宮〉

☑ 敬語を避けるのは損！

どうですか、とても簡単でしょ？　こうして敬語と仲よくすると、文章が読みやすくなるのです。平安時代の文学には、敬語のない文章はほとんどありません。イヤがって怖がって敬語を避けるのは損！　仲よくして、強い味方にすべきです。

種類を覚える！

☑ 何より先に種類を覚えよう！

だれかと友だちになるためには、まず名前を覚えますね。次にアドレスを聞いたり、趣味を聞いたりして仲よくなるでしょう？　敬語と友だちになるためにも、最低限覚えなければいけないことがあります。それは、尊敬語か謙譲語か丁寧語かの種類分けです。

みなさんは種類は考えるものだと思っていませんか？　違います！　種類

は覚えるものです。覚えて、それを利用して、先ほどのように主体・客体の補足を考えるのです。この１歩からして勘違いしているから、いつまで経っても敬語と仲よしになれません。「エ～ッと、あの子の名前は何だっけ？」なんて言っていたら、その子と友だちにはなれないですね。それと同じです。

もちろん、いずれは訳も覚えるのですが、とりあえずは何より先に、種類が言えるようになることです。

まとめ

おもな敬語の種類一覧

尊敬語	謙譲語	丁寧語
たまふ◆[1]	申す	侍《はべ》り・候《さぶら》《さうら》ふ◆[4]
おはす	聞こゆ♥	
おはします	奏《そう》す	
宣《のたま》ふ	啓《けい》す	
宣《のたま》はす	奉《たてまつ》る◆[3]	
仰《おほ》す	参《まゐ》る◆[2]	
聞こす	参《まゐ》らす	
聞こし召す	まうづ	
思《おぼ》す・思《おも》ほす	まかる・まかづ	
思《おぼ》し召《め》す	承《うけたまは》る	
召《め》す	たまはる	
御覧《ごらん》ず	仕《つかまつ》る	
大殿《おほとの》ごもる	仕《つか》うまつる	
（参る◆[2]）	侍《はべ》り・候《さぶら》《さうら》ふ◆[4]	
（奉る◆[3]）	（たまふ◆[1]）	

〈記号について〉
◆印は２種類の用法を持つ語
♥印は一般動詞の用法もある
（　）は頻度の低いことを示す
｛は同根の同意語

◆♥印の違いや（　）については、第13章で教えますから、今のところは気にせず無視して、（　）以外の単語に目を向けてください。上の表は、敬語のすべてではありませんが、とりあえず文中でよくお目にかかり、入試にもよく出るものを列挙しました。最低でもこれくらいは覚えてほしいということです。

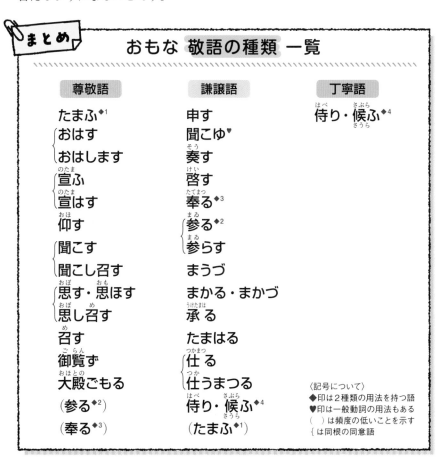

☑ 尊敬はピンク、謙譲はブルー、丁寧はオレンジ

でも、正直言ってこんな退屈な暗記は、なかなか頭に入りませんね。

そこで、ラインマーカーを３色用意して、色分けすることを勧めます。たとえば、尊敬はピンク、謙譲はブルー、丁寧はオレンジと決めたら、文中で見つけるたびに色分けしていくのです。

当分の間は、185ページの表をコピーし、透明シートにはさんで持ち歩き、表で確認しては色引きします。これを半年くらい続けると、知らず知らずのうちに視覚で覚えてしまいます。お子さまの世界ですが、意外とこれが効果的！カラフルで楽しいですヨ。この講座では、尊敬語・謙譲語・丁寧語の色で記号分けしたいと思います。添えている実線・波線・点線は、色の使えない模試や入試のときにだけ代用するといいですよ。

訳については、今のところは文中に出たものだけを重要単語として説明しますが、敬語はどのみちすべて重要単語で、いずれは覚えなければなりませんので、第13章206ページで一覧表にまとめることにします。

種類＋文脈のバリエーション

☑ 相手しだいで変わることも！

さて、“位の高い人”“位の低い人”といっても絶対的なものではなく、相手しだいで変わる相対的なものであることに注意しないといけません。

たとえば、荻野文子は高いか低いか――これは比較対象によって変化します。私が生徒の前にいるときは、先生だし年上でもあるので、生徒に比べれば立場上“高位の人”ですね。でも、家に帰ると私は末っ子で、両親や兄姉に対しては“低位の人”になってしまいます。

１文１文の中で、適宜《てきぎ》判断しないと危険です。だから、文脈も同時に考えておく必要があります。

☑ 会話文中の敬語の主客は要注意！

特に高位の人が話している会話文中の敬語には気をつけましょう。客観的には高位でも、自分のことを話すときに、「私はなさる」などと尊敬語を使ったりは99%しません。自分のことは低く謙遜するのが日本人の美徳。**高位の人が話し手の会話文では、“私＝低位の人”“あなた＝高位の人”**と考え、**主体が自分のときは謙譲語**で、逆に**主体が相手のときは尊敬語**で表現します。

次の例文の①～④に人物を入れてみましょう。

● [源氏が紫の上に、明石の上との間《あいだ》に女の子ができたことを打ち明けている場面]

「(女の子を) **呼びやりて** (①が②に) **見せ奉《たてまつ》らむ**。(③は④を) **憎み給《たま》ふなよ**」と**聞こえ給ふ**。

(源氏物語)

重要単語　敬聞こゆ＝謙申し上げる

(「呼びにやって①が②に見せ申し上げよう。③は④を憎みなさってはいけませんよ」と源氏は紫の上に申し上げなさる)

↳源氏のセリフ。謙譲語は㊟源氏㊄紫の上、尊敬語は㊟紫の上㊄源氏。「見せ奉らむ」は「①源氏が②紫の上に」女の子を見せる。「憎み給ふなよ」は「③紫の上が④源氏を」恨まないようにということ。

〈答：①源氏　②紫の上　③紫の上　④源氏〉

このように、会話文中の敬語は、話し手を中心に判断してください。

ただし、**“絶対にいつでも高位の人”**というのもあります。**院・天皇・中宮(皇后)・皇太子などの皇族、摂政《せっしょう》・関白《かんぱく》といわれる実権者**ですね。この人たちはいつでも“高位の人”です。逆に、召使《めしつかい》などは、いつも“低位の人”と考えましょう。

まとめ

絶対高位の人

- 皇族………**院*・天皇・中宮（皇后）・皇太子**　＊院＝もと天皇
- 実権者……**摂政《せっしょう》・関白《かんぱく》**［平安時代*］　＊中世は**平清盛**など政権を握った武将。

“絶対高位の人”は、例外的に自分で自分を尊敬するケース（自敬《じけい》表現）もあります。が、今のところは例外を気にせず、原則に強くなってください。

主客とも“高位”はダブル使用

ところで、主体も客体も“高位の人”の場合はどうなるかというと、謙譲語と尊敬語をダブルで使います。例文で確認しましょう。

● **殿が中宮にものなど奉《たてまつ》り 給《たま》ふ。** （枕草子）

（殿が中宮にものなどさし上げなさる） 重要単語 敬奉る＝謙さし上げる

主体「殿」が“高位”なので尊敬語（給ふ）を使い、客体「中宮」も“高位”なので謙譲語（奉る）を使うのですね。１語で両方を高くする便利な語がないので、２種類を組み合わせて使うことになります。**謙譲語と尊敬語がダブル**で出たら、**主体・客体とも“高位の人”**と判断します。

まとめ

高位の主体と高位の客体

主体 高位の人 が 客体 高位の人 ［を／に］ 〜**謙譲語** ＋ **尊敬語**。

高位の人がいっぱい

敬語の種類で的を絞り、文脈判断

こうして複数の高位の人が登場するときは、まずは敬語の種類を手がかりに主体・客体の高低を限定し、その中のだれなのかは文脈で決めます。

● （天皇から中宮への）**御文は、大納言取りて殿*に奉《たてまつ》らせ尊 給《たま》へば、ひき解《と》きて「ゆかしき御文かな。ゆるされ侍《はべ》ら未ばあけて見侍らん」とは**（①は）**のたまはすれど逆、「**（②が）**あ*やふしと思《おぼ》しためり。か*たじけなくもあ**

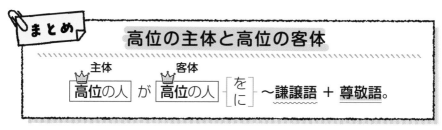

▶関白殿は、天皇から中宮への手紙を「中を見たいなあ」と言いながら、中宮に手渡すのである。

り」と㋢、（③が④に）奉らせ給ふを、（⑤は）取らせ給ひてもひろげさせ給ふやうにもあらずもてなさせ給ふ御用意ぞありがたき。（枕草子）

＊殿：関白殿《かんぱく》。中宮の父・藤原道隆《みちたか》。　＊あやふし：気になる。　＊かたじけなし：もったいない・畏《おそ》れ多い。

重要単語　敬奉る＝謙さし上げる　ゆかし＝～したい　敬のたまはす＝尊おっしゃる
敬思《おぼ》す＝尊お思いになる　用意＝配慮　ありがたし＝めったにない

（天皇から中宮へのお手紙は、大納言殿が受け取って関白殿にさし上げなさると、解《と》いて「見たいお手紙だなあ。もし許されますなら開けて見たいものです」とは、①はおっしゃるけれど、「②が気になるとお思いになっているようだ。畏れ多くもある」と言って、③が④にさし上げなさるのを、⑤はお受け取りになっても広げなさるようでもなくとりはからいなさる御配慮は、めったになくすばらしい）

↳①は尊敬語（のたまはす）の主体だから“高位”。②も尊敬語（思す）の主体で“高位”。⑤も尊敬語（給ふ）の主体は“高位”になる。「③が④に奉り給ふ」も謙譲語（奉る）と尊敬語（給ふ）のダブル使用で、③④とも“高位”。つまり、①～⑤はすべて“高位”である。天皇・中宮・大納言・殿（関白殿）の４人は全員が“高位”なので、だれであるかは文脈。天皇から中宮へのお手紙は、まず大納言から殿の手に渡る。そこで、「見たい、開けたい」とおっしゃる①は殿。直後に逆接があるので「見たい→けれど→見ない」のである。「　」の後ろに飛んで、③が④に手紙をさし上げなさる。「見ないでさし上げた」③は殿。手紙は中宮あてだから、相手④は中宮である。②を含む「　」の話し手は、㋢で③とつながる殿。殿は「②が気になさっている」から見ないで渡すのだから、②は手紙を見るべき中宮。⑤は、関白から手紙を受け取った中宮である。

〈答：①殿（関白殿）　②中宮　③殿（関白殿）　④中宮　⑤中宮〉

せ＋給ふ・させ＋給ふ
尊敬語＋る・尊敬語＋らる

☑「せ・させ」は「たまふ」とセットで95%尊敬

使役《しえき》・尊敬の助動詞「す・さす」の連用形「せ・させ」は、よく尊敬語「給《たま》ふ」とセットで文中に出てきます。

本来は、「使役（〜させる）」か「尊敬（〜なさる）」かを、そのたびに考えることになるのですが、［せ＋給ふ・させ＋給ふ］は文中に数多いので、ゆっくり訳し分けているとイライラします。そこで、**［せ＋給ふ・させ＋給ふ］の「せ・させ」は95%「尊敬」**だと覚えておきましょう。

つまり、まずは確率の高い「尊敬」で訳し、どうしても文意がおかしいときだけ「使役」に変えます。「せ給ふ・させ給ふ」の組み合わせで、一括《いっかつ》して「〜なさる」と訳してください。変だナと思ったときだけ、「使役」に変えて「〜させなさる」に訂正します。

❶ **この宮、今年は八歳に成らせ給《たま》ふ。**（太平記）

（この宮は、今年は八歳になりなさる）

↳おかしくない。「させ」は「尊敬」。

❷ **院うせさせ給ひてのち、すむ人もなくて、あれゆきける……**（古本説話集）

重要単語 失《う》す＝死ぬ

（院が亡くなりなさってのち、住む人もなくて、荒れていった……）

↳おかしくない。「させ」は「尊敬」。

❸ **（院が）問はせ給ひければ、人々問ひけるに（黒主《くろぬし》が院に）申しける。**

（大和物語）

（院が質問させなさるので、人々が質問したところ、黒主が院に申し上げた）

↳これは「使役」。仮に「尊敬」で訳すと、「院が質問なさると、人々

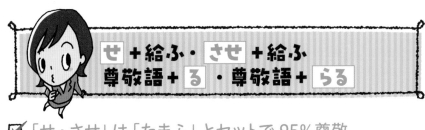

▶「せ給ふ・させ給ふ」の「せ・させ」は95%尊敬。どうしても訳の文意がおかしいときだけ使役に変える。

宮様は
8歳に
成らせ給ふ
HAPPY BIRTHDAY

が質問する」となって変。院が人々を使って代弁させ、人々が黒主に質問を伝えたのである。

〈答：①尊敬　②尊敬　③使役〉

❸のような例は、めったに見られません。

また、[**尊敬語＋る・尊敬語＋らる**] も95%「**尊敬**」です。この助動詞「る・らる」については、第11章の172ページ“直前優先”でマスターしました。「おほせ[らる]」「おぼさ[る]」などの「る・らる」は「尊敬」と判断し、訳は直前の単語とまとめて、「おっしゃる」「お思いになる」など一括でＯＫです。

まとめ

尊敬語とセットになる助動詞

❶ [せ]＋給ふ・[させ]＋給ふ　➡ 95%尊敬

❷ 尊敬語＋[る]・尊敬語＋[らる]　➡ 95%尊敬

＊訳は一括して、尊敬語の単語だけ訳せばよい

☑ 今は主客補足の読解練習だけ！

では、次ページの長文で訓練します。今は、尊敬語と謙譲語に注目して、主体・客体を補うことに集中しましょう。これを敬語学習のSTEP 1とします。

念のために言いますが、“主体・客体を補って読む”練習をしているのであって、“だれからだれへの敬意”という設問とは別ものです。こちらは、主体と客体の補足ができるようになったあと、STEP 2として学習しましょう。

また、丁寧語については、196ページでお話します。

第12章 問題文

STEP 1 初めに太字・細字や記号を気にせず、全文を読んでみてください。［5分］

STEP 2 次に、太字だけを拾って読んでみてください。右ページのヒントを見てもかまいません。敬語の種類に注目して、①～⑭の主体・客体の補足をしてください。［20 分］

STEP 3 194 ～ 195 ページの解説を読みながら、1文ずつ丁寧にチェックしましょう。［Free Time］

記号説明

- 人物、（S）……… 主語
- □……… 登場人物
- ㋢ ………… 前後同主語
- ………… 重要単語
- //………… 文を切る
- ▲ ………… 打消（～ない）
- ………… 尊敬語
- ………… 謙譲語

亭子《ていじ》の帝《みかど》、石山《いしやま》につねにまうでたまひけり。国《くに》の司《つかさ》、「民疲《たみつか》れ、国ほろびぬべし」となむわぶると（①が）聞こしめして、こと国国の御庄《みさう》などにおほせごとたまひければ、もてはこびて御まうけを（②が③のために）つかうまつりて、（④が⑤に）まうでたまひけり。近江《あふみ》の守《かみ》、「いかに（⑥は）聞こしめしたるにかあらむ」と、嘆きおそれて、また、「むげに さて（⑦を）すぐしたてまつりてむや」とて、（⑧が）かへらせたまふ打出《うちで》の浜《はま》に、世のつねならずめでたき仮屋《かりや》どもを（⑨は）作りて、菊の花のおもしろきを植ゑて御まうけを（⑩のために）つかうまつれりけり。国《くに》の守《かみ》も、おぢおそれて、ほかにかくれをりて、ただ黒主をなむすゑおきたる。（⑪が）おはしまし過ぐるほどに、殿上人《てんじゃうびと》、「黒主はなどてさてはさぶらふぞ」と問《と》ひけり。院《ゐん》も御車おさへさせたまひて、「なにしにここにはあるぞ」と問はせたまひければ、人々問ひけるに（⑫は⑬に）申しける。

ささら浪まもなく岸を洗ふめりなぎさ清くは君《きみ》とまれとか

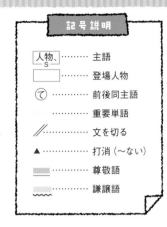

とよめりければ、(⑭は) これにめで たまうて なむとまりて、人々に物たまひてかへらせ(尊)たまひける。

（大和物語）

＊帝：天皇。10 行目の「院」と文脈上同一人物。　＊石山：滋賀県大津市の石山寺。　＊国の司：地方国の長官。 国守《くにのかみ》ともいう。この場合は近江《おうみ》の国（現在の滋賀県）の国守。４行目の「近江の守」・８行目の「国の守」と同一人物。　＊御庄：貴族の荘園。　＊黒主：大伴黒主《おおとものくろぬし》。平安前期の歌人。六歌仙《ろっかせん》の１人。
＊殿上人：宮中の清涼殿《せいりょうでん》(天皇の私生活の場)の殿上《てんじょう》の間《ま》に入ることを許された人。この文章では、帝(＝院)の 供人《ともびと》をしている。　＊なぎさ清くは：もし渚がきれいなら。

ヒント

1 [敬]まうづ＝[謙]参上する・参詣する
[謙][尊]ダブル敬語は、[主]帝・[客]石山寺(仏)で両方とも高位。

2 「ぬべし」は確述用法（第６章参照)。
[単]わぶ＝つらい・困る
[敬]聞こしめす＝[尊]お聞きになる
[敬]おほせごと＝[尊]ご命令

3 [単]まうけ＝準備（L.7 にも)
[敬]つかうまつる＝[謙]し申し上げる(L.8 にも)

4 「つかうまつりて」は文脈上、前後同主語ではない(例外)と判断。

5 [単]むげ（なり)＝ひどい
[単]さ＝そう（L.10 にも)

6 「てむや」は「確述＋反語」（第６章参照)。「かへらせたまふ」は「打出の浜」にかかる。

7 [単]めでたし＝すばらしい
[単]おもしろし＝ 趣《おもむき》 深い

9 [敬]おはします＝[尊]いらっしゃる

10 [単]など＝どうして
「院も」殿上人と同じ質問をするのである。

11 「問はせ」は 190 ページの例文❸を参照。

12 「問ふ人々」は殿上人。答える⑫はだれ？
[敬]申す＝[謙]申し上げる

13 「君」は帝(院)。

14 [単]めづ＝感動する

15 [敬]たまふ＝[尊]お与えになる

第12章

問題文　現代語訳＋解説

この文章には、“高位の人”は「帝（院）」しか出てきません。尊敬語のときは主体に、謙譲語のときは客体に「帝（院）」を入れましょう。以下の解説では「院」で呼称を統一します。（左端の数字は行数です）

1 院が石山寺にいつも（＝しょっちゅう）参詣《さんけい》なさった。石山寺のある近江国守が「国民が疲れ､国がきっと滅びる」と困った。第６章93ページにこの部分は引用したが、沿道整備にお金がかかるから。

2 「国守が困っているのをお聞きになった」①は､(尊)だから高位の人で院。「国国」は複数だから、近江以外の国々である。「聞こしめし」から「て」でつながり、「おほせごと・たまひ」の(尊)もあるので、諸国に命令したのは院である。

3 何かを運んで準備を「つかうまつる」のは(謙)だから主体②は低位の人。命令された国国の御庄《みそう》である。客体③は高位の人で、院しかいない。

4 「まうでたまひ」のダブル敬語は(主)(客)とも高位。院のほかに高位の人はいないが、石山寺は仏のいる高位の場所。④院が⑤石山寺に参詣したのである。１行目と同じ表現。なお、②は低位･④は高位なので、「て」でつながってはいるが、例外的に別の主語。「て」よりも敬語を優先する。

まとめ

高位の場所

1. **宮中《きゅうちゅう》（内裏《だいり》）**………**天皇・皇族**のいる所
2. **神社・寺**…………**神・仏**のいる所
3. 上記以外に、**摂政《せっしょう》・関白《かんぱく》・大臣の邸《やしき》**など

⑥は(尊)の主体なので高位の院。近江国守は「院はどのように（思って）お聞きになったか」と恐れた。院が他の国々に整備をさせたことによって、「国が滅びる」との自分の愚痴《ぐち》が院の耳に届いたことを、国守は察したのだ。

5 (謙)「たてまつる」の客体⑦は、高位の院。「ひどくそうして（＝まったく何もしないで）院を通り過ごさせ申すことは絶対にできない」と国守は思った。

6 ⑧は(尊)の主体なので、高位の院。院がお帰りになる打出の浜。

7 その浜に「すばらしい仮屋を作る」のは、このままではイケナイと思っている国守である。⑨は国守。2つの㋢でつながって、「菊を植え」「準備をした」部分に、（謙）の「つかうまつる」があることによっても確認できる。

8 （謙）「つかまつる」の客体⑩は、高位の院。国守が院のために準備をしたのだ。国守もその場にいることはいるが、叱《しか》られることを「恐れて隠れて」いる。

9 国守がその場に黒主《くろぬし》を置いたのは、自分の代理であろう。⑪は（尊）「おはします」の主体だから、高位の院。院がいらっしゃり、通り過ぎようとなさる。

10 お供《とも》の殿上人《てんじょうびと》が「黒主はどうしてそうして……」と質問した。ここは読みにくいが、「院も」同じ内容の質問をするので、後文を見る。

11 院の質問は読みやすい。「(黒主は) 何しにここにいるのか」。

12 人々(殿上人)が院の質問を黒主に伝える。返事をする⑫は黒主。（謙）の客体⑬は院。

13 「渚（＝打出の浜）が美しいなら、院よ泊《と》まってくださいとか（いうことです)」と、黒主は和歌で返事をした。「国守が慌《あわ》てて準備した沿岸の菊や仮屋がお気に召したなら、泊まっていってください」ということである。「とかいうことです」は、国守の思いを代理で伝えているから。それが、「何しにここにいる」のかという院の質問の答でもある。「国守の伝言を伝えるため」だ。

14 「感動なさった」⑭は（尊）の主体で、高位の院。国守の心遣《づか》いもうれしかっただろうが、それ以上に、黒主の和歌のうまさ・とりなしのうまさに対する感動である。院は仮屋に泊まって、人々に物をお与えになってお帰りになった。この「人々」は、12行目の人々（殿上人）ではない。たび重なる石山詣《もうで》の

15 出費に苦しむ「近江の国民」に、ご褒美《ほうび》を残して帰られたのである。

〈192 ～ 193 ページの問題の答〉

①③④⑥⑦⑧⑩⑪⑬⑭＝院　②＝国国の御庄　⑤＝石山寺（仏）　⑨＝国守　⑫＝黒主

ミニミニ文学史

六歌仙《ろっかせん》

平安前期の代表的な6人の名歌人です。

①在原業平《ありわらのなりひら》　②大伴黒主《おおとものくろぬし》　③喜撰法師《きせんほうし》

④文屋康秀《ふんやのやすひで》　⑤僧正遍昭《そうじょうへんじょう》　⑥小野小町《おののこまち》（⑥は女性)

丁寧語は訳すだけ

☑ ただお上品に訳すだけ

残るは丁寧語ですが、これは簡単。主体・客体が“高位”か“低位”かなどと、頭を悩ませる必要はありません。ただ「〜です・〜ます・〜ございます」などとお上品に訳すだけ。現代文例をあげてみましょう。

「私のかわいい子犬のペロちゃんが、隣の子猫のミーちゃんに、ワンとほえたのです」という文には、おかしなところはないですね。小学生でも作れる文です。主体「子犬のペロちゃん」も、客体「子猫のミーちゃん」も、“高位”ではありません。つまり、丁寧語の場合は、聞いている人や読んでいる人にきれいな言葉を使っているだけで、主客の位の高さは意識されていません。

☑「訳せ」と言われる以外は無視！

逆に言うと、丁寧語は、主体・客体の補足のヒントとしては利用できないと思ってください。書かれていない主体・客体を補うとすれば、文脈判断しかありません。尊敬語や謙譲語のように注目しても役に立ちませんから、「訳せ」と言われる以外は無視していいということです。

しかも、古文の丁寧語は、「侍《はべ》り」と「候《さぶら》《さうら》ふ」の２語だけだからラクチン！「候ふ」には2とおりの読み方があって、「さぶらふ」が中世になって「さうらふ」に変化したのですが、そんな経緯は知らなくてもかまいません。

では、例文で、丁寧語の訳だけを確認してください。

❶前なる池に月のうつりて侍《はべ》りけり。 （後拾遺集　詞書）

（前にある池に月が映っていました）

❷つれづれ慰みぬべき物語㋳さぶらふ。 （無名草子）
(強・疑)

重要単語　つれづれ＝所在なさ・退屈

（所在なさをきっと慰めることのできる物語はございますか）

▶ほえた子犬と、ほえられた子猫の間には、位の高低はない。“丁寧語”はただお上品に訳せばよいのだ。

では、ここで尊敬語・謙譲語・丁寧語を一緒にまとめておきましょう。

まとめ

尊敬語と謙譲語と丁寧語の特徴

種類		主体(S)		客体(O・C)		
尊	＝	高位の人	が	低位の人	を／に	～なさる。
謙	＝	低位の人	が	高位の人	を／に	～し申し上げる。
丁	＝	×	が	×	を／に	～です。ます。ございます。

高低にかかわらない

“読む”から“解く”へレベルアップ！

ここまでは、STEP 1“主体・客体を補って読む”ことに集中しました。

ここからは、STEP 2“だれからだれへの敬意”という設問の解き方について学びます。一度休憩して、頭をスッキリさせてから前に進みましょう。

主体・客体の旗あげゲームは時間のムダ！

“だれからだれへの敬意”は、みなさんが最も苦手とする文法問題の１つで、しかも入試頻出！　学校では、人物を逆三角形に並べた図を描いて、左右の角に主体・客体を配置し、「主体を上げて」とか「客体を下げて」などと赤白の旗あげゲームのようなことをさせられます。が、入試本番では、いちいち図を描いて人物の上げ下げをしていると、時間がいくらあっても足りません。

そこで、秒単位で解答できる簡単な方法を教えましょう。

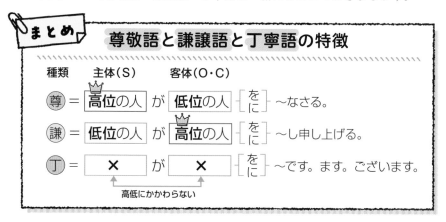

“だれからだれへの敬意”は機械的な単純作業！

“だれへ”は王冠マーク

“だれから”をあとまわしにして、先に“だれへ”を片づけます。

だれに対する敬意か、身分社会ですから、“高位の人物”に決まっています。197ページのまとめ「尊敬語と謙譲語と丁寧語の特徴」を見て、王冠マークを確認してください。尊敬語は“主体”、謙譲語は“客体”が高位でしたね。

では、尊敬語は【主体へ】の敬意、謙譲語は【客体へ】の敬意と丸暗記しましょう。

“だれから”は土下座マーク

では、“だれから”の敬意なのか、つまり、高位の人に対してハハァーと土下座をしている人はだれなのでしょう。まずは現代文で理解しましょう。

(尊) 校長が生徒におっしゃる。

「おっしゃる」は尊敬語。「主体＝校長」への敬意は先ほど学習しました。

では、だれが校長に敬意を表して頭を下げているのでしょう？　「生徒」と答えた人は、ブブーッ、アウトです！　しっかり聞いてくださいね。

別に敬語を使わなくても、「校長が生徒に言う」だけでも内容は伝わります。でも、それでは校長に失礼だと思う人が、「言う」をやめて「おっしゃる」という敬語を選んだのです。つまり、この言葉を使った人が校長に敬意を表した人です。だれですか？　私、荻野です。荻野から校長への敬意ですね。

(謙) 生徒が校長に申し上げる。

「申し上げる」は謙譲語。「客体＝校長」への敬意は先ほど学習しました。

では、だれが校長に土下座をしているのか、もうわかりますね。「生徒が校長に言う」でもかまわないところ、校長に敬意を表して「申し上げる」という敬語を選んで使った人、つまり荻野です。荻野から校長への敬意ですね。

要するに、敬語の種類に関係なく、その言葉を使った人からの敬意なのです。

☑ “だれから” は、地の文か会話文かで決まる！

“だれから”は、「その言葉を使った人」からの敬意だとわかりました。具体的に言うと、地《じ》の文（会話以外の文）の場合は“作者”、会話文の場合は“話し手”が、言葉を判断して使った人です。

敬語の種類に関係なく、地の文は【作者から】、会話は【話し手から】と丸暗記しましょう！

☑ 丁寧語は、“だれからだれへ” をセットで丸暗記

ところで、丁寧語は、主体・客体ともに位の高さは関係ありませんでした。

では、だれに対する敬意なのでしょう？　私は、みなさんに丁寧語を使っています。乱暴に「おい、わかったか」などと言われたら不愉快でしょうから、「わかりますね」と丁寧な物言いをしていますね。つまり、丁寧語は「その言葉を受ける人」への敬意なのです。具体的に言うと、地の文では“読者”、会話文では“聞き手”が、言葉を受け取る人です。

そこで、丁寧語だけはセットで、地の文は【作者から読者へ】、会話文は【話し手から聞き手へ】と丸暗記しましょう。

☑ STEP2 は当てはめるだけ！　難しいのは STEP1 !!

“だれからだれへの敬意”は機械的な単純作業！　覚えてしまえば小学生でもできます。それなのに、なぜ入試頻出なのでしょう？

それは、実際の文章では主体・客体が省かれているケースが多いからです。難しいのは、STEP 2“だれからだれへの敬意”ではなく、STEP 1“主体・客体の補足”なのです。要するに「主体はだれか、客体はだれか、会話の話し手はだれか、聞き手はだれか」と問うているのと同じなのですが、直接的な設問では正答率が上がってしまうので、出題の意図を隠すために設問の角度を変えているのですね。

だから、私は先に“主体・客体の補足”を 延々と訓練しました。このあと、すでにSTEP 1の補足をすませた古文例文を使って、STEP 2の確認をします。

また、次ページ見開きに、第12章で学習したことをまとめました。

まとめ “だれからだれへの敬意”は**単純作業**！

STEP1 読む 主体・客体を補いながら

種類	主体(S)		客体(O・C)		
尊敬語	高位の人	が	低位の人	を/に	～なさる
謙譲語	低位の人	が	高位の人	を/に	～し申し上げる。
丁寧語	×	が	×	を/に	～です。ます。ございます。
	高低にかかわらない				
応用	高位の人	が	高位の人	を/に	～ 謙譲語 尊敬語

☑ 解く前に、読みながら主体・客体を先に補う！

ここでは、すでに主体・客体の補足をした183・188ページの『枕草子』の文章の一部を使います。（　）が補足した主体・客体です。このように、実際の入試問題でも、文章を読みながら、先に主体・客体を補っておきましょう。そのあと“だれからだれへの敬意”の設問を解くと、迷わずに答えられます。

❶（中宮が清少納言に）**絵など取り出で㋢見せさせ給ふ**……

⇨地の文＝作者から。尊敬語＝主体中宮へ。　【作者⇨中宮】

❷**夜々**（清少納言は中宮の所へ）**参りて三尺の御几帳のうしろに**……

⇨地の文＝作者から。謙譲語＝客体中宮へ。　【作者⇨中宮】

❸（殿は）「（中宮が）**あやふしと思したり。かたじけなくもあり**」とて、

⇨会話文＝話し手殿から。尊敬語＝主体中宮へ。　【殿⇨中宮】

❹（殿は中宮に）「**ゆかしき御文かな。**（中略）**あけて見侍らん**」と……

⇨会話文＝話し手殿から。丁寧語＝聞き手中宮へ。　【殿⇨中宮】

❺**殿が中宮にものなど**ⓐ**奉り**ⓑ**給ふ。**

⇨ⓐ地の文＝作者から。謙譲語＝客体中宮へ。　【作者⇨中宮】

ⓑ地の文＝作者から。尊敬語＝主体殿へ。　【作者⇨殿】

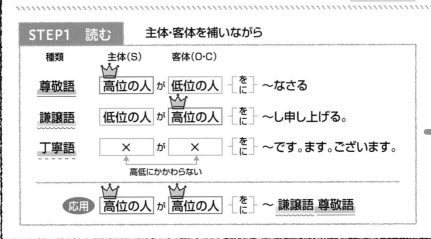

でも、その前に……

STEP2　解く　丸暗記した解法で機械的に

種類	だれへ	だれから
尊敬語	主体	
謙譲語	客体	
丁寧語		

その言葉を使った人

地の文	作　者
会話文	話し手

その言葉を受ける人

地の文	読　者
会話文	聞き手

＊地の文＝文章のうち、会話文以外の作者の説明。

“だれからだれへ”は声に出して暗記！

“だれから”については、「地の文は作者から、会話文は話し手から」と暗記。“だれへ”は「尊敬語は主体へ、謙譲語は客体へ」と覚えます。

丁寧語は“だれからだれへ”をセットにし、「丁寧語のみ、地の文は作者から読者へ、会話文は話し手から聞き手へ」と、声に出して丸暗記します。

主体・客体や話し手・聞き手がだれと補足できていれば、あとは人物を当てはめるだけの単純作業！　迷うことなく機械的に答えることができます。

A（主体）がB（客体）にのたまふ（尊）。	⇨	地の文だから作者から 尊敬語だから主体Aへ
C（話し手）言はく「A（主体）がB（客体）に申す（謙）」。	⇨	会話文だから話し手Cから 謙譲語だから客体Bへ
Dは泣き侍り（丁）ける。	⇨	地の文だから作者から 丁寧語だから読者へ
E（話し手）がF（聞き手）に「文にて候ふ（丁）」と知らす。	⇨	会話文だから話し手Eから 丁寧語だから聞き手Fへ

＊“だれからだれへの敬意”は、“敬意の方向”ともいう。

この章の重要単語 ⑫

記号説明

★★★★ ···· 最重要語
★★★ ······· 設問によく出る語
★★ ········· 読解上必要であり、設問にもときどき出る語
★ ··········· 覚えられたら覚えてほしい語
◆ ··········· 敬語
番号 ····『マドンナ古文単語 230』の見出し番号。´《ダッシュ》つきは関連語

番号	出題頻度	単語と現代語訳		
167	★★★	**きこゆ** [聞こゆ]	＝	①聞こえる ②評判になる ③申し上げる ＊①②は [一般動詞]、③は [謙譲語]。
110	★★★	**ゆかし**	＝	～したい ＊「～」の部分は文脈補足する。
201	★★	**ようい** [用意]	＝	①用心 ②配慮・心遣《づか》い
40	★★★	**ありがたし** [有難し]	＝	めったにない
84	★★	**うす** [失す]	＝	①消える・いなくなる ②死ぬ
46	★★★	**わぶ**	＝	つらい・困る
121	★★	**まうけ** [設け]	＝	準備
50	★★	**むげ (なり)** [無下]	＝	ひどい
155	★★	**さ**	＝	そう・それ・そのように
43	★★★	**めでたし**	＝	すばらしい
98	★★	**おもしろし**	＝	①興味がある・興味深い ②趣《おもむき》深い・風流だ ③おもしろい・滑稽《こっけい》だ
135	★★	**など**	＝	どうして
42	★★★	**めづ** [愛づ]	＝	ほめる・感動する
91	★★★★	**つれづれ** [徒然]	＝	所在なさ・退屈
敬語	◆	**まゐる** [参る]	＝	[謙譲語] ①参上する ②さし上げる
敬語	◆	**さぶらふ** [候ふ]	＝	[謙譲語] お仕え申し上げる
敬語	◆	**たまふ** [給ふ・賜ふ]	＝	[尊敬語] ①お与えになる ②～なさる
敬語	◆	**たてまつる** [奉る]	＝	[謙譲語] ①さし上げる ②～し申し上げる
敬語	◆	**のたまはす** [宣はす]	＝	[尊敬語] おっしゃる
敬語	◆	**おぼす** [思す]	＝	[尊敬語] お思いになる
敬語	◆	**まうづ**	＝	[謙譲語] 参上する・参詣する
敬語	◆	**きこしめす** [聞こし召す]	＝	[尊敬語] お聞きになる
敬語	◆	**おほせごと** [仰せ言]	＝	[尊敬語] ご命令
敬語	◆	**つかうまつる** [仕うまつる]	＝	[謙譲語] ①お仕え申し上げる ②し申し上げる
敬語	◆	**おはします**	＝	[尊敬語] いらっしゃる
敬語	◆	**まうす** [申す]	＝	[謙譲語] 申し上げる

第13章

敬語の初歩(2)

ここまで来たら、あとひと息…
がんばれ～！ ファイト!!

ねらい

２種類の用法を持つ
紛らわしい敬語を学びます。
今すぐ覚えきれなくてもよいから、
こういう面倒なことを入試は問うのだな
という予備知識を持ちましょう。

入試の敬語の出題いろいろ

☑ 敬語の問題は、ポイント5の組み合わせでできている！

敬語は、入試が好んで出題する定番のジャンルの１つですが、ひと口に敬語といっても、いろいろな出題形態があります。どのような形態で出されても対応できるように、次の５つのポイントを意識して学習しましょう。

というのは、ひと目でそれと意図のわかる「訳を選べ」「種類を選べ」「主体はだれか」などという単純な形態ばかりとは限らないからです。

まとめ

敬語の 出題ポイント５

❶ **主体・客体の補足** ＊183・188・197ページ参照
S　O・C

❷ **だれからだれへの敬意** ＊198〜201ページ参照

❸ **尊敬語・謙譲語・丁寧語の種類と訳** ＊206ページ参照

❹ **２種類の用法を持つ敬語** ＊205〜217ページ参照
参る・奉る・侍り・候ふ・たまふ

❺ **本動詞・補助動詞** ＊208ページ参照
直前に述部があれば補助動詞

❶❷は、すでに習得しましたね。この章では、❸❹❺について学習します。

敬語の問題は、どのような形態で出題されようとも、ポイント５のなんらかの組み合わせでできています。ふだんからそれを意識していると、設問の意図が見抜けるようになります。この章が終わると、敬語に関しては「どこからでもかかって来い！」と思えるようになりますよ。

▶入試の敬語の問題は、ポイント5の組み合わせでできている。隠された設問の意図を見抜く訓練をしよう！

特に「２種類の用法を持つ敬語」は、難関大学が好んで出題しています。共通テストも、文法は難関レベルです。なかなか厄介な語群ですが、その分だけ出題頻度が高いと心得て、じっくりしっかり理解しましょう。

2種類の用法を持つ敬語

☑ 一覧表はコピーして手もとに！

敬語の学習で大切なことは、まずは尊敬語・謙譲語・丁寧語の種類と訳を覚えることでしたね。種類と訳を覚えないことには、文章を読むこともできず、“主体・客体の補足”も“だれからだれへの敬意”もできません。

前章では種類だけを一覧表にしましたが、訳も少しずつ慣れておくほうがよいので、206ページにまとめました。文章中に出てくるたびに種類を色分けし、訳もしてみましょう。一覧表のコピーをいつも手もとに置いて活用してください。１枚は自宅の勉強部屋の壁に貼り、１枚はクリアファイルに入れて学校や塾に持っていきましょう。

さて、次ページの表で特に注意してほしいのは、◆印の敬語です。２種類の用法を持っていますので、種類を判断する方法を知らなければなりません。種類を間違えると、“主体・客体”の高低が逆になってしまって、読解はぐちゃぐちゃ、設問も解けなくなってパニックしますよ。

おもな敬語の種類と訳(本動詞)

記号説明

◆印は2種類の用法を持つ語
♥印は一般動詞の用法もある
(　)は頻度の低いことを示す

尊敬語	たまふ◆1 [給《たま》ふ・賜《たま》ふ]	くださる・お与えになる
	おはす・おはします	いらっしゃる
	宣《のたま》ふ・宣《のたま》はす・仰《おほ》す	おっしゃる
	聞こす・聞こし召《め》す	お聞きになる
	思《おぼ》す・思《おぼ》し召《め》す・思《おも》ほす	お思いになる
	召《め》す	①お呼びになる ②お食べになる ③(着物を)お召しになる
	御覧《ごらん》ず	御覧になる
	大殿《おほとの》ごもる	お休みになる
	(参《まゐ》る◆2)	①お食べになる ②(着物を)お召しになる
	(奉《たてまつ》る◆3)	①お食べになる ②(着物を)お召しになる ③お乗りになる
謙譲語	申す・聞こゆ♥	申し上げる
	奏《そう》す	(天皇・院に)申し上げる
	啓《けい》す	(中宮・皇太后・皇太子に)申し上げる
	奉《たてまつ》る◆3	さし上げる
	参《まゐ》る◆2・参《まゐ》らす	①参上《さんじょう》する　②さし上げる
	まうづ	参上する・参詣する
	まかる・まかづ	①参上する　②退出する
	承《うけたまは》る	①お聞きする　②いただく
	たまはる [給《たま》はる・賜《たま》はる]	いただく
	仕《つかまつ》る・仕《つか》うまつる	①お仕《つか》え申し上げる　②し申し上げる
	(侍《はべ》り・候《さぶら》《さうら》ふ◆4)	お仕え申し上げる
	(たまふ◆1)	～し申し上げる　(補助動詞の用法のみ)
丁寧語	侍《はべ》り・候《さぶら》《さうら》ふ◆4	あります・おります・ございます

☑ 理屈が合わなくなったときは……

◆1をあとまわしにして、まず◆2「参《まゐ》る」・◆3「奉《たてまつ》る」から始めましょう。**「参る」「奉る」**は、**尊敬語**と**謙譲語**の２種類の用法があります。謙譲語として使うほうが圧倒的なので、尊敬語のほうは（　）に入れています。ですから、おもには謙譲語で処理すればよいのですが、もしも、文脈上、**主体が“高位”で客体が“低位”の場合は尊敬語**にしなければ理屈が合わなくなります。

主体・客体の補足が文脈判断できなかったときは、どうしましょう。そのときは、訳して決めるしかありません。206ページ一覧表で訳を確認しましょう。尊敬語の場合は、「参る＝①お食べになる　②（着物を）お召しになる」「奉る＝①お食べになる　②（着物を）お召しになる　③お乗りになる」ですね。そこで、**「食べる・着る・乗る」**など、日常的な**“衣食乗の動作”は尊敬語**と覚えましょう。「食べる」には「飲む」も含まれますよ。では、例文で確認です。

❶御車に［奉る］①所に賭《か》け＊物をもて［奉り］②て、　（大鏡）

＊賭け物：勝者への賞品。

（御車にお乗りになる所に賞品を持ってさし上げて）

↳「車に［①］」だから、「乗る」という“衣食乗”の動作。また、「御車」とあるから“高位の人”が主体ともわかる。①は尊敬語（お乗りになる）。「賞品を［②］」は、“衣食乗”に関係ない。また「（高位の人の）御車の所に」なので、客体が“高位”。②謙譲語（さし上げる）。

次に、◆4「侍《はべ》り」「候《さぶら》《さうら》ふ」ですが、**謙譲語**と**丁寧語**の用法があります。丁寧語の頻度が高く、謙譲語は（　）に入れていますが、入試では謙譲語も出ます。これは、**客体が“高位”であれば謙譲語**と判断するしかありません。

❷大御息所《おほみやすどころ》＊ときこえ（謙）ける御局《みつぼね》＊に、大和《やまと》に親ある人［さぶらひ］けり。　（伊勢集）

＊大御息所：皇后・藤原温子。　＊局：部屋。

（皇后と申し上げた人の御部屋に、大和に親がいる人がお仕え申し上げた）

↳「皇后と申し上げた人の御部屋に」が客体。

要するに、「高位の人に［さぶらふ］」だから、謙譲語（お仕え申し上げる）。

まとめ

2種類の用法を持つ敬語

＊%は文章中に出てくる頻度を示す

❶参る・奉る　㊟謙 98%

尊　高位 が 低位 ［を／に］ 参る・奉る

衣食乗の動作（食べる・着る・乗る）

❷侍り・候ふ　丁 90%

謙　低位 が 高位 に侍り・候ふ

いずれは完璧にする心の準備を

前章で初めて基本を学び、いきなり複雑な用法を見せられたのですから、ちょっと拒否反応が起こっているかと思いますが、今すぐ何もかも判断できるようになれと言っているのではありません。ただ、こういう難しいことがあるんだよと、あらかじめ知っておくのと知らないのとでは大違いです。

１種類しかないと思い込んでいると、文章中で初めてお目にかかる違う用法にショックを受けて混乱します。まずは、頻度の高いほうでうまくなることを目指し、いずれは完璧になろうと、心の準備だけしておいてください。

本動詞と補助動詞

省いても述部が残るのが補助動詞

敬語には、本動詞と補助動詞の２つの役割があります。同じ単語が、場合によって本動詞で使われたり補助動詞で使われたりします。本動詞とはその字のとおり、“本来の動詞”。補助動詞は“補助する動詞”、単なるアシスタントです。例文を見ると一目瞭然《いちもくりょうぜん》。本動詞は省くと述部（どうする・どうである）がなくなりますが、補助動詞は省いても述部が残ります。

▶敬語は、省いても述部が残る場合は、“補助動詞”と判断する。「広げ給ふ」の「給ふ」も補助動詞。

①本動詞………扇を給ふ。　　（扇をくださる）

②補助動詞……扇を広げ給ふ。（扇を広げなさる）

①のほうは、省くと「扇を」どうするのか、述部が不明になってしまうので本動詞。②のほうは、省いても「扇を広げ」ることはわかります。②の「給ふ」は、尊敬の意味（～なさる）を補助するだけですね。このように、**直前に述部があり、省いても文意が通じる場合**は**補助動詞**と判断します。

補助動詞は種類が同じなら訳も同じ

ところで、206ページの一覧表に載せた敬語の訳は、すべて本動詞として使った場合の訳です。補助動詞の訳は、1つ1つバラバラに覚える必要はなく、種類さえわかっていれば簡単です。**尊敬語は「～なさる」、謙譲語は「～し申し上げる」、丁寧語は「～です・～ます・～ございます」**と訳してください。

単語が違っても種類が同じなら、補助動詞の訳は同じです。「詠《よ》み申す」も「詠み奉る」も、ともに謙譲の補助動詞。どちらも「詠み申し上げる」と訳すのです。

まとめ

本動詞 と 補助動詞

- **本動詞** ➡ **本来の動詞**（訳は206ページ一覧）
- **補助動詞** ➡ **直前に述部**があり、それを補助する
  - 尊＝～なさる
  - 謙＝～し申し上げる
  - 丁＝～です・～ます・～ございます

☑「奉る」「侍り・候ふ」も補助動詞の訳は1つ

207～208ページで本動詞の訳を学んだ「２種類の用法を持つ敬語」のうち、「参る」を除く「奉る」「侍り・候ふ」について、注意事項があります。

「奉る」は、本動詞では謙譲語(98%)と尊敬語(2%)の２用法を持ちますが、**補助動詞は100%謙譲語**です。**「侍り・候ふ」**も、本動詞では丁寧語(90%)と謙譲語(10%)の２用法を持ちますが、**補助動詞は100%丁寧語**です。下のまとめを見てください。結局、**本動詞として使われる頻度の高いほうの種類に補助動詞は100%統一される**のです。

ただし、「参る」は本動詞の用法のみで、補助動詞は「参らす」を使います。

まとめ

「奉る」「侍り・候ふ」の用法と訳

＊%は文章中に出てくる頻度を示す

❶**奉る**	［本動詞］	謙 さし上げる（**98**%）
		尊 衣食乗の動作（2%） お食べになる （着物を）お召しになる （車に）お乗りになる
	［補助動詞］	謙 **～し申し上げる**（100%）
❷**侍り・候ふ**	［本動詞］	丁 あります・おります（**90**%）
		謙 お仕え申し上げる（10%）
	［補助動詞］	丁 **～です・ます・ございます**（100%）

▶補助動詞の「奉る」は100%謙譲語となり、補助動詞の「候ふ」は100%丁寧語となる。

２種類の「たまふ」

「たまふ」は文法力で見分ける

206ページの〔おもな敬語の種類と訳（本動詞）〕の中で、２種類の用法を持つ単語がもう１つあります。**◆1**の「たまふ」です。尊敬語と謙譲語の用法があるので気をつけてください。この見分けは、主体・客体や文脈判断などの読解力ではなく、完全な文法力で判別します。

じつは、活用の種類がまったく違うのです。**尊敬語の「たまふ」は四段活用、謙譲語の「たまふ」は下二段活用**します。活用表で示してみましょう。謙譲語の下二段活用は、終止形・命令形の用例がほとんどないので×印をしています。

語幹	未	用	終	体	已	命	活用の種類	敬語の種類
たま	は	ひ	ふ	ふ	へ	へ	四段活用	尊敬語
	へ	へ	~~ふ~~	ふる	ふれ	~~へよ~~	下二段活用	謙譲語

判断を誤ると、とっても危険！

古文では敬語は避けられない重要項目だということは第12章でお話ししましたが、その中でも特に「たまふ」は文章中に数多く出てきます。高校の教科書を引っぱり出して、パラパラとめくって見てください。「たまふ」はイヤになるほどたくさん目につきます。いちいち、文章中の「たまふ」に引っかかって、「へ／へ／ふ……」「は／ひ／ふ……」なんて活用チェックをしていると、読解も何も頭からふっ飛んでしまいます。

特に、入試のときは時間との闘い。そんな悠長《ゆうちょう》なことはしていられません。ところが、この２種類の「たまふ」は入試にとてもよく出るのです。尊敬語か謙譲語かの判断を誤ると、“高位”と“低位”を逆にして主体・客体の補足をしてしまう危険性があります。なんとかよい方法はないものでしょうか。

「たま」を取れば、すぐわかる！

前ページの活用表をじっと見つめてみましょう。２種類に共通しているのは「たまへ」の音だけです。残ったのは、尊敬語の「は／ひ／ふ／ふ」と謙譲語の「ふる／ふれ」ですね。ダブる音はありません。

そこで、よい方法を教えましょう。「たまへ」以外は、**「たま」を取って、ひらがな１文字が残ると尊敬語、ひらがな２文字が残ると謙譲語**です。「たまは」は「たま」を取って「は」１文字だから尊敬。「たまふる」は「たま」を取って「ふる」２文字だから謙譲語。簡単ですね！

これなら、目で見た瞬間に即座に判断できますから、思考の妨げにならず、読解と同時進行で処理できますね。

ついでに言うと、「たまふ」とは別の単語に「たまはる」があります。これも同じ方法で、「たま」を取って「はる」２文字で謙譲語ですよ（206ページ〔おもな敬語の種類と訳（本動詞）〕の謙譲語「たまはる」参照）。

「たまへ」だけは接続で判断する

さて、厄介なのは、両方に共通する「たまへ」なのですが、これだけは面倒でも活用形を判別するしかありません。

未然形・連用形のときは謙譲語、已然形・命令形のときは尊敬語と判断します。活用形の判別は、直後の単語が何形に“接続”するかで決定します。

次の「給へ」の敬語の種類を判断しましょう。

(1)知り 給へ ず。

⇨打消の助動詞「ず」の接続は“未然形”(第７章109ページ参照)。よって、この「給へ」は未然形だから謙譲語。

(2)知り 給へ り。

⇨完了の助動詞「り」の接続は“サ変の未然形・四段の已然形”。「さみしい」のゴロ合わせで覚える（第７章109ページ参照）。

ここは「四段か下二段か」が問題なので、“サ変”は無関係。よって、この「たまへ」は四段の已然形だから尊敬語。

▶「たまへ」は「未然・連用」のときは謙譲、「已然・命令」なら尊敬。直後の単語が何形に接続するかで判断する。

(3)思ひ 給へ 知る。

⇨「知る」は動詞。古文では、「動詞・形容詞・形容動詞」をまとめて「用言《ようげん》」という。用言の直前は“連用形”（第７章112ページ参照）。よって、この「たまへ」は連用形だから謙譲語。

こうして、**後ろの単語の接続で判断**しましょう。私は、第７章で“接続”がいかに多くの入試問題を解くカギになるか、その大切さを強調しました。とりあえず、“助動詞の接続”だけでも早く覚えないと致命傷になりますよ。

まとめ

尊敬語と謙譲語の「たまふ」

尊敬語（四段活用）	は	ひ	ふ	ふ	へ	へ
	ひらがな１文字				已	命
謙譲語（下二段活用）	へ	へ	ふ	ふる	ふれ	へよ
	未	用		ひらがな２文字		

「たまへ」は、直後の単語の接続で活用形を判別

[たまへ+ば]は要注意！

未然形と已然形では大違い

入試に一番よく出る「たまへ」は、[たまへ＋ば] の形です。接続助詞の「ば」には [未然形＋ば] と [已然形＋ば] の２つの接続があるからです。

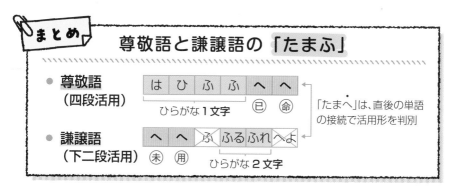

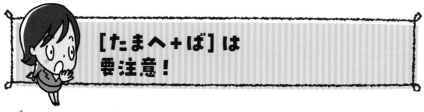

もし **［未然形＋ば］ なら「たまへ」は謙譲語、［已然形＋ば］ なら「たまへ」は尊敬語**ということになって大違い。判断が厄介だから入試頻出なのです。

［たまへ＋ば］を穴のあくほど見つめても、音はまったく同じですから判断はつきません。訳をして、**文脈判断**するしかありませんね。

［未然形＋ば］が仮定文であることは、第２章でお話ししました。「もし〜なら」と訳すのが前後の文脈上美しいと判断すれば、未然形の「たまへ」で謙譲語です。逆に、「もし〜なら」と訳すとおかしい場合は、已然形の「たまへ」と判断し、尊敬語と決めましょう。

☑ 未は「まだ」、已は「すでに」を示す

［已然形＋ば］は「①〜すると　②〜ので」と訳しますが、２つの訳をいちいち当てはめるのは面倒ですから、まずは［未然形＋ば］の訳「もし〜なら」を入れて、訳が美しくなければ、消去により［已然形＋ば］と判断するのです。

もっとわかりやすく説明すると、“未然形”の㊍は「未完成・未熟」などでわかるように、「まだそうなっていない」ということ。一方、“已然形”の㊐は「已《すで》に」と読む字で、「すでにそうなっている」ということを示します。

そこで、**“仮定＝事実でない”ことは［未然形＋ば］、“確定＝事実である”ことは［已然形＋ば］**と判断することもできます。例文で確認してみましょう。

❶（源氏が尼君におっしゃる）**「かく　世を離《か》るるさまにものし たまへ ㋩、いと　あはれに　口惜《くちを》しう~~なむ~~」**　（源氏物語）

重要単語　かく＝このように　世を離る＝出家する　ものす＝いる・ある　いと＝たいへん　あはれなり＝感慨深い　口惜し＝残念だ

（「このように出家した様子でいらっしゃるので、たいへん感慨《かんがい》深く残念です」）

↳「世を離るるさまにものす」が事実なら已然形、仮定なら未然形。「尼君」だから「世を離る＝出家」は既成《きせい》事実。已然形「たまへ」で尊敬語。

▶仮定、つまり事実でないことは［未然形+ば］。確定、つまり事実であることは［已然形+ば］で表す。

❷（横川《よかわ》の僧都《そうづ》が）立ちて、こなた（浮舟《うきふね》*の所に）いまして「ここにや〈疑〉おはします」とて几帳《きちゃう》*のもとに、つい*居《ゐ》 給へ ば、慎《つつま》*しけれど〈逆〉、（浮舟は）ゐ*ざり寄りて答《いら》へし給《たま》ふ。　　　　（源氏物語）

＊浮舟：『源氏物語』の登場人物名。恋に悩んで入水《じゅすい》自殺をしようとしたところを横川の僧都に助けられ、かくまわれた。ここは、回復した浮舟の様子を見に、僧都が部屋を訪ねた場面。　＊几帳：部屋の間仕切り。　＊つい居《ゐ》る：ひざまずく。　＊慎し：遠慮がある。　＊ゐざる：ひざをすべらせて移動する。

（僧都が立って、こちらの浮舟の所へいらして「ここにいらっしゃるのですか」と言って几帳のそばにひざまずきなさるので、遠慮はあるけれど、浮舟はひざでにじり寄って返事をしなさる）

↳「たまへ」の直前の動作「つい居」が事実か判断する。僧都は現に目の前にいるのだから、「もしひざまずいたら」という仮定は変。「ひざまずいた」のは事実である。よって、已然形「たまへ」で尊敬語。

まとめ

[たまへ＋ば] の判別

- **尊敬語** …… **已然形**＋ば（①〜すると ②〜ので）
  - ➡ 直前の動作が、文脈上、**既成事実**
- **謙譲語** …… **未然形**＋ば（もし〜なら）
  - ➡ 直前の動作が、文脈上、**事実でなく仮定**

謙譲語「たまふ」の特徴

☑ 要領よく見つけてね！

「たまへ」だけは判断が難しいので時間をかけてゆっくり訓練してくれればよいですが、それ以外の音は即戦力として使える「タマを取って１文字・２文字」で簡単にわかります。これは、早速使いこなしてください。

ところで、謙譲語の「たまふ」は、入試の設問率は高いのですが、文章中にはそう何度も出てくるものではありません。というのは、使い方が限定されているからです。

まず１つには、補助動詞としてしか使いませんので、述部の後ろの場合だけ気にすればよいということです。逆に、本動詞の場合はすべて尊敬語です。

もう１つの特徴は、謙譲語の「たまふ」は会話文や手紙文にしか使いません。手紙文はめったに入試に出ることはないので、多くの場合は、会話文に注意してください。逆に、地《じ》の文（会話以外の文）はすべて尊敬語です。

要するに、**会話文中の補助動詞だけ尊敬語か謙譲語かのチェック**をし、それ以外の部分はすべて尊敬語として処理します。

まとめ

謙譲語「たまふ」の特徴

❶ **会話文・手紙文**にしかない
❷ **補助動詞**の用法しかない

参考　①地の文　②本動詞
の場合はすべて尊敬語

「聞こゆ」は謙譲語か一般動詞か

“言う”のか“聞く”のか

紛らわしい敬語の最後は、206 ページの一覧表の♥印「聞こゆ」です。

「申し上げる」と訳す**謙譲語**の用法と、敬語ではない**一般動詞**の用法があります。**客体が“高位”なら謙譲語**と判断します。

一般動詞の「聞こゆ」は、文字どおり「①聞こえる」という意味。また、“世間の人に聞こえる”というところから「②評判になる」という意味もありますが、どのみち“耳に入る”という点では同じです。

一方、謙譲語の「申し上げる」は、“聞く”のではなく“言う”ほう。客体がわからなければ、**“言う”のか“聞く”のかで文脈判断**するほうが簡単です。

また、**補助動詞の場合はすべて謙譲語**です。

❶いと近ければ心細げなる御声、絶えだえ［聞こえ］て……。　（源氏物語）

重要単語　いと＝たいへん

（たいへん近いので心細そうなお声が、途《と》切《ぎ》れ途切れに聞こえて……）

↳声が“言う”は変。声が“聞こえる”のだから、一般動詞。

❷「憎み給《たま》ふなよ」と［聞こえ］給へば……　（源氏物語）

（「憎みなさってはいけませんよ」と申し上げなさると……）

↳「　」の直後だから“言う”の意味で、謙譲語。

❸若宮をば抱き放ち［聞こえ］……　（栄華物語）

（若宮を抱いて放し申し上げ……）

↳補助動詞なので謙譲語。また、「若宮を」は客体が“高位”。

まとめ

謙譲語と一般動詞の「聞こゆ」

- **謙譲語**　㊍ 申し上げる　➡　“言う”の文脈
  　㊋ ～し申し上げる
- **一般動詞**　㊍ ①聞こえる　②評判になる　➡　“聞く”の文脈
  　㊋ ナシ

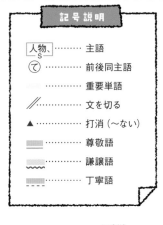

第13章

問題文

STEP 1　全文を読んでみてください。今回は＊の助けを借りて、全文を読破しましょう。[10 分]

STEP 2　敬語に注意しながら、主体・客体を補足してみましょう。特に①～③の□の「たまふ」が、尊敬語か謙譲語か注意してください。[15 分]

STEP 3　220 ～ 221 ページの解説を読みながら、1文ずつ丁寧にチェックしましょう。[Free Time]

記号説明

- 人物、(S) ……… 主語
- て ……… 前後同主語
- ……… 重要単語
- // ……… 文を切る
- ▲ ……… 打消（～ない）
- ……… 尊敬語
- ……… 謙譲語
- ……… 丁寧語

次の文章は『源氏物語』「明石《あかし》」の巻において、わが娘のことにつき明石入道《にゅうどう》が光源氏に語る部分である。

「いととり申しがたきことなれど、わが君、かうおぼえなき世界に、仮にても移ろひおはしましたるは、もし、年ごろ老法師《おいほふし》の祈り申しはべる神仏の憐《あはれ》びおはしまして、しばしのほど御心をも悩ましたてまつるにやとなむ思ふたまふる①。その故は、住吉《すみよし》＊の神を頼みはじめたてまつりて、この十八年になりはべりぬ。女《め》の童《わらは》のいときなうはべりしより思ふ心はべりて、年ごとの春秋ごとにかならずかの御社《みやしろ》に参ることなむはべる。昼よるの六時＊のつとめに、みづからの蓮《はちす》＊の上の願ひをばさるものにて、『ただこの人を高き本意《ほい》＊かなへたまへ②』となむ念じはべる。前《さき》の世のちぎりつたなくてこそかく口惜しき山がつ＊となりはべりけめ、親、大臣の位をたもちたまへ③りき。みづからかく田舎《ゐなか》の民となりにてはべり。次々さのみ劣りまからば、なにの身にかなりはべらむと悲しく思ひはべるを、これは生《む》まれし時より頼むところなむはべる。いかにして都の貴《たか》き人に奉らむと思ふ心深きにより、ほどほどにつけて、あまたの人のそねみを負ひ、身のためからき目をみるをりをも多くはべれど、さらに苦しみと思ひはべらず。命のかぎりはせばき衣にもはぐくみはべりなむ、かくながら見棄《す》てはべりなば、浪の中にもまじり失《う》せねとなむ掟《おき》てはべる」

（源氏物語）

＊住吉の神：大阪市住吉区に鎮座《ちんざ》する神。　＊六時のつとめ：昼夜６回に分けて行う勤行《ごんぎょう》（読経・念仏など）。＊蓮の上の願い：極楽往生《ごくらくおうじょう》の願い。　＊本意：本来の意図。　＊山がつ：山で生活する賤《いや》しいもの。ここは「田舎者《いなかもの》」のこと。　＊せばき衣にはぐくむ：苦しい中でもなんとか育てること。　＊見棄つ：この場合は、明石入道が娘を残して死ぬこと。

ヒント

1 単いと＝たいへん
単かたし＝難しい・できない
謙「申す」の主体・客体は？
逆接以下、「言いにくいこと」を言うのである。「わが君」は源氏。
「仮にても移ろふ」とは、一時的に源氏が明石に来たこと。

2 単年ごろ＝長年
「老法師」とは明石入道。

3 「御心」は源氏の心。

4 「たまふる」は尊か謙か？

5 単いときなし＝幼い

7 単さるものにて＝それはそれとして
「この人」とは女の童《わらわ》（娘）。

8 「たまへ」は文末だから命令形。
単念ず＝祈る
単ちぎり＝宿命
単かく＝こう・これ・このように（L.10・15にも）

9 単口惜し＝残念だ
「こそ―已然形、」は逆接（第２・３章）。
完了「り」の接続は四段已だから、直前の「たまへ」は已然形。

10 単さ＝そう
「次々に劣る」は「代々身分が下る」こと。

11 「これ」とは女の童（娘）。

12 「高貴な人にさし上げる」とは結婚のこと。

13 単あまた＝たくさん
単からし＝つらい

14 単さらに～打消＝まったく～ない

15 「なむ」は確述。「きっと～しよう」（第６章）。
「失せね」は完了の「ぬ」の命令形（第７章）。
単失す＝死ぬ

16 単掟つ＝決める

第13章

問題文 現代語訳＋解説

文脈全体の流れを考えつつ、同時に敬語にも気を配りましょう。特に２種類の「たまふ」の判断は集中してね！
（左端の数字は行数です）

一緒に読もうね

1 全文が入道《にゅうどう》のセリフ。謙譲語「申す」により、(主)入道（低位）・(客)源氏（高位）。「あなたに申し上げにくいのですが…」と前フリして、その言いにくいことを、以下延々と話す。「こんな思いもよらない世界」とは、「明石《あかし》」のこと。

2 源氏が明石に一時的に来ることになったのは、入道が長年祈ってきた神仏が憐れんでくださったからだ、と言っている。

3 そのせいで、源氏の心を悩ませるかもしれないと思っている主体はだれか。

4 ①「たまふる」が２文字で謙譲語だから入道。
「その故《ゆえ》（理由）」とは「源氏の心を悩ませる」理由・原因のこと。以下でそれを具体的に入道が説明する。18年間、住吉の神に祈ってきたのは娘のこと。

5 娘が幼いときから、入道には「思う心（考え）」があった。

6 毎年の春秋に神社に参って、昼夜６回、自分の極楽往生《ごくらくおうじょう》の祈りはそっちのけで、『　』のことを祈った。だれのことを祈るのか —— 娘のことだろう。

7 『ただただ、娘の件、高い本来の意図（＝高望《たかのぞ》みの願い）を叶《かな》えてください』

8 と祈る。命令形の②「たまへ」は尊敬語。祈りを叶える主体は「神」。どんな願いなのだろう。12行目あたりでわかる。
前世の宿命がよくなくて、私はこんな残念な田舎者《いなかもの》になったのでしょうけれど、

へェ〜とびっくり平安時代

仏教の影響で、平安人は“前世《ぜんせ》・現世《げんせ》・来世《らいせ》”の三世《さんぜ》を信じていました。“前世”とは生まれる前の世界、“現世”は今の世、“来世”は死後の世界です。肉体は死んでも魂は不滅で、死んだら次の世で別の肉体を持って生まれ直す、と信じていました。これを“輪廻《りんね》”といいます。そして、善を行った者は次の世で幸福に、悪を行った者は次の世で不幸になると信じられていました。これを“因果応報《いんがおうほう》”といいます。

また生まれて来たぞー
オギャー

9 親は大臣の位を保っていらした。血筋《ちすじ》は高貴なのだということ。③「たまへ」は四段(已)（「り」の接続）で尊敬語。主体は親だが「大臣」は高位だから。

10 丁寧語の「はべり」は、主客は高位ではないから、入道が自分のことを丁寧に説明しているのである。自分はこんな明石の田舎者。もしも、代々身分が劣っていったら、子孫は何の身分にもなれないだろうと悲しく思う。

11 そこで、「娘が生まれたときから頼みにしていることがあります」と言う。

12 「なんとかして都の高貴な人に娘を妻としてさし上げたい」と思う心が深かった——これが、“長年の入道の祈り”だったのである。

なぜ、こんなことを源氏に話すのか。源氏が“都の高貴な男”だからである。つまり、源氏に娘を妻としてもらってほしいと頼んでいるのである。1行目の「申しがたき（＝言いにくい）こと」や、2行目の「源氏が明石に来ることになったのは、私の長年の祈りのせい」や、3行目の「源氏の心を悩ませる」、7行目の「高い本意（＝高望みの願い）」は、すべてこの結婚のことである。

へェ〜とびっくり平安時代

高僧を表す語がたくさんあります。覚えましょう。

・入道《にゅうどう》　・聖《ひじり》　・上人《しょうにん》　・阿闍梨《あじゃり》　・僧正《そうじょう》　・僧都《そうづ》

13 「たくさんの人のねたみを負い、つらい目にあうときもたくさんありました」と、長年の苦労を語る。おそらく、こんな田舎で、高貴な人との結婚を望む入道は、周囲から傲慢《ごうまん》と見られたのであろう。

14 「けれどまったく苦しみと思いません」と語るのは、娘を思う一心《いっしん》である。「生きている限りは、なんとかして娘をきっと立派に育てあげよう」と思っている。

15 「もし自分が死んで娘を見捨てることになってしまいましたら、浪の中にでも入って死んでしまえ」と、だれに命じたのか——娘である。

16 「掟《おき》つ＝決める」とは入道の決心のことであるが、ここは、娘に「遺言し」てあるという意味。おめおめと惨《みじ》めに生きるなということだ。それほどの“決死の覚悟”であると、源氏に訴え、結婚承諾を説得しようとしているのである。

〈218 ～ 219 ページの問題の答〉 ①謙譲語 ②③尊敬語

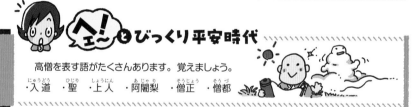

この章の重要単語 ⑬

記号説明

★★★★ …… 最重要語
★★★ ……… 設問によく出る語
★★ ………… 読解上必要であり、設問にもときどき出る語
★ …………… 覚えられたら覚えてほしい語
◆ …………… 敬語
番号 ……『マドンナ古文単語 230』の見出し番号。´《ダッシュ》つきは関連語

番号	出題頻度	単語と現代語訳
156	★★	**かく** ＝ こう・これ・このように
117	★★★	**よをかる**［世を離る］＝ 出《しゅっ》家《け》する
109	★★★	**ものす** ＝ ①いる・ある　②する ＊②の具体的動作は文脈判断。
141	★★	**いと** ＝ たいへん・はなはだしい
106	★★★★	**あはれなり** ＝ 感慨《かんがい》深い
55	★★	**くちをし**［口惜し］＝ 残念だ
115	★★	**かたし**［難し］＝ 難しい・できない
19	★★★	**としごろ**［年頃・年来］＝ 長年・数年
118	★★	**いときなし** ＝ 幼い
162	★	**さるものにて** ＝ ①それはそれとして・それはともかく ②言うまでもなく・もちろん
58	★★	**ねんず**［念ず］＝ ①祈る　②我慢する
104	★★★	**ちぎり**［契り］＝ ①約束 ②親しい仲・(男女の) 深い仲 ③宿命
155	★★	**さ** ＝ そう・それ・そのように
20	★★	**あまた** ＝ たくさん
3´	★	**からし**［辛し］＝ つらい
116	★★★	**さらに～打消** ＝ まったく～ない
84	★★	**うす**［失す］＝ ①消える・いなくなる　②死ぬ
208	★★	**おきつ**［掟つ］＝ 決める ＊死の場面は「遺言《ゆいごん》する」の意訳もある。

◆この章の敬語については、206 ページ〔おもな敬語の種類と訳（本動詞）〕を参照してください。

第14章

「だに」の構文と「まし」の構文

パズルのように当てはめるだけ!

ねらい

英語にたくさんの構文があるように、
古文にも重要構文があります。
でも、たったの２つだけ！
お決まりのパターンを覚えておくと、
読むにも解くにもとっても便利ですヨ！

いよいよ最終章！

入試頻出の構文も、パズルを解くように明快に！

この講義も、いよいよ最終章を迎えました。今まで、たくさんの知識を詰め込んできましたが、よく耐えてガンバリましたね。

これまでの文法学習は、ただ“読むために必要”なだけでなく、すべて入試がねらい撃ちにするものばかりです。最後まで終えたら、もう一度、第1章に戻って、“入試に出るパターン”をじっくり復習してください。

さて、第14章でみなさんに教えるのは、古文の重要構文です。「だに」を使った構文と、「まし」を使った構文。必ずといっていいほど入試の読解問題にあがります。でも、お決まりのパターンに当てはめれば、パズルを解くように明快！　では、やってみましょう。

A だに ～、まいて B は～。

文法書の解説では、意味不明？

まずは、**「だに」の構文**から説明しましょう。この「だに」は、原則として「まいて」とセットで使います。**「だに」は「さえ」と訳し**、「まいて」は現代語の「まして」に同じ。「Aでさえ――、ましてBは――」という意味です。

文法書では**類推の副助詞**「だに」の項に、この構文のことを難しい言葉で説明しています。「より軽いものを取り上げて、裏により重いものを類推させる」とか何とか……???　頭プッツン、脳みそバーン！　何が言いたいのか、よくわかりませんね。

でも、現代文で例をあげると納得できますよ。

☑［A↔B］は対比関係になるよ！

①子ども$_A$で［さえ］そんなことは知っている。

↳［まして］大人《おとな》$_B$は、もっとよく知っている。

「子どもでさえ知っている」という言い方は、その続きを言わなくても察しがつきます。「まして、大人は知っているのが当たり前！」ということですね。知識の少ない「子ども」を“軽い例”としてあげることによって、知識の“より重い”はずの「大人」を類推させる言い方です。でも、“軽い”とか“重い”を考えるのは面倒ですから、もっと単純に、［A↔B］と覚えましょう。［子ども↔大人］というふうに、対比関係になるのです。

また逆に、例文の「子どもは──」「大人は──」の結論、つまり「──」に当たる部分はどうかというと、「知っている」「もっと知っている」というふうに、ほぼ同内容になります。

▶知識の少ない子どもを軽い例として出し、知識のより多いはずの大人《おとな》が知っているのは当然と言っている。

次の②③の現代文例で、「まして」以下の文を類推してください。

②現役生$_A$で［さえ］家で３時間は勉強する。

↳［まして］浪人生$_B$はもっと勉強するはずだ。

③学生$_A$で［さえ］小遣《こづか》いくらいは稼《かせ》ぐ。

↳［まして］社会人$_B$は、もっと稼ぐはずだ。

大丈夫ですね。［②現役生↔浪人生］［③学生↔社会人］となって［A↔B］は対比関係。一方、〰〰部分の「②勉強する」「③稼ぐ」はともに、ほぼ同内容です。もちろん、「まいて」以下のほうをより強調したいのは明らかですね。「浪人生はもっとガンバレ！」「社会人はもっとガンバレ！」が主張なのです。**「Aだに〜、まいてBは（もっと）〜」**と覚えましょう。

まとめ

「だに〜まいて」の構文

対比関係

A だに／すら 〜、まいて／いはんや Bは（もっと）〜。

同内容

「すら〜いはんや」＝「だに〜まいて」

上のまとめの「すら ― いはんや」は、漢文口《く》調《ちょう》です。漢文や、江戸時代（近世）などの和漢入り混じった古文に出てきますから、ついでに覚えましょう。上智大などの難関私大は「すら ― いはんや」のほうで出したりします。「だに ― まいて」と同じ訳、同じ使い方だと知っておいてください。

訳せなくても類推して乗り切る

この構文の特徴は2つ。しつこいですが、**①AとBが対比関係　②結論と結論がほぼ同内容**　ということ。なぜこんなことを教えるのか、理由は2つあります。

1つは、現代文ならわかるけれど、古文になった途端に、部分部分で訳しにくいなと思うようなことがあるから。でも、訳せなくても類推して乗り切ります。たとえば、Aの部分が訳せなければ、Bを訳して裏返しに類推する。前半の「―」が訳しにくければ、後半の「―」部分を訳して、ほぼ同内容と判断する。つまり、きちんとした完全訳ができなくても、相互に補完していけば、なんとか大意はわかるということです。

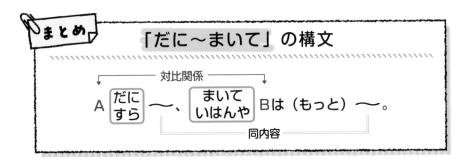

☑ 古文では、一方しか字面にないことも

もう１つの理由は、実際の古文の文章では「Aだに――」しか書いてなくて「まいてBは――」が省かれていたり、逆に「まいてBは――」はあるけれど「Aだに――」が書かれてなかったり、つまり、一方しか字面にないことが多いからです。**２つの特徴を利用して、欠けた一方を類推補足**しなければなりません。古文の例を２つ示します。類推の訓練をしてみましょう。ていねいに解説しますから、じっくり取り組んでください。

❶［恋人に死なれた作者が、宮中《きゅうちゅう》に再出仕《しゅっし》することになった感慨《かんがい》を記しました］

ただ心*よりほかの［命のあらるる］（A）［だに］もいとはしき*に、

［まいて］［人に知らるべきこと］（B）はかけても思はざりしを……。

（建礼門院右京太夫集）

＊心よりほかの：心ならずも　＊いとはし：いやだ

（ただ心ならずも生きているのでさえもいやなのに、まして、人に知られることになるだろうとは少しも思わなかったのだが……）

↳訳が全部できなくても、位置関係で処理する。Aの位置は「だに」の直前、逆に、Bの位置は「まいて」の直後を機械的に押さえる。

「命のあるのでさえ、いやだ。まして、人に知られるのは――」というふうに、とりあえず訳せそうな部分だけを直訳する。

まずは、簡単なところから手をつけよう。「――」部分、つまり「かけても思はざりし」が訳せなくても、「だに」の直後の「いとはし」とほぼ同内容の結論になるはず。「もっといやだ」を補えばよい。

さて、AとBとは対比関係になっているだろうか。「A命がある」と

「B人に知られる」は、字面上はきれいな対比にならない。どちらを中心に対比させると筋が通るかを慎重に考える。Aを裏返した［A命がある↔B（命を失って）人に知られる］は変。Bを裏返した［B人に知られる↔A（人に知られないように）生きる］なら筋が通る。

整えると、こうなる。「人に知られないようにひっそりと生きているのでA さえ いやだ。まして 人に知られる生き方をするB のはもっといやだ」。具体的にはなんのことなのか、例文の場面を思い出してみよう。恋人が死んで、作者は生きる気力をなくしている。いっそ、もう死にたいのであろう。「ひっそり生きているのもいや」とはそういうことだ。「まして、人に知られる生き方なんて」とは、宮中再出仕のことだろう。そんな華々《はなばな》しい気分にはとてもなれないということだ。

▶「Aだに—、まいてBは—」は、［A↔B］の対比と結論「—」の同内容が特徴。読みにくい部分を相互に類推補足する。

❷ ［何事にもすぐれた四条大納言《しじょうのだいなごん》をいつかは追い越してみせると豪語《ごうご》した入道殿《にゅうどうどの》＊は、言葉どおり、大出世を果たしました］

内大臣殿を＊A **だに** 近くてえ見奉《たてまつ》り給《たま》はぬよ。　（大鏡）

＊入道殿：藤原道長。　＊内大臣殿：道長の息子・藤原教通《のりみち》。

重要単語　え～打消＝～できない

（内大臣殿をさえ近くで見申し上げなさることができないのであるよ）

↳Aは「だに」の直前を機械的に押さえる。「内大臣をさえ近くで見申し上げなさることはできない」と、訳は簡単。「まいて」以下の省略を自分で考えてから、続きの解説を読もう。

「内大臣をさえ近くで見ることができない。ましてBを近くで見ることはもっとできない」というふうに、まずは、同内容の結論を補う。Bはだれか？　近寄りがたい人なのだから、大出世を果たした「入道殿＝道長」であろう。ABは対比関係になるだろうか。＊によると、内大臣殿と入道殿は［A子↔B親］の関係だから大丈夫！

ところで、「AやBを近くで見ることのできない」主語はだれなのだろう。追い越された「四条大納言」しかいない。道長（入道殿）はもちろん、その息子（内大臣殿）までが、四条大納言を越えて出世してしまったということだ。

すべてを補うと、こうなる。「四条大納言は、息子の内大臣殿を さえ 近くで見申し上げなさることができないのですよ。 まして 入道殿を近くで見申し上げなさることはもっと難しいことでした」。

「だに ― まいて」にこだわること！

できましたか。特に❷は入試頻出の文章で、「だに」はよく問われます（258ページ入試問題２の問六参照）。少し頭の訓練が必要ですが、２つの特徴を使えばきちんと整いますね。「だに ― まいて」は、設問にあがろうとあがるまいと、必ずこだわってください。難関大学は、直接的な設問を出さずに、遠まわしに確かめたりもします。いつでもこの構文には目をとめてください。

最小限の願望の「だに」の見つけ方はコレ！

ところで、「だに」には、もう１つの意味があります。**「せめて〜だけでも」と訳す最小限の願望**。この「だに」は単独で使い、「まいて」とセットの構文にはなりません。「まいて」が字面にあるときは迷わず前項の構文と判断し、「だに」を「さえ」と訳せばよいのですが、イヤなのは「だに」しか字面にないときです。前ページの例文❷のように「まいて」以下の省略された構文なのか、それとも「せめて〜だけでも」と訳す単独用法なのか、判断しないといけません。

そこで、簡単な判別法を覚えてください。最小限の願望の場合は、**「だに」を省くと"願望文・命令文"**になります。たとえば、「せめて千円だけでも貸してほしい」「せめて電話だけでもしなさい」から「だに」の訳を省くと、「千円貸してほしい」(願望文)や「電話しなさい」(命令文)になりますよね。このような「だに」は「せめて～だけでも」と訳します。

● 「声 だに 聞かせ給《たま》へ」(命)　　（源氏物語）

（せめて声だけでも聞かせてください）

↳「だに」を省くと、「声を聞かせてください」という“願望文・命令文”になる。

一方、227 ～ 229 ページの２つの例文は、「だに」を省くと、「❶命があるのもいやだ」「❷内大臣を近くで見ることができない」となり、ともに“願望文・命令文”にはなりません。そういう「だに」は、「さえ」と訳す構文のほうです。

まとめ

副助詞「だに」の２つの訳

❶ **～さえ** ……… 類推

➡「Aだに――、まいてBは(もっと)――」の**構文になる**

➡「だに」を**省くと“願望文・命令文”にならない**

❷ **せめて～だけでも** ……… 最小限の願望

➡「だに」を**省くと“願望文・命令文”になる**

「だに」の訳は「～さえ」
「さへ」の訳は「～までも」

☑「さへ」は「さえ」とは訳さない

話がソレますが、同じ副助詞に「さへ」があります。「さへ」は「さえ」と訳してはいけません。「だに」と混同しないように、頭の中で区別してください。

「さへ」は「添《そ》へ」のなまったもので、**添加《てんか》の副助詞**と呼ばれています。添加とは“つけ加える”ということですね。「Aだけでなく Bまでも」というふうに、

AにBをつけ加えるのが役目です。

「〜さえ」と訳すのは「だに」のほう。**「さへ」は「〜までも」と訳す**のですよ！

空欄補充の問題で、選択肢に「だに」と「さへ」の両方が入っている場合がよくあります。せっかく「Aでさえ——、ましてBは——」だと文脈判断できたのに、音につられて、ついうっかり「さへ」を入れて失敗する受験生がたくさんいます。気をつけてください。

副助詞の中では、「だに」と「さへ」が最も入試によく出ます。品詞名も覚えておいてください。特に「だに」は、「に」の識別のイジワル選択肢にもなるのでしたよ（155ページ参照）。

▶「だに」は「〜さえ」、「さへ」は「〜までも」と訳す。決して「さへ」を「〜さえ」と訳さないように注意!

反実仮想の構文

4つとも訳は同じ

さて、「だに」の構文と並んで入試に出るのが、「まし」を使った**反実《はんじつ》仮《か》想《そう》の構文**です。反実仮想とは、その字のとおり、「事実と反対のことを仮に想像すること」です。

英語にも仮定法と呼ばれる同じような構文があります。例文によくあがるのは、「もし私が鳥だったら、空を飛べるだろうに」ですね。

古文では、これに相当する構文が4つあります。**「——ましかば……まし」「——ませば……まし」「——せば……まし」「——ば……まし」**の4つです。何度も声に出して、今すぐ覚えてください。訳は4つとも同じ、「もし——なら……だろうに」と訳します。

先ほどの英語の例を古文で表すと、「われ鳥ならましかば空を飛ばまし」となります。「ましかば」は「ませば」「せば」「ば」になることもあるということですね。「ば」は、もちろん仮定の［未然形＋ば］ですよ（第２章）。

また、文末の「まし」は、場合によっては、「べし」や「む」などのほかの推量の助動詞（60 ～ 61 ページ参照）が代用されることもありますが、とりあえずは基本の形を丸暗記してください。

反実の訳より事実の理解のほうが大切！

反実仮想は、４つの音を暗記さえすれば訳すことは簡単なのですが、読解問題では、訳よりも「事実はどうだったのか」ということがポイントになります。

字面どおりの訳は“反事実”なのですから、**訳をそっくり裏返せば“事実”がわかる**ということですね。

たとえば、「もし私が鳥だったら、空を飛べるだろうに」は“反事実”。裏返しに、“事実”は「私は鳥ではないので、空を飛べない」と把握しましょう。

まとめ　反実仮想の構文

～ ［ましかば／ませば／せば／ば］ ……… ［まし*］。

＊ほかの推量の助動詞が代用されることもある

直訳 ➡ もし～なら、……だろうに。

文脈 ➡ 事実は～ではないので、……ではない。

訳をひっくり返すだけ！

次の例文を自分で訳し、裏返して「事実は…」を作ってみましょう。

❶その人の後《のち》と言はれぬ身なり［せば］今宵《こよひ》の歌をまづ~~ぞ~~詠《よ》ま［まし］　（枕草子）

＊その人：清少納言の父・清原元輔《もとすけ》。有名な歌人。「その人の後」とは「元輔の子ども（清少納言）」のこと。

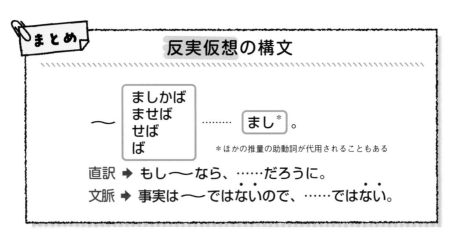

（もし有名な歌人・清原元輔の子だと言われない私であるなら、今宵の歌をまずまっ先に詠んだだろうに）

↳事実は、名歌人・元輔の子と言われる私なので、今宵の歌をまっ先に詠んだりはしない（235ページ「ミニミニ文学史」参照）。

❷［男の子として育てられた娘が、天皇のところへ呼ばれてのぼる姫君を見て、うらやましく思い、わが身の異常さを嘆いている場面です］

「あはれ、我も世の常に身をも心をもてなしたら［ましかば］、必ずかくておりのぼら［まし］」

（とりかへばや物語）

＊もてなす：ふるまう。　＊おりのぼる：この場合は、天皇の部屋へ出入りし、愛されること。

［重要単語］あはれ＝ああ　　かく＝このように

（「ああ、もし私も世間並みに体をも心をもふるまっていたなら、必ずこのようにして天皇の部屋に出入りしただろうに」）

↳事実は、体も心も世間並みに（女性として）ふるまっていないので、この（姫君の）ように天皇のところに出入りして愛されることがない。

☑「事実は…」と心の中でつぶやくクセを

どうですか？　反実仮想は難しくありませんね。「訳しなさい」と言われたら、字面どおりに「もし――なら……だろうに」と直訳を解答に書いて終わりです。でも、もっとつっ込んだ読解問題が出されることもあるので、いつも心の中で「事実は…」を作るクセをつけておいてください。

ミニミニ文学史

『とりかへばや物語』

腹違いの兄妹は、同じくらいの年格好《としかっこう》。ところが、兄は女性的で、妹が男性的な気質をしていました。めそめそ泣く兄と、活発な妹を見た父君が「ああ、とりかえたい」と思い、男女を逆に育てます。この父君のセリフが、そのまま題名になった平安後期の物語です。

2つの構文の合体問題

訳の手順を守ってね

「だに～まいて」の構文と、反実仮想の構文が、１つに合体したパターンも入試に出ます。「Ａだに――、まいてＢならましかば、――まし」という形です。

考え方は同じなのですが、何から手をつけるかが大切です。まず初めに、**字面どおり訳**をします。「Ａさえ――、まして、もしＢなら――だろうに」と直訳するのです。次に、「だに――まいて」の２つの特徴を利用し、**ＡＢの対比と結論の一致**を確認し、つじつまを合わせましょう。最後に、**反実仮想を裏返して事実**をつきとめます。必ずこの手順を守ってください。では、問題にチャレンジです。

● ［道長ファンの清少納言が、関白《かんぱく》殿の外出にひざまずきなさった道長の美しさをほめて、中宮に報告した場面です］

大夫殿《だいぶどの》＊のゐ＊させ給《たま》へるを、かへすがへす（中宮に）きこゆれば、「例＊のおもひ人」と（中宮が）わらはせ給ひし、まいて、この後《のち》の御＊ありさまを（中宮が）見奉《たてまつ》らせ給はましかば、「ことわり」と思《おぼ》し召されなまし。 （枕草子）

＊大夫殿：藤原道長。　＊居《ゐ》る：この場面は、関白殿に対してひざまずくこと。　＊例のおもひ人：いつものごひいき。清少納言が道長のファンであること。　＊御ありさま：道長の栄華。

重要単語　居《ゐ》る＝座る　[敬]聞こゆ＝(謙)申し上げる　ことわり＝道理・もっともなこと

（道長様がひざまずきなさったことを、くり返し中宮に申し上げると、中宮が「道長ファンね」とお笑いになった。まして、こののちの道長様の栄華の御様子をもし中宮が見申し上げなさっていたなら、「もっともね」ときっとお思いになっただろうに）

↳Ｂは「まいて」直後の「道長のこののちの栄華の様子」。「だに」は省かれているが、Ｂと対比するＡは「道長が関白にひざまずいた」こと。［Ａ土下座↔Ｂ栄華］となる。次に、結論と結論を一致させると「道長ファンね＝もっともね」となる。「あなたの道長びいきも当然ね」ということ。そこで、全体を整えると、「関白に土下座をなさった道長様でさえ、すばらしいとくり返し報告すると、『道長ファンね』と中宮がお笑いになった。まして、このこのちの道長様の栄華の御様子をもし中宮が見ていらっしゃったなら、『道長ファンになるのももっともだ』と中宮はお思いになっただろうに」となる。

反実仮想の部分を裏返すと、「事実は、中宮は道長のこののちの栄華を御覧にならなかった」。おそらくその前に亡くなったのである。「『道長ファンももっともね』と中宮に思っていただけなかった」とは、清少納言の“人を見る目”の先見性を、中宮ならほめてくださったのに…と、その死を悲しんでいるのである。

まとめ

2つの 構文合体 の手順

❶ **字面どおりに訳す**

❷ 「だに──まいて」の2つの特徴を利用し、
ＡＢの対比と**結論の一致**を整理・補足

❸ 反実仮想を**裏返して事実を把握**

この複雑なパターンは、１つ１つが完璧にできるようになってからで十分ですが、難関大学志望者は、最後はここにたどりついてください。

ミニミニ文学史

清少納言《せいしょうなごん》

清少納言は、中宮定子《ていし》に仕《つか》えた女房の1人で、『枕草子《まくらのそうし》』の作者。祖父*の清原深養文《ふかやぶ》と父の清原元輔《もとすけ》が有名歌人だったため、和歌コンプレックスがありました。「うまくて当たり前」と思われるので、プレッシャーがかかるのです。“Jr.《ジュニア》の苦しみ”ですね。だから、歌を詠《よ》むとき、いつも緊張したり、いやがったりします。でも、結果的にはとてもうまいのですよ。ついでに言うと、父・清原元輔は『後撰《ごせん》和歌集』の撰者《せんじゃ》「梨壺《なしつぼ》の五人」の1人でした。

*曾祖父《そうそふ》（ひいおじいさん）の説もある。

この章の重要単語 14

記号説明

★★★★ …… 最重要語
★★★ ……… 設問によく出る語
★★ ………… 読解上必要であり、設問にもときどき出る語
★ …………… 覚えられたら覚えてほしい語
◆ …………… 敬語
番号 ……『マドンナ古文単語 230』の見出し番号。′《ダッシュ》つきは関連語

番号	出題頻度	単語と現代語訳		
114	★★★	**え〜打消**	＝	〜できない
168	★★	**あはれ**	＝	ああ
156	★★	**かく**	＝	こう・これ・このように
184	★★	**ゐる**［居る］	＝	座る・座っている
167	★★★	**きこゆ**［聞こゆ］	＝	①聞こえる ②評判になる ③申し上げる ＊①②は［一般動詞］、③は［謙譲語］。
4	★★★	**ことわり**［理］	＝	道理

◆この章の敬語については、206ページ〔おもな敬語の種類と訳（本動詞）〕を参照してください。

第15章

入試問題

やっとゴール!
入試問題が解けるヨ!!

ねらい

入試問題は、１つの設問を解くのにも、
さまざまな知識を要求します。
今まで学んだ項目がからまり合うのを体験してね。
解説は理解の手順で導くので、設問順ではありません。
（この章は、P.263 から始まります）

ないと見ている」と、後の文脈「必ず世の中を治めるべき人だ」は同内容。「必ず」を根拠に〝強〟の意味で、「打消意志・打消当然・禁止」を考える。「打消意志」は、「遠慮しないつもりだ」となり、本当は遠慮すべきだが気にしないという文脈になり、後文と合わないので×。「禁止」は、「遠慮するなと見ている」となり、日本語が変なので×。よって「打消当然」。遠慮せずとも、源氏の政治手腕は〝みなが納得する〟ということ。

問四 (イ)は、傍線を含む「 」全体が、大将についての院の遺言なので、「必ず世の中を治める相のある人」と院が評価するのも「4大将」とわかる。

(ロ)は「…と思ひ」とあるので思った内容を押さえ、判断する。文脈は「大将をただの人として朝廷の後見役をさせようと思った」ということ。人事権のある人物は、「遺言」をする「1院」。また、別解法としては、直後の謙譲語「たまへ」に注目。会話文中なので、話者である「1院」が自分を低位の主語に置いたと判断する（第12章参照）。

(ハ)の220まねぶ＝①まねをする ②学ぶ ③伝える は「遺言の話」だから「伝える」がよい。前後をつなぐと「女の伝えるべきことではない」となり、主語は女性。1・2・3・4は男なので×。「5物語の語り手」とは作者「紫式部」。

問五 「だに」（第14章参照）は「①～さえ ②せめて～だけでも」の2つの用法がある。5にはどちらの訳もないので×。73かたはらいたし＝①はらはらする・見苦しい ②恥ずかしい・気づまりだ の訳から、1「聞きたい」4「道理にかなっている」2「悲しい」は×。3の「気がとがめる」は②の意訳として○。「遺言は多かったけれど、女の私が片端でさえ伝えるべきことではない（まして全ては書けない）」と、作者が自分の言動をさし控える。

問六 1は「春宮を朝廷の後見役と」が×。後見役は大将。また、春宮についての具体的記述は本文にない。

2の「朝廷の後見役にするな」は文脈に反するので×。

3の「春宮の後見役」は×。5行目「朝廷の後見」により帝の後見である。

5は「二人を後見役に」が×。また、1と同様、春宮の記述は本文にない。

問一 陰暦は頻出の古文常識。

問七 物語の成立順は頻出の文学史。

解答

問一 かん（む）なづき・十月
問二 (c) 問三 ほとんど遠慮しなければならないことはないと見ています。（少しも気がねしなければならないことはないと思っています。）（27～28字）
問四 (イ)＝4 (ロ)＝1 (ハ)＝5
問五 3 問六 4
問七 2・4・6

入試問題 5 通釈・解説・解答

出典『源氏物語』賢木《さかき》

通釈

院のご病気は、十月になってからは、たいへん重くなりなさる。世間には（院を）惜しみ申し上げない人はない。天皇（＝朱雀《すざく》帝）もお嘆きになって（お見舞いのための）行幸《みゆき》（＝お出まし）がある。（院は）弱った御心のうちにも、皇太子（＝のちの冷泉《れいぜい》帝）の御ことを（よろしく頼むと）くり返し申し上げなさって、次には、大将（＝光源氏）の御ことを、「（私の）在世中と変わりなく、大きな事をも小さな事をもへだてなく何事につけても（源氏を）お世話役とお思いになってください。年齢の（若い）わりには、（源氏は）世の政《まつりごと》を執《と》り行なうにも、少しも（だれかに）遠慮の必要はない（手腕がある）と思っています。（源氏は）必ず世の中を治める相《そう》のある人である。そうだから（こそ）、（あなたと源氏の間に政権争いが起こる）煩《わずらわ》しさに、（私は源氏を）親《み》王《こ》（＝皇族として認める男子）にもせず、ただの臣下として、朝廷のお世話役をさせようと思ったのです。その（私の）気持ちにそむく（＝源氏と敵対する）ことをなさるな」と、胸をうつようなご遺言などが多かったけれど、女の（私が）語り伝えてよいことでもないので、ここに漏らした片端《かたはし》でさえも恥ずかしい（思いで気がひける）。

解説

問二 2種類の「たまふ」と「まじ」の訳し分けと「だに」の用法

「たまふ」（第13章参照）には2種類の用法がある。波線部ⓑ「たまへ」のみ活用形を判断しなければならないので、これを最後にし、「たま」を取って判断できるものから先に解決する。太線部の「たまひ」は「ひ」1文字だから、尊敬。波線部のⓐは「ふる」2文字が残るから謙譲で×。ⓒは「ふ」1文字が残るから尊敬で○。ちなみにⓑ「たまへ」は直後の単語の接続によって活用形を判別。「し」は過去の助動詞の「き」の連体形で、用接続（第7章参照）。連用形の「たまへ」は謙譲だから×。

問三 17をさをさ～打消＝ほとんど～ない 182はばかる＝遠慮する・気にする と訳す。「たまふる」は「～させていただく」。「まじう」は「まじく」のウ音便。「まじ」の訳し分け（第4・5章参照）は、とりあえず「～すべきではない」として、先に周辺の文脈を拾う。前の文脈「世を政《まつ》るのに、ほとんど遠慮すべきでは見役とせよ。

問七　左の物語群から『源氏物語』以前に成立したもの三つを選び、番号で答えよ。ただし順序は問わない。

1　堤中納言物語　2　竹取物語　3　狭衣物語
4　宇津保物語　5　浜松中納言物語　6　落窪物語

（立教大学）

問四 二重傍線の部分(イ)～(ハ)はそれぞれ誰の行為か。左記各項の中から最も適当なものを選び、番号で答えよ。

1 院（桐壺院）　2 うち（朱雀帝）　3 春宮（冷泉帝）
4 大将（光源氏）　5 物語の語り手

問五 傍線部(3)の部分の現代語訳として最も適当なもの一つを、左記各項の中から選び、番号で答えよ。

1 この遺言の片端でもよいから聞きたいものだ。
2 ここでその片端を口にすることさえ悲しいことだ。
3 ここに片端を漏らすことさえ気がとがめる。
4 この遺言はほんの片端でさえ道理にかなっている。
5 この遺言にはその片端にも愛情があふれている。

問六 院の遺言の要旨として最も適当なもの一つを、左記各項の中から選び、番号で答えよ。

1 まだ若いが世を治める器としてなんの不足もない春宮を、必ず朝廷の後見役とせよ。
2 年のわりには老成して世をくつがえす危険性のある光源氏を、朝廷の後見役とするな。
3 近い将来に世を治める春宮の後見役は、「ただ人」として能力のある光源氏にさせよ。
4 その年にしては世の政を執る器であり、あえて「ただ人」とした光源氏を、朝廷の後見役とせよ。
5 ことの大小にかかわらず、若い春宮と「ただ人」である光源氏とに相談し、この二人を朝廷の後

入試問題 5

次の文章を読んで、後の問に答えよ。

左の文章は『源氏物語』、賢木《さかき》の巻において、桐壺院（院）がわが子朱雀帝（うち）に対して遺言《ゆいごん》するところである。

院の御なやみ、(1)神無月になりては、いと重くおはします。世の中に惜しみきこえぬ人なし。うちにも思しなげきて行幸あり。弱き御心地にも、＊春宮《とうぐう》の御ことを、かへすがへす聞こえさせたまひて、次には＊＊大将の御こと、「はべりつる世に変らず、大小のことをへだてずなにごとも御後見《うしろみ》と思せ。齢《よはひ》のほどよりは、世をまつりごたむにも、(2)をさをさはばかりあるまじうなむ見(a)たまふる。かならず世の中(イ)たもつべき相《さう》ある人なり。さるによりて、わづらはしさに、親王《みこ》にもなさず、ただ人《うど》にて、朝廷《おほやけ》の御後見をせさせむと(ロ)思ひ(b)たまへしなり。その心違《たが》へさせ(c)たまふな」と、あはれなる御遺言ども多かりけれど、女の(ハ)まねぶべきことにしあらねば、(3)この片はしだにかたはらいたし。

（『源氏物語』賢木）

（注）＊春宮—桐壺院の皇子で、後の冷泉帝。　＊＊大将—桐壺院の子、光源氏。

問一　傍線部(1)の部分の読みを平仮名で記せ。またこの月は何月のことか、漢数字で答えよ。

問二　太線の部分と用法上の意味において同じもの一つを波線の部分(a)～(c)の中から選び、符号で答えよ。

問三　傍線部(2)の部分を句読点とも三十字以内で現代語訳せよ。

は対比表現。「昔の若者」と比較すべきは、「今の若者」のはず。よって、「翁(＝老人)」は比喩。合成すると「老人のような若者」である。ちなみに、直後の「まさにしなむや」は、対比の文脈により、「(好ける)物思いをしない」という意味になる。よって、「や」(第3章参照)は反語、「なむ」(第6章参照)は「し＋な＋む＝確述」とわかる。「今の若者はこれほどの恋愛をするか、いやきっとしない」の意味。

問三 「に」の識別(第10章参照)。

本文(3)は、体言「あひだ」に接続。格助詞か断定か訳で決める。「そうしているあいだに思いはつのる」とそのまま訳せるので格助詞。158さり＝そうである・そうだ

1は「たいへん」をつけられるので形容動詞、3は直前が連用形「あわて」で(用)接続の完了、5は暗記しておく副詞なので、すべて×。

2は127ありし＝昔(の)・過去(の)に接続し、「昔にまさる」と訳せる格助詞で、これが答。

ちなみに4は傍線部(4)の一部。(体)接続だが、「ソレに息が絶えた」とは訳せないので格助詞ではない。「に、」に断定はないので、消去により接続助詞である。意味は「これほどではないだろうと思うけれど、本当に息が絶えた」と訳せるので逆接。これが、問五アの傍線部(4)の訳に関わる。

解答

問一 d 問二 d
問三 2
問四 1＝b 2＝b 3＝c 4＝d 5＝c 6＝a
問五 ア＝絶対にこのようなことはないだろうと思うけれど イ＝絶え入りにけり ウ＝b エ＝a
問六 (A)＝けり (B)＝ける
問七 分別くさい若者(年寄りじみた若者・老成した若者)

発展 4行目「まさりにまさる」の「に」について考えよう。

同じ動作にはさまれている「に」は、格助詞の例外用法(156P参照)。ふつう格助詞「に」は連体形接続だが、この場合は連用形接続になる。直訳すると「(恋心が)どんどんまさる」。

て女を外へ追い出す」（第3章「もぞ」参照）とある。子どもの恋心を先まわりして心配しているのだから、b「逆に解する」・c「分別《ふんべつ》があっていらぬことを知っている」は×。a・d・eの判断は、この段階ではいったん保留して、文章全体を読んでから逆類推するとよい。読んだあとでは、問五のアイの答をヒントに、「親は子のためを思ってあれこれとしている」とわかる。

問四　1は、「子」とあるから、「親」に対して男と女のどちらが子なのかを考える。親が「女」を追い出すことから逆類推し、「子＝b男」。

2は、2〜3行目「とどむるいきほひなし」と類似表現である。ひきとめたいけれどもできない人は「b男」。

3は、2の答をヒントに「男」がひきとめるべき人を考える。

5は、出て行かされる人を考える。

4は、女を連れて出る人。ひきとめたい「b男」は×。出て行かされる「c女」も×。a・dは、後文を見る。7行目に「男は和歌を詠み、気絶した。親は慌てた」とある。親は男のそばにいるので、女を連れ出していない。「a親」は×。消去により、「d人」。親の命《めい》を受けた「家の人」である。

6は183まどふ＝慌《あわ》てる・心乱れる・困惑するを前の文脈と合わせると、「男が気絶したことで慌てている人」となる。7行目に「親、あわてにけり」の類似表現があることにも注目。

問五　ア141いと＝たいへん・（打消とセットで）まったく〜ない・あまり〜ない　156かく＝こう・これ・このようには直訳でよい。「じ」（第5章参照）は、とりあえず「打消」を拾っておいて、「推量」か「意志」かは、イ・ウ・エの答を明らかにしてから考える。最終的にはイをヒントに、予測していない事態になったという文脈だから「打消推量」。「に」は問三の4の解説を参照。

エは、女の連れ出されたあと、男は気絶しているので、「思ふ」という動作ができるのは「a親」しかいない。

イは、直前の「こそ〜已然形、」（第3章参照）の逆接と続けると、「親は思って言ったけれど、こうはならないと思っていた」となる。親が子を思ってしたことによる逆の結果は、子が「気絶したこと」。原文箇所をさがす。

ウは、イを正解すれば、「絶え入る」のは「b男」とわかる。

問六　文章全体に「けり」が頻繁《ひんぱん》に使われており、文脈上も過去の「けり」以外の特殊な意味の助動詞は必要ない。(A)(B)ともに、文末の活用形を考える。「係結び」（第7章参照）に注意。(A)は係助詞がないので、終止形でよい。(B)は、「戌の時ばかりになむ」と係助詞があるから、結びの連体形にする。

問七　「今の翁《おきな》」と直前の「昔の若人」

入試問題4 通釈・解説・解答

出典『伊勢物語』

通釈

昔、（ある）若い男が、悪くはない女を思っていた。（ところが、この男には）利口ぶって気をまわす親があって、思いがくっついたら（＝執着したら）大変だと思って、この女を他所《よそ》へ追い出そうとした。そうはいうものの、（機会がつかめず）まだ追い出さないでいた。（男は）親の子（＝養われている身）であるから、まだ（親に逆らう）勢いがなかったので、（女を）ひきとどめる気力がない。女もいやしい身分なので抵抗する力もない。

そうしているあいだに、（二人の）恋心はいよいよますますつのっていく。（そこで）急に親が、この女を追い出した。男は、血の涙を流す（ほど悲しむ）けれども、（女を）ひきとどめる方法がない。（男の家の人が女を）連れて出て行く。男が、泣く泣く詠《よ》んだ歌。

出《い》でて往《い》なば……＝もし（女が自分の気持ちから）出て行くならば、誰が（こんなに）別れがたく思うだろうか、いや思いはしないだろう。（そうではなくて、無理やりに連れ去られたのだから）今まで（のつらさ）にまさって今日は悲しいことよ。

と詠んで、（気を失って）息絶えてしまった。親は慌《あわ》ててしまった。やはり（親として息子のためを）思って（女と別れるように）言ったのだけれど、絶対にこのような（＝息絶える）ことはないだろうと思ったのだが、本当に息が絶えてしまったので、（親は）慌てて（神仏に）願を立てて祈った。今日の日暮れごろに息が絶えて、翌日の午後8時ごろに、やっとのことで息を吹き返したのだった。昔の若者はそのような（一途《いちず》な）恋をしたものだった。今の世の老成した若者は、まさしく（これほどの物思いをすることが）できようか、いやきっとできない。

解説

「に」の識別と係助詞の用法と類似・対比表現

問一 22けしうはあらず＝悪くはないによりd。a・b・c・eの訳はない。

問二 125さかしら＝利口ぶる（こと）は、悪い意味で使う。a〜eすべてマイナスの意味の訳をしているので可能性あり。親の様子を文脈から判断。直後の「て」（第1章参照）で親の動作が続き、「『思いがつくと大変だ』と思っ

a 親　b 男　c 女　d 人

問五 傍線部(4)「いとかくしもあらじと思ふに」について次の問に答えよ。

ア 平易な口語に改めよ。

イ 「かく」の状態を示す語句を、文中からそのままの形で抜き出せ。

ウ その状態に陥ったのは誰か。次のa～eの中から選べ。

エ 「思ふ」の主体は誰か。次のa～eの中から選べ。

a 親　b 男　c 女　d 人　e 翁

問六 空白部(A)と(B)に助動詞を入れたい。それを、それぞれ文中に収まる形で記せ。

問七 傍線部(5)「今の翁」が、もし、何かを例えたものだとすれば、それは何を翁と例えたものと考えられるか、十字以内で記せ。

（甲南大学）

問一　傍線部(1)「けしうはあらぬ」の口語訳として最も適当なものを次の中から選べ。

a　身分の違いのない　b　後見者のよくはない　c　まだ十分に成長していない
d　悪くはない　e　化粧していない

問二　傍線部(2)「さかしらする親」の意味として最も適当なものを次の中から選べ。

a　子供の生き方にさからう親　b　子供の気持ちを逆に解する親
c　分別があっていらぬことを知っている親　d　ためを思ってよけいなことをする親
e　世間体を気にするずるい親

問三　傍線部(3)「さるあひだに」の「に」と文法的に最も近い「に」を次の中から一つ選べ。

1　にはかに親　2　ありしにまさる　3　あわてにけり　4　あらじと思ふに　5　まさにしなむや

問四　傍線部(ア)(イ)(ウ)(エ)について、それぞれ、次の「誰」に当たるものをa～dの中から選べ。

1　(ア)「人の子なれば」は「誰が」（人の子なれば）なのか
2　(イ)「とどむるよしなし」は、「誰が」（とどむるよしなし）なのか
3　(イ)「とどむるよしなし」は、「誰を」（とどむるよしなし）なのか
4　(ウ)「率て出でて往ぬ」は、「誰が」（率て出でて往ぬ）なのか
5　(ウ)「率て出でて往ぬ」は、「誰を」（率て出でて往ぬ）なのか
6　(エ)「まどひて」は、「誰が」（まどひて）なのか

入試問題 4

次の文章を読んで、後の問に答えよ。

昔、若き男、(1)けしうはあらぬ女を思ひけり。(2)さかしらする親ありて、思ひもぞつくとて、この女を外へ追ひやらむとす。さこそいへ、まだ追ひやらず。(ア)人の子なれば、まだ心いきほひなかりければ、とどむるいきほひなし。女もいやしければ、すまふ力なし。(3)さるあひだに、思ひはいやまさりにまさる。にはかに親、この女を追ひうつ。男、血の涙を流せども、(イ)とどむるよしなし。(ウ)率て出でて往ぬ。男、泣く泣くよめる。

出でて往なば誰か別れの難からむありしにまさる今日は悲しも

とよみて、絶え入りにけり。親、あわてにけり。なほ思ひてこそ言ひしか、(4)いとかくしもあらじと思ふに、真実《しんじち》に絶え入りにければ、(エ)まどひて願立てに(A)。今日の入相ばかりに絶え入りて、またの日の戌の時ばかりになむ、からうじて生き出でたり(B)。昔の若人は、さる、好ける物思ひをなむしける。(5)今の翁、まさにしなむや。

(『伊勢物語』)

うことになる。傍線部Cまでには人物の表記はないので、後文を見る。初めの和歌中に「空の月を慕う」とあり、問五のⓒ「打消意志」とも合わせると、この和歌の作者「薫が」月を見て自分の気持ちを詠んだと考えられる。

問六 114え〜打消＝できない 156かく＝こう・これ・このように（「かう」はウ音便）

「ぬ」（第7章参照）は、㊄の「あら」に接続しているから、打消の「ず」の連体形。そこで「（京の家を限りなくと磨いても）こうあることはできない」となる。選択肢はその具体的な説明になっているので、文脈判断。「家を磨く」以上に「ピカピカに磨かれた」ものを探すと、直前に「四方の山の鏡のように見える汀の氷が月の光に照らされ趣深い」とある。この時点で、①「主人公の家」・②「京の家」は×。③「汀の氷」・④「月影」・⑤「山と月影」のうち、「磨かれた」ようなものは、「鏡と見ゆる汀の氷」である。ちなみに、98おもしろし＝①興味がある・興味深い ②趣《おもむき》深い・風流だ ③おもしろい・滑稽《こっけい》だ 2かげ＝光は重要単語。

問七 傍線部末尾の「まし」は直前の「ましかば」とセットで反実仮想（第14章参照）。直訳してから意味をひっくり返し、事実を確かめることが大切。109ものす＝①いる・ある ②する 167きこゆ＝①聞こえる ②評判になる ③申し上げるの訳をこの段階で限定するのは難しいので、無視してざっくり訳すと、「もし生き返りなさるならば、ともに〜するだろうに」となる。逆転させると、事実は「死んで生き返ってこないので、一緒に〜することはできない」」、つまり「生きている人が死んだ人とともに行動できない」という文脈になる。主体・客体ともに人物なのは②だけ。「死んだ人」が文中に表記されていないのが、大学側のねらい。逆に、問七で正解すると、薫が「死ぬ薬をほしい」と願うほど恋しい人は、「亡き大君」とわかる。また、全文の趣旨が亡き大君への追慕で、4行目和歌中の「空ゆく月を慕う」も「月＝大君」の比喩とわかる。

問四 ⓑⓓともに頻出の古文常識。

解答

問一 一日中物思いに耽って暮らして

問二 B＝ぞっとすること（殺風景なもの） F＝得たい（手に入れたい）

問三 薫が十二月の月（月夜）をみ

問四 ⓑ＝しは(わ)す ⓓ＝しと

問五 ⓐ＝③ ⓒ＝④

問六 ③

問七 ②

胸の張り裂ける心地がする。
　恋ひわびて……＝（亡き大君を）恋い慕うのがつらくて、死ぬ薬のほしさに、（薬があるという）雪の山に（分け入って）私の痕跡《こんせき》をすっかり消してしまえたらなあ。半偈《はんげ》を教えるような鬼でもいたらなあ、（仏への求道に）かこつけて（恋人を亡くしたわが）身を投げ捨てよう、と（薫が）お思いなさるのは、心の汚い求道心であるよ。

解説　「なり」の識別と反実仮想の構文

問一　149 ひねもす＝一日中・終日 93
ながむ＝①物思いに耽《ふけ》る　②朗詠《ろうえい》する
に注意して訳す。「ながむ」の訳は、この段階ではまだ和歌を詠《よ》んでいないので、「②朗詠する」は×。

問二　Bは 53 すさまじ＝ぞっとする と訳すので、直訳「ぞっとすること」でよい。文脈に合わせて意訳すると、直後の「十二月の月夜」が、ぞっとする風景だという意味だから、「殺風景なもの」という意訳の解答もよい。
　Fの 110 ゆかし＝～したい は、文脈に応じて具体的に「どうしたい」のかを補足する必要のある語。和歌の前半とつないでみる。46 わぶ＝つらい・困る にも注意して訳すと、「恋しいと思うことがつらくて死ぬ薬を～したい」となり、「得たい・手に入れたい」と訳すのがよい。「飲みたい」は、和歌の後半の「雪の山に……」に文脈が続かないので×。

問五　ⓐは「なり」の識別（第9章参照）。「なり」には4つあるが、④「完了」・⑤「存続」の用法はないので×。四段動詞「言ふ」は終体同音なので接続では区別できず、「目撃情報」か「耳情報」かを文脈判断する。問二Bの訳をヒントに、「世間の人々がぞっとすることと言う」という文脈だから、「耳情報」と判断できる。①「断定」は×。「なる」は連体形なので、②「終止形」は×。
　ⓒの「じ」（第5章参照）には、③「打消推量」・④「打消意志」2つの用法がある。①「推量」・②「尊敬」・⑤「打消」の用法はないので×。③・④は文脈判断。和歌の続きに「空を行く月を慕う」とあるから、「月に取り残されたくない」という文脈。
202 おくる＝後《あと》に残る・取り残される

問三　直前の「て」（第1章参照）に注目すると、「簾を上げた」と「見た」の主語は同一人物。しかし、傍線部近辺に主語がないので、いったん保留にして、「何を」から考える。「簾を上げて見る」のだから、外の景色である。直前に「十二月の月夜が曇りもなく出ている」とあるから、「月（月夜）を」見たことになる。
　「だれが」は、「月を見た人物」とい

問七　傍線部Eはだれ（何）がだれ（何）と「もろともに」なのか。正しいものを次の中から選び、その番号をマークせよ。

①　主人公（薫）が鐘の音と　②　主人公（薫）が大君と　③　鐘の音が月影と

④　主人公（薫）が月影と　⑤　月影が世間の推移と

（二松学舎大学）

入試問題 3 通釈・解説・解答

出典『源氏物語』総角《あげまき》

通釈

雪が激しく降る日、（薫が）一日中物思いに耽《ふけ》って、（夜には）世間の人が殺風景なものと言うらしい十二月の月夜が、雲一つなく空に出ているのを、簾《すだれ》を巻き上げて見なさると、向こうの寺の鐘の音（がする、それ）を、枕をそばだてて、今日も（一日が）暮れたと、かすかな音を聞いて、

おくれじと……＝私は後《あと》に残るまいと、空を行く月（大君）を慕っておりますよ。いつまでも住むことのできるこの世ではないから。

風がたいへん激しいので、蔀《しとみ》をおろさせなさるが、四方《よも》の山を映す鏡のように見える汀《みぎわ》の氷が、月光に（きらきら輝いて）たいへん趣《おもむき》深い。京の（薫の）家のこのうえなくと磨いた所でも、このように（美しく）はできないよ、と思われる。もし（大君が）かろうじて生き返っておいでなさるならば、（この風情《ふぜい》を）一緒に語り合い申し上げるだろうに、と思い続けると、

問三 傍線部C「見たまへば」はだれが何をご覧になっているのか記せ。

問四 傍線部ⓑ「十二月」、ⓓ「蔀」の読みを記せ。

問五 傍線部ⓐ「言ふなる」の「なる」、ⓒ「おくれじ」の「じ」の文法的説明として、正しいものを次の中から選び、その番号をマークせよ。

ⓐ
① 断定の助動詞連体形
② 推定の助動詞終止形
③ 伝聞の助動詞連体形
④ 完了の助動詞連体形
⑤ 存続の助動詞終止形

ⓒ
① 推量の助動詞連用形
② 尊敬の助動詞連用形
③ 打消推量の助動詞終止形
④ 打消意志の助動詞終止形
⑤ 打消の助動詞終止形

問六 傍線部Dに表現されているものは何か。正しいものを次の中から選び、その番号をマークせよ。

① 主人公の家の似つかわしい感じ。
② 京の家がこよなく、きらびやかな感じ。
③ 汀の氷の限りなく美しい感じ。
④ 月影のたとえようもなく清らかな感じ。
⑤ 四方の山と月影が似あって美しい感じ。

次の文章を読んで、後の問に答えよ。

雪のかきくらし降る日、[A]ひねもすにながめ暮らして、世の人の[B]すさまじき事に[ⓐ]言ふなる[ⓑ]十二月の月夜の、曇りなくさし出でたるを、簾捲き上げて[C]見たまへば、向ひの寺の鐘の声、枕をそばだてて、今日も暮れぬ、とかすかなるを聞きて、

薫　[ⓒ]おくれじと空ゆく月をしたふかなつひにすむべきこの世ならねば

風のいとはげしければ、[ⓓ]蔀おろさせたまふに、四方の山の鏡と見ゆる汀の氷、月影にいとおもしろし。京の家の限りなくと磨くも、[D]えかうはあらぬはや、とおぼゆ。わづかに生き出でてものしたまはましかば、[E]もろともに聞こえまし、と思ひつづくるぞ、胸よりあまる心地する。

薫　恋ひわびて死ぬるくすりの[F]ゆかしきに雪の山にや跡を消なまし

＊半なる偈《げ》教へむ鬼もがな、ことつけて身も投げむ、と思すぞ、心きたなき聖心なりける。

（『源氏物語』総角）

（注）＊半なる偈＝雪山童子（釈迦の前身）は羅刹（鬼）に身を変えた帝釈天から「諸行無常、是生滅法」という偈の半分を聞き、残りを知りたければ人肉を供えよと求められて谷に身を投げて残りを教えられたという。

問一　傍線部Aを解釈せよ。

問二　傍線部B「すさまじき事」、F「ゆかしき」の意味を記せ。

また、Bは、A同様に「近くで見ることができない」ような近づきがたい人物。強気の発言をした「B入道殿」であろう。系譜を参照すると、「A↔B」は「息子↔父親」の対比となる。入道殿が言葉どおり四条の大納言を能力的に追い越したので、四条の大納言は、入道殿はもちろん、その息子の内大臣殿をさえ、近くで見ることはできなくなったのである（228P例文❷参照）。

114 え～打消＝～できない

問二　主体（主語）を判断させる問題。

(ア)「うちの子はダメだ」という文脈。直前の「わが子どもの」の「の」を主格「が」と訳すとよい。

(イ)「……」と申し上げなさる主語は、「……」の直前の「人物、」（第1章参照）。

(ウ)直前の疑問の係助詞「や」（第3章参照）の訳を「らむ」（第5章参照）の後ろへまわすと、「中関白殿・粟田殿は、……とお思いになっているのだろうか」となる。大入道殿の発言を受けての中関白殿・粟田殿の反応。

(エ)問三の(y)と連動する設問。作者が「本当にそうだ」と言葉どおりの人物として評価している人を考える。

(オ)入道殿はもちろん、息子の内大臣にさえ能力的に追い越された人物。

(カ)敬語がない。唯一の低位の人物。

問七　本文4行目「入道殿は、」以下の言動と、5行目「さるべき人（＝立派な人）は、」以下の特性が、入道殿に関する記述。4行目～6行目をまとめる。

161 さるべき＝①ふさわしい　②立派な・身分の高い　③そういう運命の

222 こはし＝強い は重要単語。

解答

問一　(a)＝どうしてこのようであるのだろうか。　(b)＝顔を踏まないか、いや踏む。

問二　(ア)＝5　(イ)＝2　(ウ)＝3　(エ)＝4　(オ)＝1　(カ)＝8

問三　(x)＝影だにふむべくもあらぬ　(y)＝つらをやはふまぬ

問四　くちをしけれ

問五　4

問六　4

問七　若いときから気が強く、実行力があり、神仏の加護も強い人。（28字）

発展　傍線部(イ)(ウ)(エ)及び(カ)の直後の「はべる」の敬意の方向を考えよう。

(イ)地の文＝作者 から。謙譲語＝客体 三人の子ども へ。

(ウ)地の文＝作者 から。尊敬語＝主体 中関白殿・粟田殿 へ。

(エ)地の文＝作者 から。尊敬語＝主体 入道殿 へ。

(カ)地の文＝作者 から。丁寧語＝地の文 読者 へ。

で已然形。5は形容詞なので、已然形は「〜けれ」。

問五 「べし」の訳し分け（第4章）である。「影を踏む」が訳せなくても、四条の大納言に対する「わが子ども」の〝能力〟を話題にしていることはわかる。よって本文は「可能」。1は「一本の矢で決める」のだから〝強〟の意味。心構えの問題だから、「意志」がよい。2は「達人」のやることはみんなが感心・納得すること。〝強〟の意味で、「当然」がよい。3は死ぬような「心地」がしただけで、実際に死ぬわけではない。〝弱〟の意味で、「推量」がよい。4は日暮れにより勝負の決着が見えなくなる、暗さによる〝視力〟の限界。「可能」がよい。5は「馬酔木《あしび》」は植物だから、「手折《たお》る」のは花を贈るため。「君」にプレゼントしたいのである。「意志」がよい。

問一 (a)は159かかり＝こうである・こうだが指示語で、直前の四条の大納言のすばらしさをさす。164いかでか（第8章参照）は疑問か反語か強調。文末が「む」（第4・5章参照）なので文脈判断。後文「うらやましいなあ」や問四の答「くちをしけれ（＝残念だ）」もヒントにする。「反語」では文意が逆になってしまうので×。「強調」の訳はわが子の負けを認める文脈に合わないので×。消去により「疑問」になる。

(b)は、「ぬ」（第7章参照）が係助詞「や」の結びで連体形（第7章参照）なので打消「ず」。「や」は疑問・反語（第3章参照）を文脈判断。直前の打消の接続助詞「で」（第1章参照）に注目し、同一主語の動作としてつなぐと、「影は踏まないで、面《つら》を踏む」となるのがよく、「や」は「反語」。入道殿だけは、四条の大納言の面目《めんぼく》が丸つぶれになるほどまでに、能力を発揮《はっき》して追い越すことを豪語《ごうご》したのである。

問三 (x)(y)とも155さ＝そうの指示語のさす内容を問う。

(x)は、6げに＝本当に 1けしき＝様子により、中関白殿・粟田殿は「本当にそうだと思っているのか、恥ずかしげな様子」。つまり、父親の非難を素直に認めている。父親のセリフの中から、二人が恥ずかしく思うようなことを抜き出す。

(y)は、三人の子どものうちのだれかのことを、作者が「本当にそうでいらっしゃる」と描写している。兄二人は無言だったが、入道殿だけは強気の発言をしたことを考え合わせると、「入道殿は言葉どおりの人でいらっしゃる」という意味になる。よって、入道殿が言った言葉の中から抜き出す。

問六 「だに〜まいて」の構文（第14章参照）。「まいて」以下の省略を文脈補足する。「だに」の直前「A内大臣殿」と対比される「B」はだれか。

出典『大鏡』

通釈

四条《しじょう》の大納言《だいなごん》（＝公任殿《きんとう》）がこのように何事にもすぐれ、すばらしくいらっしゃるのを、大入道殿《だいにゅうどうどの》（＝兼家殿《かねいえ》）が、「どうしてこのよう（に諸芸にすぐれているの）であろうか。うらやましいことだ。わが子たちが（公任殿の）影さえ踏めない（＝能力的に近づけない）のは残念だ」と、（三人の子たちに）申し上げなさったところ、中関白殿《なかのかんぱくどの》（＝道隆殿《みちたか》）や粟田殿《あわたどの》（＝道兼殿《みちかね》）などは、本当にそうだと思っていらっしゃるのだろうか、恥ずかしそうなご様子で、ものもおっしゃらないのに、この入道殿（＝道長殿《みちなが》）は、たいへん若くていらっしゃる御身で、「（公任殿の）影など踏まないで、面《つら》を踏まずにおくものか（＝近づくどころか、追い越してやる）」と、おっしゃった。（この道長殿は）本当にそのような（若い日の言葉どおりの）方《かた》でいらっしゃるようだ。（公任殿は、道長殿の息子である）内大臣殿（＝教通殿《のりみち》）をさえ、近くで見申し上げなさることができないことですよ（父の道長殿のことはまして……）。（後年に出世なさるほどの）立派な方は、早く（＝若いころ）からご気概が強く、神仏のご加護も強いのであるようだと思われますよ。

解説

問四 「いかで」と「べし」の訳し分けと「だに」の構文

空欄を含む会話文全体の文脈を先に把握する。何事にもすぐれた四条の大納言を「うらやましい」と言い、「わが子ども……」と続けているのだから、「うちの子はダメだ」という文脈。わが子の能力不足を嘆く父親の心境を選ぶ。1は負けるはずのないものに負けるときの気持ち。わが子の負けはすでに認めているので×。2の38あさまし＝驚きあきれるは、子どもの能力不足に今さらビックリするのは変なので×。3の43めでたし＝すばらしいは、よい意味だから×。4の144わろし＝よくないは、「どちらかというと悪い」という柔らかい非難。後文の「中関白殿・粟田殿」の「恥ずかしそう」な反応を考え合わせると、父親は強烈に非難したと考えるべきなので×。5の55くちをし＝残念だは、強い落胆の気持ちで○。

文末の活用形は係結び（第7章参照）に注意。直前の係助詞「こそ」の結び

問二 傍線部(ア)〜(カ)の動作の主体は誰か。次の中から最も適切なものを、それぞれ一つずつ選べ。

1 四条の大納言　2 大入道殿　3 中関白殿・粟田殿　4 入道殿
5 わが子ども　6 内大臣殿　7 さるべき人　8 筆者

問三 傍線部(x)・(y)の「さ」が指し示している部分を、本文の中からそのまま書き抜いて記せ。（句読点不要）

問四 空欄を補うのに最も適切な語を、次の中から選び、空欄にふさわしい活用形に活用させて記せ。

1 くやし　2 あさまし　3 めでたし　4 わろし　5 くちをし

問五 二重傍線部(一)と同じ用法の「べし」を、次の中から一つ選べ。

1 毎度ただ得失なく、この一矢に定むべしと思へ。
2 達人の人を見る眼は、少しもあやまる所あるべからず。
3 をとこ、わづらひて心地死ぬべくおぼえければ、
4 今日は日暮れぬ。勝負を決すべからず。
5 磯の上に生ふる馬酔木《あしび》を手折らめど見すべき君がありと言はなくに

問六 二重傍線部(二)の「だに」は、「〜」はもちろん、……をさえ」の意味の「さえ」を表している。この場合の「〜」に当たるものは誰か。問二の選択肢の中から適切なものを一つ選べ。

問七 本文にみられる入道殿の人物像を、三十字以内で記せ。

（京都産業大学・改作）

入試問題 2

次の文章を読んで、後の問に答えよ。

四条の大納言のかく何事もすぐれ、めでたくおはしますを、大入道殿、「(a)いかでかかからむ。うらやましくもあるかな。わが子どもの、影だに(ア)ふむ(一)べくもあらぬこそ□」と(イ)申させたまひければ、中関白殿・粟田殿などは、げに、(x)さもとや(ウ)おぼすらむ、はづかしげなる御けしきにて、もののたまはぬに、この入道殿は、いと若くおはします御身にて、「影をばふまで、(b)つらをやはふまぬ」とこそ仰《おほ》せられけれ。まことにこそ(y)さ(エ)おはしますめれ。内大臣殿を(二)だに、近くてえ(オ)見たてまつりたまはぬよ。さるべき人は、とうより御心魂のたけく、御まもりもこはきなめりと(カ)おぼえはべるは。

（『大鏡』）

〔登場人物系譜〕

- 忠平
  - 実頼 ― 頼忠 ― 公任（四条の大納言）
  - 師輔 ― 兼家（大入道殿）
    - 道隆（中関白殿）
    - 道兼（粟田殿）
    - 道長（入道殿） ― 教通（内大臣殿）

問一　傍線部(a)(b)を現代語訳せよ。

りして）、親は、（分別《ふんべつ》をなくして）幼稚になってしまうものなのだろう。「真珠（というほど美しい子）でもなかっただろうに」と人は言うだろうか。けれども、（諺《ことわざ》に）「死んだ子は、器量がよかった」というようでもある（から、こうした親の気持ちには無理からぬところもあるのだ）。

解説

問三 逆接と「いかで」と「なむ」の識別

問三 イは、164いかで＝（第8章参照）に疑・反・強の3つの訳があるから、1〜5すべてに可能性がある。文末の単語の意味で判断。「もがな」（第8章参照）は、自己願望。2・3・5は自己願望の訳ではないから×。4には60とし＝早いの訳がないので×。

ニは「なむ」（第6章参照）に注目。1・2は確述で、「きっと」の訳を省略したもの。3は願望。可能性はある。4・5「ない」の訳は該当しないので×。直前の「寄せ」は、未用同音により接続で判断できないので文脈判断。和歌後半の「忘れ貝を拾う」をヒントに、拾いやすくなるよう願う、3の訳がよい。娘の死を忘れさせてほしいのである。

ホは「ず」が打消。1・2・3は打消の訳がないから×。「けむ」は過去推量（第5章参照）だから5も×。

問四 6げに＝本当には納得する意味だが、選択肢は歌の「どういう点」に納得しているかを問うているので、文脈判断。直前の「ど」（第2章参照）とつなぐと、「歌はじょうずではなかったけれど、納得できる」ということ。3・4・5は「歌のうまさ」なので×。「げに」と思った主語は「て」（第1章参照）の直後の「人々」で、傍線部イの主語「男も女も」と一致する。よって、問三のイの答をヒントにすると、人々には「早く帰りたい」という気持ちがあったのだから、1の「不安な」は×。歌が人々の気持ちを代弁していた点に納得したのである。

問一 文末の活用形は係結び（第7章参照）の問題。直前の「か」の結びとして連体形を入れる。選択肢に共通する動詞「わする」は、下二段活用。連体形は「わするる」だから、正解は5。

問二 空欄の直前の内容は、問三のホをヒントにマイナス内容。直後は「顔がよかった」とプラス内容。逆接（第2章参照）を含むものを入れる。1・2の「ば」、5の「すなはち」に逆接の用法はないので×。3の44なほ＝①やはり②もっとは副詞で接続詞ではないし、逆接的な意味も持たないので×。

問五 陰暦は頻出の古文常識。

解答

問一 5 問二 4
問三 イ＝1 ニ＝3 ホ＝4
問四 2 問五 4

通釈

（正月十一日）今ちょうど、羽根という所に来た。幼い童《わらわ》が、この場所の名前を聞いて、「羽根という所は、鳥の羽のようなのだろうか」と言う。まだ幼い子どもの言葉であるから、人々が笑う、その時に、例の女の童が、この歌を詠《よ》んだ。

まことにて……＝（童が尋ねたように、）本当に、その名に聞くとおり（「羽根」という）この場所が、もし鳥の羽ならば、（どうかその羽で）鳥が飛ぶように早く都へ帰りたいものだ。

と詠んだ。男も女も、「なんとかして早く京へ帰りたい」と思う気持ちがあるから、この歌の出来がよいというのではないけれど、「本当に（そのとおりだ）」と思って、（この歌を）人々は忘れないでいる。この、羽根という所のことを尋ねた童のことがきっかけになって、私（＝作者・紀貫之《きのつらゆき》）は、またも昔の人（＝亡くなった女の子）のことを思い出して、いつ忘れる時があろうか、いや忘れる時などない。（父の私でさえそうなのだから）今日はまして、（娘の）母（＝紀貫之の妻）が悲しがられることよ。土佐へ（赴任のために）下向した時の人数が（亡き娘の一人分）足りないので、昔の歌に（ある）「数が足りないままで（雁は）帰ってゆくようであるよ」という言葉を思い出して、ある人が詠んだ歌、

世の中に……＝世の中に（あるいろいろな悲しみを）想像してみるけれども、（亡き）子を恋い慕う親の（嘆かわしい）思いにまさる思いというものはないものだなあ。

と言いながら（またしても悲嘆にくれていることだ）。

……中略……

（二月四日）この停泊地の浜辺には、いろいろの美しい貝や石などが多い。だから、ただただ昔の人（＝亡き娘）のことをばかり恋しがって、船にいる人（＝紀貫之）が詠んだ歌、

寄せる波……＝浜辺にうち寄せる波よ、（忘れ貝を）寄せてほしい。私の恋しい人（＝亡き娘）を忘れられるという忘れ貝を、（私は船から）下りて拾おうと思う。

と詠んだところ、居合わせた人（＝紀貫之の妻）が耐え切れずに、船旅の憂《う》さを晴らすために詠んだ歌、

忘れ貝……＝（あの子を忘れさせるという）忘れ貝を拾ったりはすまい。白い真珠のような（美しさだった）あの子を、せめて恋しく思うことだけでも、（あの子の）形見と思おう。

と詠んだ。（亡き）女の子のためには（忘れようと言ったり、忘れまいと言った

ニ　1　うち寄せるだろう。　2　うち寄せるにちがいない。
3　うち寄せてくれ。　4　うち寄せないだろう。
5　うち寄せないでくれ。

ホ　1　玉というほど可愛い子だった。　2　玉のような子だったらなあ。
3　玉というほど大切にしたものを。　4　玉というほどでもなかったろうに。
5　玉になるまで育たなかった。

問四　**傍線部ロの理由として最も適当と思われるものを次の1～5の中から選んで、マークせよ。**

1　不安な人々の心情を十分に言い得たから。　2　人々の真実の叫びが込められているから。
3　和歌として形が一応整っているから。　4　大人の作った和歌として読めるから。
5　軽妙な機知に即した歌であるから。

問五　**傍線部ハと同じ月を示すものを次の1～5の中から一つ選んで、マークせよ。**

1　卯月　2　霜月　3　睦月　4　如月　5　葉月

（早稲田大学・一部抜粋）
＊現古融合問題の古典部分と場面説明のみ抜粋

出典『土佐日記』

＊重要単語の番号は、『マドンナ古文単語230』の見出し番号です。

この泊りの浜には、くさぐさの麗しき貝・石など多かり。かかれば、ただ昔の人をのみ恋ひつつ、船なる人の詠める、

寄する波うちも寄せなむわが恋ふる人忘れ貝下りて拾はむ

と言へれば、ある人の堪へずして、船の心やりに詠める、

忘れ貝拾ひしもせじ白玉を恋ふるをだにもかたみと思はむ

となむ言へる。女子のためには、親幼くなりぬべし。「玉ならずもありけむを」と人言はむや。［B］、「死にし子、顔よかりき」と言ふやうもあり。

（『土佐日記』）

問一　空欄［A］を埋めるのに最も適当なものを次の1～5の中から選んで、マークせよ。

1　わすらる　2　わする　3　わすれよ　4　わすれる　5　わするる

問二　空欄［B］を埋めるのに最も適当なものを次の1～5の中から選んで、マークせよ。

1　かかれば　2　さらば　3　なほ　4　されども　5　すなはち

問三　傍線部イ・ニ・ホの口語訳として最も適当なものを次の1～5の中から選んで、マークせよ。

イ　1　何とかして早く帰京したい。　2　どうして早く帰京できようか。
3　何とか説得して帰京させようか。　4　何とか説得して帰京したい。
5　どうしたら早く帰京できようか。

次の文章を読んで、後の問に答えよ。

『土佐日記』承平五年正月十一日、奈半を出て室津をめざし、途中、羽根岬を航行するあたりの叙述である。

今し、羽根といふ所に来ぬ。稚《わか》き童、この所の名を聞きて、「羽根といふ所は、鳥の羽《はね》のやうにやある」と言ふ。

まだ幼き童の言なれば、人々笑ふ時に、ありける女童なむ、この歌をよめる。

　まことにて名に聞く所羽《はね》ならば飛ぶがごとくに都へもがな

とぞ言へる。男も女も イ「いかで疾《と》く京へもがな」と思ふ心あれば、この歌よしとにはあらねど、ロ「げに」と思ひて、人々忘れず。この、羽根といふ所問ふ童のついでにぞ、また昔《いにし》へ人を思ひ出でて、いづれの時にか［A］。今日はまして、母の悲しがるることは。下りし時の人の数足らねば、古歌に、「数は足らでぞ帰るべらなる」といふ言を思ひ出でて、人のよめる、

　世の中に思ひやれども子を恋ふる思ひにまさる思ひなきかな

と言ひつつなむ。

……中略……

次は、ハ二月四日、和泉の灘での記事。

STAFF

- イラスト　水野　玲（本文）
  春原弥生（キャラクター）
- デザイン　齋藤友希（トリスケッチ部）（カバー・本文）
  佐野紗希（トリスケッチ部）（本文）
- 作画協力　熊アート
  株式会社四国写研
- 編集協力　高木直子
  野口光伸
  黒川悠輔
- ＤＴＰ　株式会社四国写研

形容詞の活用

用言のうち、「―し」「―じ」で終わるものを形容詞といいます。

活用の種類	ク活用 本活用	ク活用 カリ活用	シク活用 本活用	シク活用 カリ活用
未然形	（く）	から	（しく）	しから
連用形	く	かり	しく	しかり
終止形	し	~~（かり）~~	し	~~（しかり）~~
連体形	き	かる	しき	しかる
已然形	けれ	~~（かれ）~~	しけれ	~~（しかれ）~~
命令形	○	かれ	○	しかれ
例語	例 白し		例 悲し	
見分け方	―くナル		―しくナル	

備考：「カリ活用」は、おもに下に助動詞が続くときに使われる。「カリ活用」の終止形・已然形は用例が少ない。「いみじ」「すさまじ」など「―じ」で終わる形容詞はシク活用する。

形容動詞の活用

用言のうち、「―なり」「―たり」で終わるものを形容動詞といいます。

活用の種類	ナリ活用	タリ活用
未然形	なら	（たら）
連用形	なり／に	たり／と
終止形	なり	たり
連体形	なる	たる
已然形	なれ	（たれ）
命令形	（なれ）	（たれ）
例語	例 静かなり　例 あはれなり	例 堂々たり　例 索々《さくさく》たり

備考：連用形の「―に」と「―と」は、下に用言が続くときに使われる。

動詞の活用

用言のうち、u段（ラ変のみi段）の音で終わるものを動詞といいます。

	活用の種類	未然形	連用形	終止形	連体形	已然形	命令形	該当する動詞	見分け方	備考
正格《せいかく》活用	四段《よだん》活用	a	i	u	u	e	e	多数（例 書《か》く）	a＋ズ	アイウエオの四段にわたって活用。
	上《かみ》二段活用	i	i	u	uる	uれ	iよ	多数（例 起《お》く）	i＋ズ	イウの二段だけを使って活用。
	下《しも》二段活用	e	e	u	uる	uれ	eよ	多数（例 受《う》く）	e＋ズ	ウエの二段だけを使って活用。
	上一段活用	i	i	iる	iる	iれ	iよ	いる・ゐる・ひる・みる・にる・きる 他		イの一段だけを使って活用。
	下一段活用	e	e	eる	eる	eれ	eよ	蹴《け》る		エの一段だけを使って活用。
変格《へんかく》活用	ラ行変格活用	ら	り	り	る	れ	れ	あり・居《を》り・侍《はべ》り・いますがり		終止形だけが四段活用と違う。
	ナ行変格活用	な	に	ぬ	ぬる	ぬれ	ね	死ぬ・いぬ（去《い》ぬ・往《い》ぬ）		「いぬ」には「去ぬ」「往ぬ」の二通りの漢字表記がある。
	カ行変格活用	こ	き	く	くる	くれ	こ（こよ）	来《く》		「来」は、未然・連用・終止・命令で、読み方が違う。
	サ行変格活用	せ	し	す	する	すれ	せよ	す・おはす		「体言＋す」（複合語）もサ変動詞。「ものす」「愛す」「対面す」など。
	下に続く代表語	＋ズ	＋タリ	言い切り	＋トキ	＋ドモ	命令の言い切り			

係助詞	も	並列、強調	種々の語
	ぞ		種々の語、文末
	なむ（なん）	強意	種々の語
	こそ		種々の語
	や	疑問（カ）、反語（カ、イヤ…ナイ）	種々の語、文末の活用語の終止形
	か		種々の語、文末の活用語の連体形
副助詞	だに	類推（サエ）、最小限の願望（セメテ…ダケデモ）	体言、連体形、助詞
	すら	類推（サエ）	体言、連体形、助詞
	さへ	添加（マデモ）	体言、連体形、助詞
	のみ	限定（ダケ）、強調（バカリ）	種々の語
	ばかり	程度（ホド。クライ）、限定（ダケ）	種々の語、体言、連体形
	など	例示（ナド）、婉曲（ナド）、引用（ナドト）	種々の語
	まで	範囲・限度（マデ）、程度（ホド。クライ）	種々の語
	し	強意（間投助詞とする考えもある）	種々の語
終助詞	な	禁止（ナ）	動詞型の終止形（ラ変型は連体形）
	そ	軽い禁止（ナイデホシイ）　＊「な……そ」の形が多い	動詞の連用形（カ変・サ変は未然形）
	なむ（なん）	他者願望（テホシイ）	動詞型の未然形
	ばや	自己願望（タイ）	動詞型の未然形
	もがな・がな・がも・もがも	詠嘆的願望（ガアレバナア。ガホシイモノダ）	体言、種々の語
	てしが（な）・にしが（な）	実現できそうにない願望（タイモノダ）	動詞の連用形
	か・かな・かも	詠嘆（ナア）	体言、連体形
	な	詠嘆（ナア）	文末の形
	かし	念押し（ネ。ヨ）	文末の形
間投助詞	や	詠嘆（ナア）、呼びかけ（ヨ）、語調を整える（ヨ）	文節の切れ目の種々の語
	を	詠嘆（ナア）、強調（ヨ・ネ）	
	よ	詠嘆（ナア）、呼びかけ（ヨ）	

入試頻出！

MADONNAKOBUN BESSATSU

識別・訳し分け・敬意の方向

早わかりチャート

マドンナ古文別冊

CONTENTS

＊「8 らむ」と「9 し」は、本文において特に章立てはしていませんが、重要なポイントは学習ずみです。別冊には“識別”として整理しておきましたので、積極的にチャレンジしましょう！

識別 1

本文対応ページ→ 94 ～ 97　　頻度 ★★★　難易度 ★★★

なむ（ん）

- 係助詞「なむ」
- 完了（強意）の助動詞「ぬ」の未然形「な」＋推量の助動詞「む」＝確述用法
- 願望の終助詞「なむ」
- ナ変動詞の未然形「～な」＋推量の助動詞「む」

手順1 音と漢字でナ変を識別

語数の少ないナ変からチェック

死 な ＋ む

往《い》 な ＋ む →ナ変動詞＋む

去《い》 な ＋ む

ナ変動詞は丸暗記

まず、[ナ変動詞の未然形＋推量の助動詞「む」]をチェック。ナ変動詞は「死ぬ・往ぬ・去ぬ」の3つだけ。未然形「死な・往な・去な」に「む」がついて、「死なむ・往なむ・去なむ」となります。音と漢字を丸暗記してしまいましょう！

例 とく い な む。（早く去るだろう）
（な：ナ変　む：推量）

手順2 接続が“連用形”か“未然形”かをチェック

連用形＋ な ＋ む →確述用法

未然形＋ なむ →願望

連用形と未然形が同音の場合

▼

文脈判断

「きっと～」→確述用法

「～してほしい」→願望

連用形接続なら

[連用形＋完了（強意）の助動詞「な」＋推量の助動詞「む」]は、「きっと～・必ず～」と訳す確述用法です。

例 雨 降り な む。（きっと雨が降るだろう）
（降り：連用形　な：強意　む：推量）

未然形接続なら

[未然形＋願望の終助詞「なむ」]は、文末で使い、「～してほしい」と訳します。

例 雨 降ら なむ。（雨よ、降ってほしい）
（降ら：未然形　なむ：願望）

接続が同音なら

連用形と未然形が同音なら文脈判断します。

手順3 消去により訳を省いてみる

… ~~なむ~~ ～連体形。

訳を省いても文意が通じる→**係助詞**

訳が省けたら

手順2までに該当しない場合は、消去により係助詞。ポイントは、「なむ」を省いても文意が通じること。また、文末を連体形で結ぶ。

例 花 ~~なむ~~ 散りける。（花が散った）
（なむ：係助詞　散りける：連体形）

★助動詞「む」の推量は代表的な意味です。詳しい訳し分けは別冊P.14「む」を参照。

識別 **2**

本文対応ページ→ 146 ～ 157　　頻度 ★★★　難易度 ★★★

に

- 完了の助動詞「ぬ」の連用形「に」
- 断定の助動詞「なり」の連用形「に」
- 形容動詞の連用形語尾「～に」
- 格助詞「に」
- 接続助詞「に」
- 副詞の一部「～に」

手順1 接続が“連用形”かをチェック

連用形＋[に] →完了

連用形接続なら

［連用形＋に］は完了だけ。「～した・～してしまう・～してしまった」と訳します。

例 花 咲き [に] けり。（花が咲いてしまった）
　　　連用形　完了

↓

手順2 接続が“体言”かをチェック

体言＋[に]

▼

文脈判断

「である」と訳せる →断定

「に」と訳せる →格助詞

「である」と訳せる

「に」「に＋あり」で「～である」と訳せたら断定。

例 人 [に] かあらむ、鬼 [に] こそ。
　体言　断定　　　　　体言　断定

（人間であろうか、いや鬼である）

「に」と訳せる

現代語と同じく「に」と訳せたら格助詞。

例 紙 [に] 書きつく。（紙に書きつける）
　体言　格助詞

↓

手順3 接続が“連体形”かをチェック

連体形＋[に]

＊「連体形＋に、」の場合、断定はない。

▼

文脈判断

「である」と訳せる →断定

「ソレに」と訳せる →格助詞

▼

消去により

文と文に切れる →接続助詞

「である」と訳せる

「に」「に＋あり」で「～である」と訳せたら断定。

例 す べき [に] や。（するべきであるか）
　　　連体形　断定

「ソレに」と訳せる

「ソレ」を補って「に」と訳せたら格助詞。

例 親の 言ふ [に] 従ひて旅立つ。
　　　連体形　格助詞

（親が言う、ソレに従って旅に出る）

文と文に切れたら

どちらの訳にも該当しない場合は、消去により接続助詞です。「に」の前後で、文と文に切って確認しましょう。

例 このことを嘆く [に] 老いぬる心地す。
　　　　　　連体形　接続助詞

（このことを嘆いている と 老いた気がする）
　　　　文　　　　　　　　文

手順 4

「〜に」で1語は訳してチェック

「たいへん 〜に 」と

訳せる →**形容動詞の語尾**

訳せない →**副詞の一部**

「たいへん」をつけて訳せる

「に」を切り離せず、「〜に」で１語の場合は、「たいへん〜に」と訳してみましょう。訳せる場合は形容動詞です。

〇たいへん

例 静かに（形容動詞） 言ふ。（静かに言う）

「たいへん」をつけて訳せない

「たいへん〜に」と訳せない場合は副詞。

×たいへん

例 つひに（副詞） 死す。（ついに死ぬ）

丸暗記

「に」のイジワル選択肢

- 「いかに・げに・さらに・すでに・つひに・まさに」は副詞
- 「だに」は副助詞
- 「死に・往に・去に」はナ変動詞の連用形

例外

格助詞の例外用法

連用形＋ に ＋同じ動作

→**格助詞**

高位の人＋ に ＋尊敬語

→**格助詞**

連用形接続でも

前後が同じ動作の場合は格助詞です。

例 走り（連用形） に（格助詞） 走る（同じ動作）。（どんどん走る）

「に」と訳さず「が」と訳す

「高位の人が〜なさる」と訳す格助詞。

例 帝（高位） に（格助詞） 聞こし召す（尊敬語）。（天皇がお聞きになる）

識別

3 なり

本文対応ページ→ 132 ～ 139　　頻　度 ★★★　難易度 ★★★

- 断定の助動詞「なり」
- 伝聞推定の助動詞「なり」
- 形容動詞の語尾「～なり」
- 動詞「なる」

手順1 接続が“体言・連体形”か“終止形・ラ変の連体形”かをチェック

体言
連体形　＋ なり →断定

終止形
ラ変の連体形 ＋ なり
→伝聞推定

↓

手順2 接続で判断できない2ケース

①連体形と終止形が同音の場合

▼

文脈判断

目撃情報 主張 の文脈
→断定

耳情報 推測 の文脈
→伝聞推定

文脈判断

▲

②ラ変の連体形の場合

▼

音便判断

□ん なり・□ なり
→伝聞推定

体言・連体形接続なら

「～である」と訳す断定です。

例 継母（体言） なる（断定） 人　（継母である人）

例 行く べき（連体形） なり（断定）。（行くべきである）

終止形・ラ変の連体形接続なら

伝聞推定は「～らしい・そうだ・とかいうことだ」の訳を、どれか1つ覚えておきましょう。

例 声 す（終止形） なり（伝聞推定）。（声がするらしい）

ただし、ラ変の連体形の場合は、手順2の文脈判断が必要です。

文脈で判断する

例文はいずれも、接続が、終止形と連体形が同音の「行く」。

先の例は、「我」の行動であり、「必ず」との強い語調からも主張の文脈だから、断定です。

例 我も必ず 行く（終＝体） なり（？）。

（私も必ず行くのである）

次の例は、「極楽」は死後の世界であり、仏典の教えを伝え聞いただけの耳情報で、伝聞推定と判断します。

例 死ねば極楽に 行く（終＝体） なり（？）。

（死ねば極楽に行くということだ）

音便で判断する

［ラ変の連体形＋なり］も原則は文脈判断です。

ただし、「□るなり」と表記されず、「□んなり」と撥《はつ》音便化したり、「る」「ん」が脱落して「□なり」となっている場合は、伝聞推定が圧倒的です。

＊見出しは基本形である。「なら」「なり」「なる」「なれ」の音に活用した場合でも、識別法は同じ。

手順3 訳してチェック

「たいへん ～なり 」と訳せる →**形容動詞の語尾**

「なる」と訳せる →**動詞**

「たいへん」をつけて訳せる

「なり」の直前が活用語ではなく、体言かどうかも不明のときは、「たいへん～なり」と訳してみましょう。訳せる場合は、1語の形容動詞です。

○たいへん

例 波も 静かなり（形容動詞）。（波も静かである）

「なる」と訳せる

形容動詞ではない場合、「なる」と訳してみましょう。動詞の「なる」は現代語と同じ。そのまま「なる」と訳せる場合は動詞です。

例 苦しく（形容詞） なり（動詞） ぬ。（苦しくなってしまった）

丸暗記 「なり」のイジワル選択肢

- ［～ず＋なり］は動詞「なる」
- 「亡くなる」は1語の動詞
- 「慣れる」と訳せるのは動詞「慣《な》る」
- 断定「なり」のうち、［場所・方向＋なり］は存在（～にある）。

識別 4

本文対応ページ→ 114 ～ 116　　頻　度 ★★★　　難易度 ★☆☆

ぬ

- 打消の助動詞「ず」の連体形「ぬ」
- 完了の助動詞「ぬ」の終止形「ぬ」

手順1 接続が“未然形”か“連用形”かをチェック

未然形 ＋ ぬ →打消

連用形 ＋ ぬ →完了

未然形と連用形が同音の場合

▼

活用形をチェック

未然形接続なら

[未然形＋ぬ]は打消です。
未然形かどうかは「＋ズ」をつけて確認。

例 花　散ら（未然形）　ぬ（打消）　やう　（花が散らないよう）

連用形接続なら

[連用形＋ぬ]は完了です。
連用形かどうかは「＋タリ」をつけて確認。

例 花　散り（連用形）　ぬ（完了）。（花が散ってしまった）

手順2 活用形をチェック

ぬ ＝ 連体形 →打消

ぬ ＝ 終止形 →完了

「ぬ」＝連体形の場合

例の場合、体言の直前。この「ぬ」は連体形なので、打消です。

例 夜　明け　ぬ（打消・連体形）　先（体言）　に（夜が明けないうちに）

「ぬ」＝終止形の場合

例の場合、句点(。)の直前だから文末の形。この「ぬ」は終止形なので、完了です。

例 夜　明け　ぬ（完了・終止形）　。（句点）（夜が明けた）

識別

5

本文対応ページ→114～116

頻度 ★★★　難易度 ★☆☆

ね

- 打消の助動詞「ず」の已然形「ね」
- 完了の助動詞「ぬ」の命令形「ね」

手順1 接続が“未然形”か“連用形”かをチェック

未然形 + ね →打消

連用形 + ね →完了

未然形と連用形が同音の場合

▼

活用形をチェック

未然形接続なら

［未然形+ね］は打消です。
未然形かどうかは「+ズ」をつけて確認。

例 浪 立た ね ども(浪は立たないけれども)
（立た：未然形　ね：打消）

連用形接続なら

［連用形+ね］は完了です。
連用形かどうかは「+タリ」をつけて確認。

例 浪 立ち ね。(浪よ、立ってしまえ)
（立ち：連用形　ね：完了）

↓

手順2 活用形をチェック

ね = 已然形 →打消

ね = 命令形 →完了

「ね」=已然形の場合

例の場合、句点(。)の直前だから文末の形。係助詞の「こそ」があるので、係結びの法則により、結びの「ね」は已然形。よって打消です。

例 水 こそ 流れ ね 。(水が流れない)
（こそ：係助詞 → ね：已然形　ね：打消）

「ね」=命令形の場合

例の場合、句点(。)の直前だから文末の形。「ね」の場合は、終止形は関係ないので、命令形と判断。この「ね」は完了。

例 水 流れ ね 。(水よ、流れてしまえ)
（ね：完了・命令形 ← 句点）

識別 6

本文対応ページ→ 178 〜 179　　頻　度 ★★★　難易度 ★☆☆

る

- 受身・尊敬・可能・自発の助動詞「る」の終止形「る」
- 完了の助動詞「り」の連体形「る」

手順1 直前の接続の母音をチェック

a音 ＋ る →受尊可自

e音 ＋ る →完了

a音に接続するなら

“四段・ナ変・ラ変の未然形=a音”に接続する「る」は受尊可自です。

例 泣か る。(思わず泣く)
a 受尊可自

e音に接続するなら

“サ変の未然形・四段の已然形=e音”に接続する「る」は完了です。

例 花 ぞ 咲け る。(花が咲いている)
e 完了

↓

手順2 活用形をチェック

る ＝ 終止形 →受尊可自

る ＝ 連体形 →完了

「る」=終止形の場合

例の場合、句点(。)の直前だから文末の形。迷わず終止形と判断し、受尊可自です。

受尊可自
例 泣か る 。(思わず泣く)
終止形 句点

「る」=連体形の場合

例の場合、句点(。)の直前だから文末の形。係助詞の「ぞ」があるので、係結びの法則により、結びの「る」は連体形。完了です。

係助詞 完了
例 花 ぞ 咲け る 。(花が咲いている)
連体形

★助動詞「る」の受身・尊敬・可能・自発の訳し分けは別冊P.15「る・らる」を参照。

識別 7

本文対応ページ→ 178 ～ 179　　頻　度 ★★★　難易度 ★☆☆

れ

・受身・尊敬・可能・自発の助動詞「る」の未然形・連用形「れ」
・完了の助動詞「り」の已然形・命令形「れ」

手順1　直前の接続の母音をチェック

a音 ＋ [れ] →受尊可自

e音 ＋ [れ] →完了

a音に接続するなら

“四段・ナ変・ラ変の未然形＝a音”に接続する「れ」は受尊可自です。

例 子に 死な [れ] けり。（子に死なれた）
　　　　a　受尊可自

e音に接続するなら

“サ変の未然形・四段の已然形＝e音”に接続する「れ」は完了です。

例 立て [れ] ども。（立っているけれども）
　　e　完了

↓

手順2　活用形をチェック

[れ] ＝ 未然形・連用形
→受尊可自

[れ] ＝ 已然形・命令形
→完了

「れ」＝未然形・連用形の場合

「れ」が未然形・連用形の場合、受尊可自です。
例の場合、直後の助動詞「けり」が連用形接続。

例 子に 死な [れ] けり。（子に死なれた）
　　　　　受尊可自
　　　　　連用形

「れ」＝已然形・命令形の場合

「れ」が已然形・命令形の場合、完了です。
例の場合、直後の助詞「ども」が已然形接続。

例 立て [れ] ども（立っているけれども）
　　　完了
　　　已然形

★助動詞「る」の受身・尊敬・可能・自発の訳し分けは別冊P.15「る・らる」を参照。

識別

8 らむ(ん)

本文対応ページ→ 109（手順 1）・110（手順 2）　頻　度 ★★☆　難易度 ★★☆

- 活用語の未然形語尾「～ら」＋推量の助動詞「む」
- 現在推量の助動詞「らむ」の終止形・連体形
- 完了の助動詞「り」の未然形「ら」＋推量の助動詞「む」

手順1 語の切れ目が「～ら」と「む」に分かれる場合

～ら ＋ む に切れる

→活用語尾 ＋ む

活用語の未然形語尾「～ら」＋推量の助動詞「む」

「らむ」が活用語の未然形語尾「～ら」と推量の助動詞「む」の組み合わせになっているかどうかをチェック。未然形かどうかは、「+ズ」をつけて確認。例は「降ら+ズ」。

例 降 ら む。（降るだろう）
　　未然形　推量

↓

手順2 語の切れ目が「～」と「らむ」に分かれる場合

～ ＋ らむ に切れる

直前の接続の母音をチェック

▼

u音 ＋ らむ　→現在推量

e音 ＋ ら ＋ む →完了＋ む

u音に接続するなら

現在推量の助動詞「らむ」の接続は、“終止形・ラ変の連体形＝u音”です。[u音+らむ]は現在推量と暗記しましょう。

例 降る らむ。（降っているだろう）
　　u　現在推量

e音に接続するなら

完了「り」の接続は、“サ変の未然形・四段の已然形＝e音”です。[e音+ら+む]は、完了の助動詞「り」の未然形「ら」に推量の助動詞「む」が組み合わさったもの。

例 降れ ら む。（降っていただろう）
　　e　完了　推量

★助動詞「む」の推量は代表的な意味です。詳しい訳し分けは別冊P.14「む」を参照。

識別 9

本文対応ページ→55（手順３）　頻度 ★★☆　難易度 ★★☆

し

- サ変動詞「す」の連用形「し」
- 過去の助動詞「き」の連体形「し」
- 強意の副助詞「し」

手順1 「する」と訳せるかどうかをチェック

「する」と訳せる

→サ変動詞

サ変動詞の連用形「し」

「する」と訳して文意が通じたらサ変動詞と決定。例は「騒がしくする」と訳せます。

例 騒がしう［し］ける人々　（騒がしくした人々）

（［し］＝「する」サ変動詞）

↓

手順2 活用形をチェック

［し］＝ 連体形 →過去

「し」=連体形の場合

「し」が過去の助動詞「き」の連体形かをチェック。直後の語が連体形接続か確認します。例は、体言の直前の「し」で連体形だから過去。

例 散り［し］花　（散った花）

（［し］＝過去・連体形　花＝体言）

↓

手順3 消去により訳を省いてみる

…~~し~~～。

訳を省いても文意が通じる →副助詞

…［し］［ぞ］～。

…［し］［も］～。

→副助詞

副助詞「し」

手順2までに該当しない場合は、消去により副助詞の「し」とみなしましょう。強意の副助詞「し」は、直前の語を強める働きをしますが、特に訳す必要はありません。

例 知らぬ世のことに ~~し~~ あれば

（~~し~~＝副助詞）

（知らない世界のことであるから）

副助詞「し」（強意）は、係助詞「ぞ」（強意）や「も」（強調）とともに使われることが多いので、「しぞ」「しも」は暗記しましょう。

例 今日［し］［も］端におはします。

（［し］＝副助詞　［も］＝係助詞）

（今日は端にいらっしゃる）

訳し分け **10**

本文対応ページ→ 58 ～ 72　　頻　度 ★★★　　難易度 ★★★

べし

- 推量（～だろう）
- 可能（～できる）
- 命令（～しなさい）
- 意志（～つもりだ・～しよう）
- 当然（～はずだ・～しなければならない）
- 適当（～するのがよい）

手順1　最初に「可能」をチェック

判断のしやすい「可能」からチェックをします。“能力”や“許容”の文脈の場合は、「可能」と決めます。

「～できる」

能　力	の文脈　→**可能**
許　容	

可能

例 羽なければ、空をも飛ぶ べから ず。

（羽がないので、空を飛ぶことができない）

↳飛ぶ能力がないという文脈。

例 折をも見て、女君に対面す べく たばかれ。

（機会を見て、女君に対面できるように取り計らえ）

↳本来は会えない女君に対面の許容を求める文脈。

↓

手順2-a　“強い意味”の場合は「意志」「命令」「当然」を判別

「べし」を使っている人（作者もしくは話し手）が、第一義的に重要な主張をしている場合は、“強い意味”と判断します。

語気の強い「意志」「当然」「命令」を当てはめてみます。このうち「当然」は、みなが当たり前と思うような“常識”や“真理”を表す文脈に使われます。

「～つもりだ・～しよう」→**意志**

「～しなさい」→**命令**

「～はずだ・～なければならない」

常　識	の文脈　→**当然**
真　理	

意志

例 毎度ただ得失なく、この一矢に定む べし と思へ。

（毎回、ただ当たりはずれに関係なく、この一矢で決めようと思いなさい）

↳弓矢の重要な心得なので“強い意味”。結果に関わらず、意志力が大切という文脈。

命令

例 人食ふ犬をば養ひ飼ふ べから ず。

（人を噛む犬を養い飼わないようにしなさい）

↳危険行為を禁じる“強い意味”。有害な犬を飼わないように命令。

当然

例 人、死を憎まば、生を愛す べし 。

（人は、もし死を憎むなら、生を愛さなければならない）

↳「死を憎み、生を愛する」ことは重要なので“強い意味”。人としての常識であり、哲学的真理なので当然の考え方。

手順 2-b

“弱い意味”の場合は「推量」「適当」を判別

「べし」を使っている人(作者もしくは話し手)が、第二義的な主張をしているときは、“弱い意味”と判断します。

語気の弱い「推量」「適当」を当てはめてみます。このうち「適当」は、何かを“比較”してより良い方を“選択”する文脈に使われます。

「〜だろう」 →**推量**

「〜するのがよい」
比較選択の文脈 →**適当**

推量

例 潮満ちぬ。風も吹きぬ べし 。

(潮が満ちた。風もきっと吹くだろう)

↳「風が吹く」ことは、第一義的に重要な主張ではないので“弱い意味”。単なる天候の予想。

適当

例 返りごといかがす べから む。

(返事をどのようにするのがよいだろうか)

↳返事のしかたを迷っているので“弱い意味”。より良い返事を選択しようとする文脈。

他の用語が使われても…

「当然」を「義務(〜なければならない)」や「運命(〜はずだ)」、「適当」や柔らかい「命令」を「勧誘(〜するのがよい)」と表現する大学もあります。訳に近い用語を選ぼうとすれば、自ずと判断できます。

選択肢があれば…

すべての手順を踏まなくても、選択肢に取り上げられている意味の正否だけを文脈判断すれば、正解に辿り着ける場合もあります。要領よく処理しましょう。

訳し分け

11 む（ん）・むず（ん）

本文対応ページ→ 76 〜 78・81　　頻　度 ★★☆　　難易度 ★★★

- 推量（〜だろう）
- 可能（〜できる）
- 命令（〜しなさい）
- 婉曲（〜ような）
- 意志（〜つもりだ・〜しよう）
- 当然（〜はずだ・〜しなければならない）
- 適当（〜するのがよい）

手順 0　文中の連体形をまずチェック

「む」「むず」は、「べし」の6つの訳に加え、「婉曲《えんきょく》」の意味も持っています。

「婉曲」は、文中の連体形に多い用法。最初に、形で見分けられる「婉曲」からチェックします。

文中の連体形　→婉曲

仮定婉曲とも…

例 心あら**む**（連体形） **人**（体言） に見せばや。

（風流心のあるような人に見せたい）
　↳体言の直前なので、連体形。

この用法は、正式には「仮定婉曲（もし〜なら、そのような）」といいます。

例文を正確に訳すと、「もし風流心があるなら、そのような人に見せたい」となりますが、多くの入試問題が「婉曲（〜ような）」ですませています。

↓

手順 1〜2　「べし」と同じ手順でチェック

▼ 手順1へ

「〜できる」

［能力／許容］の文脈　→可能

“強い意味”は ▼ 手順2-aへ

「〜つもりだ・〜しよう」　→意志

「〜しなさい」　→命令

「〜はずだ・〜なければならない」

［常識／真理］の文脈　→当然

“弱い意味”は ▼ 手順2-bへ

「〜だろう」　→推量

「〜するのがよい」

［比較選択］の文脈　→適当

む・むず＝べし

「婉曲」以外は、「べし」と同じです。「推量」「意志」の用法が圧倒的に多いですが、他の意味で使われることもあります。

他の用語が使われても…

「当然」を「義務（〜なければならない）」や「運命（〜はずだ）」、「適当」や柔らかい「命令」を「勧誘（〜するのがよい）」とする場合もあります。訳に近い用語を選びましょう。

選択肢があれば…

すべての手順を踏まなくても、選択肢を利用しながら文脈判断すれば、正解に辿り着ける場合もあります。要領よく処理しましょう。

訳し分け

12 る・らる

本文対応ページ→ 166 ～ 172

頻　度 ★★☆　難易度 ★★☆

- 受身（～される）
- 尊敬（～なさる・お～になる）
- 可能（～できる）
- 自発（ふと～・思わず～・自然と～）

手順1 「る」「らる」を省いてチェック

「る」「らる」を無視して訳してみます。省いて文脈がおかしいときは「受身」。

る らる を省くと変 →受身

“するほう”と“されるほう”が逆!?

例 舎人《とねり》が、寝たる足を狐に食は る 。

受 ←― 省くと変

*舎人＝雑事や警護をする人

（舎人が、寝ている足を狐に食われる。）

└→省くと、「舎人が、寝ている足を狐に食う」となる。「舎人が足を食う」のは変。「狐に食う」という日本語もおかしい。

手順2 直後に打消

「る」「らる」の直後に打消があれば、「可能」と判断します。

る らる ＋ 打消 →可能

「～できない」と使う例が多い

例 涙のこぼるるに、目も見えず、ものも言は れ ず。

可 打消

（涙がこぼれるので、目も見えず、ものを言うこともできない）

└→直後に打消の助動詞「ず」がある。

まれに例外もありますが、多くの場合「可能」は、「～できない」という文脈で使われます。

手順3 直前に無意識の動作

「る」「らる」の直前に無意識の動作があれば、「自発」と判断します。「自発」とは「自然に発する動作」のことです。

無意識の動作 ＋ る らる →自発

無意識か意識的か文脈判断

例 住み慣れし故郷、限りなく思い出で らる 。

無意識 自

（住み慣れた故郷を、この上なくふと思い出す）

└→「故郷」は、忘れようとしても、無意識に思い出すもの。

ちなみに、同じ「思い出す」でも、「名前を思い出す」は意識的。文脈判断を的確にしましょう。

手順4 主語が高位の人

主語が高位の人であれば、「尊敬」と判断します。主語が省かれている場合は、敬語や文脈も助けにしましょう。

主語が高位の人 →尊敬

尊敬語とともに使われることも…

例 かの大納言、いづれの舟にか乗ら る べき。

高位の人 尊

（あの大納言は、どちらの舟に乗りなさるのだろうか）

例 無下《むげ》のことをも仰《おほ》せ らるる ものかな。

尊敬語 尊

（ひどいことを仰せになるものだなあ）

└→尊敬語により、主語が高位とわかる。

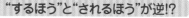

敬意の方向 13

本文対応ページ→198〜201　頻　度 ★★★　難易度 ★★★

だれからだれへの敬意

・尊敬語 ——
・謙譲語 〜〜〜
・丁寧語 - - - -

手順1 主体・客体への補足

種類	主体(S)		客体(O·C)		
尊敬語	高位の人	が	低位の人	{を/に}	〜なさる
謙譲語	低位の人	が	高位の人	{を/に}	〜し申し上げる。
丁寧語	×	が	×	{を/に}	〜です。ます。ございます。

高低にかかわらない

手順2 だれからだれへの敬意

種類	だれへ
尊敬語	主体
謙譲語	客体
丁寧語	その言葉を受ける人

その言葉を受ける人

地の文	読　者
会話文	聞き手

だれから

その言葉を使った人

地の文	作　者
会話文	話し手

丸暗記

例 [A]（主体）が[B]（客体）にのたまふ（尊）。 ➡ 地の文だから [作者] から　尊敬語だから [主体A] へ

例 [C]（話し手）言はく「[A]（主体）が[B]（客体）に申す（謙）」。 ➡ 会話文だから [話し手C] から　謙譲語だから [客体B] へ

例 [D]は泣き侍り（丁）ける。 ➡ 地の文だから [作者] から　丁寧語だから [読者] へ

例 [E]（話し手）が[F]（聞き手）に「文にて候ふ（丁）」と知らす。 ➡ 会話文だから [話し手E] から　丁寧語だから [聞き手F] へ

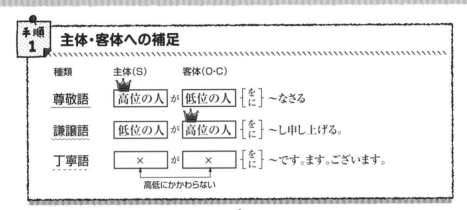

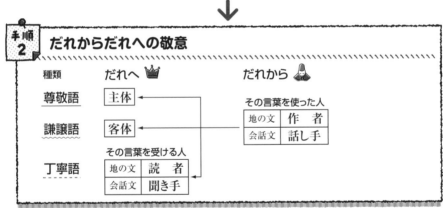

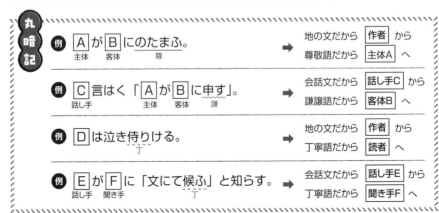

MEMO

madonna
kobun

name

date /